Russell Martin
Beethovens Locke

Russell Martin

Beethovens Locke
Eine wahre Geschichte

Aus dem Amerikanischen
von Inge Leipold

Mit 12 Abbildungen

Piper
München Zürich

Die Originalausgabe erschien unter dem Titel »Beethoven's Hair« 2000 bei Broadway Books, New York. Die deutsche Ausgabe erscheint in Absprache mit der Doubleday Broadway Publishing Group (a Division of Random House Inc.).

Die Übersetzung entstand zum Teil während eines Aufenthaltes am British Centre for Literary Translation, University of East Anglia, Norwich, der von »Culture 2000« der EU gefördert wurde.
Das Personenregister wurde von Uwe Steffen zusammengestellt.

Für KH

ISBN 3-492-04276-7
© 2000 by Russell Martin
Deutsche Ausgabe
© Piper Verlag GmbH, München 2000
Gesetzt aus der Fairfield
Gesamtherstellung: Friedrich Pustet, Regensburg
Printed in Germany

»Noch mal lebendig? Zeigt mir, wo er ist,
Ich gebe tausend Pfund, um ihn zu sehn. –
Er hat keine Augen, sie sind blind vom Staub. –
Kämmt nieder doch sein Haar: seht! seht! es starrt,
Leimruten gleich fängt's meiner Seele Flügel!«

William Shakespeare, König Heinrich VI., Zweiter Teil

»o es ist so schön das Leben tausendmal leben«

Ludwig van Beethoven, Brief an Franz Wegeler

Inhalt

Präludium	9
Beethoven 1770–1792	18
Ein Junge schneidet eine Locke von Beethovens Haupt	24
Beethoven 1792–1802	66
In Gilleleje wird ein Geschenk übergeben	73
Beethoven 1803–1812	118
Sotheby's versteigert eine Locke von Beethoven	129
Beethoven 1813–1824	155
Che Guevaras Locke	166
Beethoven 1824–1826	196
Modernste Wissenschaft und Beethovens Locke	204
Beethoven 1826–1827	263
Coda	272
Dank	290
Personenregister	293
Bildnachweis	300

Präludium

AN EINEM LAUEN DEZEMBERVORMITTAG IM JAHRE 1995 stand ein Haarbüschel Beethovens, bislang nahezu zwei Jahrhunderte sicher in einem Glasmedaillon verwahrt, plötzlich im Mittelpunkt gespannter Aufmerksamkeit. Den beiden Männern, in deren Besitz es sich jetzt befand – dem in Brooklyn geborenen Ira Brilliant, ehemals Immobilienmakler in Phoenix und mittlerweile im Ruhestand, sowie einem Arzt mexikanisch-amerikanischer Herkunft, der merkwürdigerweise Che Guevara genannt wurde –, hatten sich in einem Vorlesungssaal der University of Arizona angegliederten Medical Center in Tucson eine Reihe von Fachleuten angeschlossen: ein Gerichtsanthropologe, ein Gerichtsarzt, eine Archivarin und Konservatorin, ein medizinischer Photograph, ein Protokollant, ein Notar, ein Nachrichtenteam des Regionalfernsehens sowie ein Filmteam von der BBC in London. Sie alle versammelten sich Schlag 10.30 Uhr, denn es gab viel zu tun. Der erste Tagesordnungspunkt war die Unterzeichnung eines Vertrags, in dem festgelegt wurde, wie die Haare aufgeteilt werden sollten. Sobald man sie – ein dem Alterungsprozeß ausgesetztes brüchiges Haar nach dem anderen – gezählt hätte, sollten 27 Prozent im Besitz von Guevara verbleiben, einem Urologen aus der Grenzstadt Nogales, der am meisten bezahlt hatte. Die restlichen Haare wollten er und Brilliant, der andere Besitzer, dem Ira F. Brilliant Center for Beethoven Studies an der San Jose State University in Kalifornien vermachen; dort sollten sie für immer aufbewahrt werden.

Kaum war der Vertrag unterzeichnet und vom Notar ordnungsgemäß versiegelt, war es soweit: Man wandte sich dem Medaillon zu, in dem die Locke verwahrt wurde. Der Kringel feiner brauner und grauer Haare war zwischen zwei Glasplättchen gepreßt (eines davon konvex), die von einem etwas mehr als zehn Zentimeter langen, ovalen dunkelbraunen Holzrahmen eingefaßt waren. Auf das an der flachen Rückseite des Rahmens festgeklebte brüchige Papier hatte vor langer Zeit ein Mann namens Paul Hiller folgende Worte geschrieben und mit seinem Namen unterzeichnet:

»Diese Haare hat mein Vater Dr. Ferdinand v. Hiller am Tage nach Ludwig van Beethovens Tode, d. i. am 27. März 1827, von Beethovens Leiche abgeschnitten und mir am 1. Mai 1883 als Geburtstagsgeschenk übergeben. Cöln, am 1. Mai 1883. Paul Hiller.«

Brilliant und die anderen sahen fasziniert zu, wie Guevara und die Konservatorin Nancy Odegaard – beide in desinfizierten OP-Kitteln sowie mit Mundschutz und Handschuhen – auf einem sterilen Tisch mit Tastzirkeln das Glas und den Rahmen vermaßen; sie riefen laut eine Reihe Zahlen und beschrieben außerdem ihren ersten Eindruck von der Beschaffenheit des Medaillons, ehe Guevara ein Skalpell zur Hand nahm und sich daran machte, es zu öffnen. Es war in der Tat eine Art Operation, und der Arzt strahlte gelassenes Selbstvertrauen aus – er kommentierte jeden einzelnen Schnitt und jede Beobachtung so, wie er dies wohl auch getan hätte, wären der Untersuchungsgegenstand der Darm eines Menschen und die Beobachter, die sich versammelt hatten, angehende Chirurgen und Assistenzärzte gewesen, bei denen immer noch die Gefahr bestand, daß ihnen übel wurde. »Jetzt schneide ich durch das letzte Restchen Leim, mit dem die Papierfütterung festgeklebt ist«, verkündete er; man merkte seiner Stimme an, wie konzentriert er arbeitete. »Nun ziehe ich die Papierauskleidung ab, und ... mal sehen, darunter ... darunter befindet sich noch eine Schicht Papier, ebenfalls beschrieben ... diesmal auf französisch, glaube ich. Kann jemand bestätigen, ob es sich um Französisch handelt, und den Text für uns übersetzen?«

Eine für die Aufzeichnung schwieriger Phasen und Kniffligkeiten eher konventioneller Operationen entwickelte Kamera war über den Köpfen der Anwesenden angebracht, und die Versammelten verfolgten nun auf rund um den Raum verteilten Monitoren das Vorgehen des Arztes; ja, das sei in der Tat französisch, erklärte jemand. Der Text war gedruckt, aber es erwies sich als schwierig, daraus schlau zu werden, und rasch kam man übereinstimmend zu dem Schluß, daß es sich schlicht um ein Stück Zeitungspapier handelte, das man zur Ausfütterung der Rückwand verwendet hatte. Die Worte auf der nächsten Lage Papier, die Guevara freilegte, waren allerdings sehr wohl zu entziffern – und überraschend. Sie waren mit der Hand geschrieben und besagten – wiederum auf deutsch –, das Medaillon sei 1911 in Köln von einem Bilderrahmer »neu verklebt« worden, zu einer Zeit also, als Paul Hiller wohl 58 Jahre alt war, und vermutlich zu der Zeit, als er auf der obersten Lage Papier schriftlich festgehalten hatte, wie er in den Besitz des Medaillons gelangt war.

Schließlich hatte der Arzt nur noch die beiden miteinander verbundenen Glasplättchen in den behandschuhten Händen, und Odegaard hielt das Glas hochkant fest, während Guevara mit dem Skalpell das Siegel erbrach. »Oha, haben Sie das gehört?« fragte er. »Als ich die beiden Glasscheiben langsam voneinander löste, habe ich einen Luftzug gespürt, als sauge ein Vakuum Luft an.« Zwei Minuten vergingen, in denen der Arzt das Messer langsam um das Oval herumführte; schließlich hatte er die beiden Glasplättchen voneinander getrennt und löste nun behutsam das gewölbte Teil von seinem Gegenstück. Obwohl einen Augenblick lang keiner ein Wort sagte, spürte man die geballte Erregung. Vor ihnen lagen, zum erstenmal seit mindestens acht Jahrzehnten, vielleicht seit sehr viel längerer Zeit, Beethovens Haare offen da – dunkler, als sie unter Glas gewirkt hatten: eine sorgfältig geschlungene Locke, die aus 100 oder auch 200 Einzelhaaren bestand, wie einer der Umstehenden schätzte. Nachdem jemand ihm die Bänder seiner Gesichtsmaske gelöst hatte, beugte Guevara sich über den Tisch, um an den Haaren zu riechen. Sie röchen nach gar nichts, erklärte er. Nun drängten Brilliant und die anderen sich näher, um selbst einen Blick auf die bemerkenswerte Reliquie zu werfen.

Noch am selben Vormittag wurden, ehe das Team zu einer Art Festmahl aufbrach, Beethovens Haare photographiert, gewogen und unter einem Hochleistungsmikroskop untersucht. Der Gerichtsanthropologe Walter Birkby erklärte, nach der ersten kurzen Untersuchung der Haare habe er den Eindruck, deren Zustand entspräche dem von etwa 200 Jahre alten Haaren; darüber hinaus stellte er fest, offenbar seien keine Läuse – oder Läusekadaver – vorhanden. Die zusätzliche Erklärung, daß zumindest an einigen Haaren Follikel hafteten, löste allgemeine Begeisterung aus. Der 15jährige Ferdinand Hiller hatte vermutlich an den Haaren gezogen, als er die Locke abschnitt – das war die ursprüngliche Annahme –, und die Tatsache, daß der Junge dabei unabsichtlich ein paar Follikel aus Beethovens Kopfhaut gerissen hatte, bedeutete, möglicherweise wäre eine DNA-Analyse durchführbar – etwas, womit keiner in der Gruppe bislang zu rechnen gewagt hatte.

Bei der Pressekonferenz am frühen Nachmittag surrten wiederum die Kameras, und das Team umriß nun zum ersten Mal in der Öffentlichkeit, welche Tests es durchzuführen gedachte. Vor einer Untersuchung der DNA der Haare – falls man eine solche überhaupt vornahm – würde man wahrscheinlich versuchen festzustellen, ob Beethoven kurz vor seinem Tod irgendwelche Opiate eingenommen hatte. Bei weiteren Analysen wollte man nach Metallrückständen in den Haaren suchen: Ein hoher Zinkspiegel würde bedeuten, daß sein Immunsystem ernsthaft beeinträchtigt gewesen war; das Vorhandensein von Quecksilber ließe darauf schließen, daß er wegen einer Infektion behandelt worden war, und ein erhöhter Quecksilberspiegel könnte sogar bis zu einem gewissen Grad eine Erklärung für Beethovens berüchtigt exzentrisches Verhalten liefern; ein hoher Bleianteil gäbe einen Hinweis auf eine mögliche Ursache der Taubheit des Komponisten und könnte unter Umständen sogar all die anderen Krankheiten erklären, die ihn zeit seines Erwachsenenlebens geplagt hatten.

Guevara teilte den Reportern, die sich eingefunden hatten, mit, bei der Untersuchung von Beethovens Haaren werde man auf Methoden und Testverfahren zurückgreifen, die bei der Untersuchung einer Locke Napoleons in den siebziger Jahren entwickelt worden waren – Untersuchungen, die zu dem Ergebnis geführt hatten, daß der Kaiser, im Gegensatz zu dem, was viele Historiker lange Zeit vermuteten, eben nicht vergiftet worden war. Darüber hinaus würde nur eine winzige Menge der Haare, die er gerade aus dem Medaillon herausgenommen hatte, zerstört oder auf Dauer verändert. Außerdem würden die entsprechenden Untersuchungen ausschließlich von hochqualifizierten Wissenschaftlern durchgeführt.« »Wir werden eine Vereinbarung vorbereiten, daß die Untersuchungen unter strengen gerichtsmedizinischen und sterilen Bedingungen und mit Methoden durchgeführt werden, die dem neuesten Stand der Forschung entsprechen. Und zwar wollen wir damit Personen beauftragen, die mit derlei Tests genausoviel Erfahrung haben wie Leute vom FBI, und sie dann bitten, uns spezielle Untersuchungen vorzuschlagen. Auf keinen Fall werden wir alle Haare opfern. Denn wir hoffen vor allem, daß man in 200 Jahren nicht glaubt, hier seien stümperhafte Anfänger zugange gewesen, die ihr Handwerk nicht beherrschten. Vor 25 oder 50 Jahren wären solche Untersuchungen noch gar nicht möglich gewesen. Und in 50 Jahren liefern diese Haare uns möglicherweise sehr viel mehr Informationen.«

Die Zeitungs- und Fernsehreporter wollten jedoch mehr wissen: Sie wollten sich eine Vorstellung davon machen können, was Guevara und seinen Partner bewogen hatte, die Locke zu ersteigern und sie jetzt genauestens untersuchen zu lassen. Was faszinierte sie so sehr an Beethoven, daß es fast schon an Besessenheit grenzte?

»Mein Interesse an Beethoven brennt in mir wie ein Feuer«, antwortete der 73jährige Ira Brilliant; selbst nach 30 Jahren in Arizona war sein Brooklyner Akzent noch deutlich herauszuhören. »Vor 20 Jahren habe ich, aus einem tiefempfundenen Wunsch heraus, etwas zu besitzen, das Beethoven selbst berührt hatte, damit angefangen, seine Briefe und Erstausgaben zu sammeln. Das war meine Art und Weise, seiner Größe meine Reverenz zu erweisen.« Brilliant, ein gedrungener, kleiner Mann, dessen dichte Brauen und tiefliegende Augen wie ein Spiegelbild des Komponisten schienen, erklärte, vor fast einem Jahr habe er im November, kurz nachdem er entdeckt hatte, daß im Katalog von Sotheby's die Locke aufgeführt war, seinen Freund Guevara angerufen, Beethoven-Verehrer wie er selbst; sie hätten beschlossen, daß sie versuchen wollten, die Locke zu ersteigern. »Das bedeutete viel mehr als einfach irgend etwas, das Beethoven angefaßt hatte. Die Haare, das *ist* Beethoven. Eine wundervolle Reliquie.«

Der Arzt stimmte natürlich zu. Die Sprechweise des massigen Mannes mit dem schwarzen Haarwust war mit Anklängen an seine Muttersprache Spanisch durchsetzt; seit seiner Collegezeit vor vielen Jahren wurde er von seinen Freunden »Che« genannt. Guevaras Faszination, was Beethovens Musik und Beethoven als Mensch betraf, sprudelte mit einer Art bekennerischer Leidenschaft aus ihm hervor. »Wie Sie wissen, war Beethoven taub. Er hatte Nierensteine, eine sehr schmerzhafte Angelegenheit. Und er hatte Hepatitis sowie häufig Magen-Darm-Entzündungen. Daß ein Mensch, der mit so vielen Krankheiten geschlagen war und so sehr litt, dennoch übermenschliche Musikwerke schuf, Musik, die in der Tat den menschlichen Geist auf eine ganz andere Ebene heben kann als die, auf der wir normalerweise leben, das ist wirklich unglaublich.«

Beethovens Haare – immer noch zu derselben Locke zusammengerollt wie vor fast 200 Jahren; die Hunderte von Haaren warteten nach wie vor darauf, gezählt zu werden – waren längst weggeschafft und sicher verwahrt worden, doch Guevara sprach von ihnen, als befänden sie sich noch im Raum: »Einem Menschen so nahe zu kommen, der etwas Derartiges geschaffen hat, das ist für mich ein persönlicher Triumph. Der Erwerb seiner Haare hat mein Leben verändert.«

Wäre Ludwig van Beethoven 1824, 170 Jahre zuvor, an einem warmen Mainachmittag zu seinem täglichen Spaziergang durch die Stadt aufgebrochen, hätten ihm die Haare wahrscheinlich wirr vom Kopf abgestanden, und die dunklen Augen darunter wären den Leuten zwar klein vorgekommen, hätten jedoch durchdringend gefunkelt. Seine Gesichtsfarbe war dunkel, die Stirn hoch und breit und das Gesicht seit seiner Kindheit von Pockennarben übersät. Selbst für damalige Verhältnisse war er kleingewachsen, und infolge der Darmkrankheit, an der er seit 30 Jahren litt, war er bei weitem nicht mehr so stämmig und kräftig wie früher. In jenem Frühjahr hätte sein Gang wohl schwerfällig gewirkt und eine seltsame Art von Unbeholfenheit verraten, und er hätte das Lärmen der prächtigen, prahlerisch-lauten Stadt nicht gehört, durch die er schlenderte – weder das ununterbrochene Geschrei von den Karren und Wagen der Händler noch das Plärren der Jongleure, Puppenspieler und Straßenmusikanten, die sich an jeder Straßenecke zu drängen schienen; weder die freundlichen Grüße von Bekannten noch die höhnischen Beschimpfungen, die die Gassenjungen ihm nachschrien, die sich an seine Fersen geheftet hatten. Die Taubheit, die ihn seit 20 Jahren allmählich seines Empfindens für die feinsten Klangnuancen beraubt hatte, sie hatte seine Welt unerbittlich und unaufhaltsam auf ein beseeltes, doch völlig vom Leben abgeschnittenes Schweigen eingeengt, und jetzt hörte er nur noch das, was er sich vorstellte.

In Wirklichkeit war jedoch Beethoven, diese absonderliche, verschrobene Gestalt – die man gelegentlich durchaus schon für einen Landstreicher gehalten hatte –, in ebendiesem Augenblick der gefeiertste Komponist in einer Stadt, die von Tonsetzern schier überquoll. Nur wenige Tage zuvor war die Uraufführung seiner neunten Symphonie mit tobendem Applaus gefeiert worden. In dem Vierteljahrhundert, seit er Wien zu seinem Wohnsitz erkoren hatte, war er dort zu einer regelrechten Legende geworden, und seine kühnen, leidenschaftlichen und rundum revolutionären Kompositionen schienen schon jetzt dazu bestimmt, ihn zu überleben. Die Leute, die ihn begrüßt oder einfach erkannt hätten, als er an jenem Nachmittag an ihnen vorbeiging, sie hätten gemerkt, daß Beethoven rasch alterte und sich eindeutig nicht wohl befand. Doch zumindest seine Musik, und dafür hätten sie sich verbürgt, würde Jahrhunderte überdauern.

1770–1792

AUCH SEIN GROSSVATER HATTE DEN NAMEN LUDWIG van Beethoven getragen, und obwohl der kleine Beethoven erst zwei Jahre alt gewesen war, als dieser 1773 starb, bildete der Komponist sich immer ein, seine ungeheure Begabung habe er von dem ungemein verehrten Namensvetter geerbt – seinerseits Sohn eines Bäckers in der flämischen Stadt Mecheln, der 1761 am Bonner Hof von Maximilian Friedrich zum Kapellmeister bestallt worden war. Beethovens Vater Johann sang jahrelang als Tenor im Hofchor; er erteilte Gesangsunterricht und spielte auch ganz passabel Klavier und Geige, doch als 1773 sein Vater starb, stagnierte Johanns Karriere, und es schien unwahrscheinlich, daß sie in absehbarer Zeit neuen Aufschwung nähme. Seine Frau, geborene Maria Magdalena Keverich, Tochter eines Kochs im Sommerpalast Maximilian Friedrichs in Ehrenbreitstein, war bereits Witwe gewesen, als sie im Herbst 1767 nur wenige Tage vor ihrem 21. Geburtstag Johann geheiratet hatte. Ein Sohn, den sie mit ihrem ersten Ehemann gehabt hatte, war früh gestorben, ebenso ihr zweites Kind, Ludwig Maria, das sechs Tage nach der Geburt 1769 gestorben war, ein Jahr, ehe das dritte Kind, ebenfalls Ludwig benannt, zur Welt kam.

Maria van Beethoven war intelligent, geduldig, gütig und offenbar ungemein anspruchslos und bescheiden, in der jungen Familie der ausgleichende Kontrapunkt zu Johann. Der war nach dem Tod seines Vaters – und als sein Gesuch, dessen Nachfolge als Kapellmeister anzutreten, abschlägig beschieden worden war – zunehmend anmaßend, unberechenbar und unzuverlässig geworden, ein Verhalten, das sich später infolge seiner schweren Alkoholabhängigkeit noch verschlimmerte. Während Maria ihren kleinen Sohn bereitwillig unterstützte, stellte Johann, laut den wenigen existierenden Berichten, für den Jungen ein regelrechtes Schreckgespenst dar: Er schikanierte ihn, schlug ihn gelegentlich, zerrte den weinenden Fünfjährigen, wie überliefert ist, spätabends aus dem Bett ans Klavier und zwang ihn in seiner Trunkenheit zum Üben.

Allerdings verdarben die Wutanfälle und die herrische Art seines Vaters dem Jungen nie die Freude an der Musik, und schon früh machte sich trotz alledem seine erstaunliche Begabung deutlich bemerkbar. Der kleine Ludwig war erst sieben, als er zum erstenmal in der Öffentlichkeit Klavier spielte. Ab dem achten Lebensjahr unterrichtete ihn eine Reihe bekannter Hofmusiker im Klavier-, Violin- und Violaspiel, und mit elf war er bereits Stellvertreter des Hoforganisten Christian Gottlob Neefe, der den Jungen ein Jahr zuvor unter seine Fittiche genommen hatte. War Neefe verhindert, so spielte Beethoven, dessen Schulausbildung bereits abgeschlossen war, gelegentlich bei Messen oder höfischen Festlichkeiten die Orgel, und nur zu gern überhäufte der Lehrer seinen jungen Schützling mit Lob und Preis. Auf Neefes Drängen hin rückten die Herausgeber des *Magazins der Musik* im März 1783 einen Hinweis ein, in dem Beethoven als Junge von »vielversprechendem Talent« vorgestellt wurde. »Er spielt sehr fertig und mit Kraft das Clavier, ließt sehr gut vom Blatt […] Dieses junge Genie verdiente Unterstützung, daß er reisen könnte. Er würde gewiß ein zweiter Wolfgang Amadeus Mozart werden, wenn er so fortschritte, wie er angefangen.«

Nach wie vor ist unklar, ob Beethoven es Neefe oder jemand anderem zu verdanken hatte, daß er vier Jahre später Wien besuchen konnte, Sitz der Habsburger Kaiser, Hauptstadt des Heiligen Römischen Reiches Deutscher Nation und musikalische Hochburg Europas. Neefe, der dem Wesen nach viel eher Beethovens Großvater als seinem Vater glich, war freundlich, gebildet und sehr belesen, zudem ein vielseitig begabter Musiker. Er war der Ansicht, eine weitere Ausbildung in Wien sowie, im allgemeineren Sinne, ein Eintauchen in die Atmosphäre verfeinerten musikalischen Lebens, die dort herrschte, ließen das ungeheure Talent des 16jährigen zu voller Entfaltung und Anerkennung reifen. Insgeheim hatte Neefe sogar gehofft, Mozart würde den Jungen als Schüler annehmen, doch offenbar hörte der österreichische Meister – der bereits vier Jahre später sterben sollte – den jungen Mann nur bei einer einzigen Gelegenheit spielen.

Mozarts erste Reaktion, als der Junge aus Bonn ihm an einem Aprilnachmittag eine Auswahl von Musikstükken vorspielte, war eindeutig zurückhaltend – mit Sicherheit gab es Dutzende junger Männer in Wien, die einzelne effektvolle Stücke meisterten. Als Beethoven jedoch bat, Mozart möge ihm ein Thema zum Improvisieren geben, willigte Mozart ein und war sogleich verblüfft über die Bandbreite, den Erfindungsreichtum und das kraftvolle Spiel des jungen Mannes, der noch keine 20 Jahre alt war.

Der junge Beethoven schien völlig versunken in die Musik, die er dem Klavier des Meisters entlockte, als Mozart schließlich den Raum verließ und eifrig auf eine Gruppe von Höflingen einredete, die er hatte warten lassen: »Auf den gebt acht«, wies er sie an, »der wird einmal in der Welt noch von sich reden machen!«

Möglicherweise hätte Beethoven Mozart wiedergesehen; vielleicht hätte er eine Zeitlang sogar bei ihm studiert, doch er mußte seinen Aufenthalt in Wien jäh abbrechen, als ihn aus Bonn die Nachricht erreichte, daß seine Mutter schwerkrank sei. Er kam gerade noch rechtzeitig, ehe sie an Tuberkulose starb; ihr Tod war ein schwerer Schlag für die ganze Familie. Beethovens kleine Schwester Maria Margaretha starb wenige Monate später; zwei jüngere Brüder blieben nun in der Obhut Ludwigs zurück, da sein Vater – jetzt ohne die ausdauernde Unterstützung und den mäßigenden Einfluß seiner Frau – sich schlicht in den persönlichen und beruflichen Ruin hineintrank. Als Johann 1789 gezwungen war, seine bescheidene Stellung aufzugeben, suchte Beethoven mit Erfolg bei Hof darum nach, ihm die Hälfte des früheren Gehalts seines Vaters zu gewähren, um die Familie vor Armut und Elend zu bewahren, und wurde allmählich zum eigentlichen Haushaltsvorstand.

Doch obwohl er sich jetzt um die Familienangelegenheiten kümmern mußte, begann Beethoven in den Jahren nach dem Tod seiner Mutter andererseits auch, sich in gesellschaftlicher Hinsicht zu entfalten. In den Orchestern der Hofkapelle und des Hoftheaters spielte er Viola; damals knüpfte er freundschaftliche Beziehungen zu anderen jungen Musikern, die lange währen sollten. Er lernte den acht Jahre älteren Ferdinand Graf Waldstein kennen, einen begeisterten Musikliebhaber, mit dem ihn bald eine enge Freundschaft verband. Und im Kreis der hochangesehenen, fortschrittlich gesinnten und intellektuell aufgeschlossenen Familie Breuning, der die energische junge Witwe Helene von Breuning vorstand, lernte Beethoven zum erstenmal jene Lebensfreude kennen, von der in seinem eigenen Zuhause nie etwas zu spüren gewesen war. So vertrauten Umgang pflegte er mit den Breunings, daß er oft bei ihnen übernachtete, und im Lauf der Zeit wurde er für Helene von Breuning so etwas wie ein innig geliebtes Stiefkind: Sie pflegte ihn, wenn er krank war, sie half ihm, gegen die immer wiederkehrenden Anfälle von Melancholie und die zermürbenden Phasen dumpf brütenden Schweigens anzukämpfen, und sie tat ihr Möglichstes, um das Selbstvertrauen des gelegentlich entnervend scheuen jungen Mannes zu stärken.

Helene von Breuning wie auch Graf Waldstein und Neefe machten den jungen Mann mit den erregenden neuen Vorstellungen von Reform, Freiheit und Brüderlichkeit – den Idealen der Aufklärung – bekannt, die in den Städten entlang des Rheins und in weiten Teilen Mitteleuropas allmählich gängige Gesprächsthemen wurden. Allerdings war es Waldstein, der damals am meisten für die musikalische Weiterbildung Beethovens tat. Unauffällig und taktvoll unterstützte er den jungen Mann finanziell, den er öffentlich als musikalisches Genie bezeichnete; so erteilte er ihm den Auftrag, für seine »Organisation« eines später so genannten *Ritterballetts* die Musik zu komponieren. Darüber hinaus war er Mitglied einer ansehnlichen Gruppe des Bonner Adels, die Beethoven mit der Komposition von zwei Kantaten anläßlich des Todes des vielgeliebten Kaisers Joseph II. und der Thronbesteigung seines Nachfolgers Leopold II. betrauten. Zwar wurde keine der beiden Kantaten aufgeführt, doch Waldstein war klar, wie großartig sie waren. Wahrscheinlich war auch er es, der dem Komponisten Joseph Haydn während dessen Aufenthalts in Bonn im Jahre 1792 die *Josephs-Kantate* in die Hand drückte, um ihn dazu zu bewegen, den jungen Beethoven zu unterrichten, sobald er wieder in Wien wäre. Und mit Sicherheit überredete Waldstein seinen Freund, den Kölner Kurfürsten Maximilian Franz, Maximilian Friedrichs Nachfolger, sowohl die Reise Beethovens nach Wien zu bezahlen als ihn auch während der Zeit, in der er dort lebte, finanziell zu unterstützen.

Die Französische Revolution, die vor mittlerweile drei Jahren ihren Anfang genommen hatte, ließ in weiten Teilen Europas Gerüchte über einen bevorstehenden Krieg aufkommen. Die neue französische Regierung hatte Österreich den Krieg erklärt; französische Streitkräfte waren bereits am Rhein aufmarschiert, und Beethoven mußte – trotz des ständig sich verschlechternden Gesundheitszustands seines Vaters – eiligst Bonn verlassen, wenn seine Reise nach Wien mit der Postkutsche einigermaßen sicher vonstatten gehen sollte. Als er aufbrach, verabschiedeten sich Dutzende Freunde und Bewunderer mit großer Herzlichkeit von ihm; sie alle rechneten damit, daß er in absehbarer Zeit wieder in seine Heimatstadt zurückkehren werde; in einem Album, in das sie ihre guten Wünsche schrieben, findet sich auch der Gruß seines treuen Gönners:

»Lieber Beethoven! Sie reisen itzt nach Wien zur Erfüllung Ihrer so lange bestrittenen Wünsche. Mozart's Genius trauert noch und beweinet den Tod seines Zöglings. Bey dem unerschöpflichen Haydn fand er Zuflucht, aber keine Beschäftigung; durch ihn wünscht er noch einmal mit jemandem vereinigt zu werden. Durch ununterbrochenen Fleiß erhalten Sie: Mozart's Geist aus Haydns Händen. Ihr wahrer Freund Waldstein.«

Beethovens Locke

Ein Junge schneidet eine Locke von Beethovens Haupt

BIS ZUM JAHRE 1871 SOLLTE ES DAUERN, EHE FERDInand Hiller, der stattliche Kapellmeister in der am Rhein gelegenen Stadt Köln, einer begeisterten deutschen Leserschaft berichtete, was für ein Erlebnis es gewesen war, Ludwig van Beethoven kennenzulernen, und darüber hinaus die letzten Tage im Leben des Komponisten beschrieb. »Ich darf es mir selbst kaum übelnehmen, wie sehr ich es auch beklage, alle Äußerungen Beethovens damals nicht ausführlicher niedergeschrieben zu haben, als es geschehen«, schrieb der mittlerweile 60jährige Hiller, »ja, ich muß mich sogar freuen, daß der 15jährige Knabe, der zum erstenmal sich in einer großen Stadt befand, Ruhe genug behielt, um sich überhaupt Einzelheiten zu notieren. Für die vollkommenste Genauigkeit alles dessen jedoch, was ich wiederzugeben imstande bin, darf ich mit bestem Gewissen einstehen.«

Hillers Reise von Weimar ins magische, musikverzauberte Wien in Begleitung seines Klavier- und Kompositionslehrers Johann Nepomuk Hummel im Vorfrühling 1827 hatte sich infolge anhaltender Schneefälle schier unendlich hingezogen. Die beiden hatten die lange Fahrt auf sich genommen, da Hummel erfahren hatte, sein alter Freund und musikalischer Rivale liege im Sterben. Ein letztes Mal wollte er Beethoven sehen und umarmen, ehe dieser starb. Zudem hatte er gehofft, schon wenige Minuten im Dunstkreis unbestreitbarer Größe könnten seinen begabten Schützling inspirieren. Am 8. März hatte Beethoven die beiden Männer herzlich willkommen geheißen und ihnen versichert, ihre Anwesenheit wirke sich mit Sicherheit günstig auf seinen Gesundheitszustand aus; an jenem Tag blieben sie etliche Stunden bei ihm; in den darauffolgenden 14 Tagen, ehe Beethoven schließlich seiner Lebererkrankung erlag und nach einem Leben anhaltender Schmerzen starb, statteten sie ihm noch dreimal einen Besuch ab. Doch an jenem ersten Tag hatte der Sterbende, wie Hiller sich erinnerte, noch sehr lebendig gewirkt:

»Durch ein geräumiges Vorzimmer, in welchem hohe Schränke dicke, zusammengeschnürte Massen von Musikalien trugen, kamen wir (wie pochte mir das Herz!) in Beethovens Wohnzimmer und waren nicht wenig erstaunt, den Meister, dem Anscheine nach ganz behaglich am Fenster sitzend zu finden. Er trug einen langen, grauen, im Momente gänzlich geöffneten Schlafrock und hohe, bis an die Knie reichende Stiefel. Abgemagert von der bösen Krankheit, erschien er mir, als er aufstand, von hoher Statur, er war nicht rasiert, sein volles, halb graues Haar fiel ungeordnet über die Schläfen, der Ausdruck seiner Züge wurde sehr freundlich und hell, als er Hummels ansichtig wurde, und er schien sich außerordentlich mit ihm zu freuen. Die beiden Männer umarmten einander aufs herzlichste; Hummel stellte mich vor, Beethoven bezeigte sich durchaus gütig, und ich durfte mich ans Fenster ihm gegenüber setzen.

Es ist bekannt, daß die mündliche Unterhaltung mit Beethoven zum Teil schriftlich geführt wurde, er sprach, aber diejenigen, mit welchen er sprach, mußten ihre Fragen und Antworten aufschreiben. Zu diesem Ende lagen dicke Hefte gewöhnlichen Schreibpapiers in Quartformat und Bleistifte stets in seiner Nähe. Wie peinvoll mag es für den lebhaften, sogar leicht ungeduldigen Mann gewesen sein, jegliche Antwort abwarten zu müssen, in jeder Minute des Gespräches eine Pause eintreten zu lassen, während welcher seine Denktätigkeit gleichsam zum Stillstand verdammt war. Auch verfolgte er die Hand des Schreibenden mit gierigem Auge und übersah das Geschriebene mehr mit einem Blicke, als daß er es las […] Das Gespräch drehte sich zu Anfang, wie üblich, um Haus und Hof, Reise und Aufenthalt, mein Verhältnis zu Hummel und was dergleichen mehr. Nach Goethes Befinden erkundigte sich Beethoven mit außerordentlicher Teilnahme, und wir durften das Beste melden. Hatte mir doch noch vor wenigen Tagen der große Dichter einige freundliche, auf die Reise bezügliche Verse in mein Stammbuch geschrieben.

Über sein Befinden klagte der arme Beethoven gar sehr. ›Da liege ich nun schon vier Monate‹, rief er aus, ›man verliert zuletzt die Geduld!‹ Auch sonst schien vieles in Wien nicht nach seinem Sinne, und er äußerte sich in der schärfsten Weise über den ›jetzigen Kunstgeschmack‹ und über den ›hier alles verderbenden Dilettantismus‹. Auch die Regierung, bis in die höchsten Regionen hinauf, wurde nicht verschont […]

›Die kleinen Diebe hängt man, die großen läßt man laufen!‹ rief er verdrießlich aus. Nach meinen Studien sich erkundigend und mich ermunternd, sagte er: ›Man muß die Kunst immer fortpflanzen‹, und als ich von dem ausschließlichen Interesse sprach, welches damals die italienische Oper in Wien in Anspruch nahm, brach er in die denkwürdigen Worte aus: ›Man sagt: vox populi, vox dei – ich habe nie daran geglaubt.‹ –

Am 13. März nahm mich Hummel zum zweitenmal mit zu Beethoven. Wir fanden seinen Zustand wesentlich verschlimmert. Er lag zu Bette, schien starke Schmerzen zu haben und stöhnte zuweilen tief auf, trotzdem sprach er viel und lebhaft. Nicht geheiratet zu haben, schien er sich jetzt zu Herzen zu nehmen. Schon bei unserm ersten Besuche scherzte er mit Hummel hierüber, dessen Gattin er als junges, schönes Mädchen gekannt hatte. ›Du‹, sagte er diesmal lächelnd zu ihm, ›du bist ein glücklicher Mann; du hast eine Frau, die pflegt dich, die ist verliebt in dich, aber ich Armer!‹ – und er seufzte schwer. Auch bat er Hummel, ihm doch seine Frau zu bringen, die sich nicht hatte entschließen können, den Mann, den sie auf der Höhe seiner Kraft gekannt, so wiederzusehen. – Man hatte ihm kurz vorher ein Bild des Hauses geschenkt, in welchem Haydn geboren worden – er hatte es in der Nähe des Bettes und zeigte es uns. ›Es hat mir eine kindische Freude gemacht‹, sagte er – ›Die Wiege eines so großen Mannes!‹

Kurz nach unserem zweiten Besuch verbreitete sich in Wien die Nachricht, daß die Philharmonische Gesellschaft in London Beethoven hundert Pfund Sterling gesandt habe, um ihm sein Krankenlager zu erleichtern. Man fügte hinzu, daß die Überraschung auf den großen armen Mann einen solchen Eindruck gemacht, daß er sich auch körperlich überaus erleichtert fühle. Als wir am 20. wieder an seinem Bette standen, ging zwar aus seinen Äußerungen hervor, wie sehr jene Aufmerksamkeit ihn erfreut, aber er war überaus schwach und sprach nur leise und in abgebrochenen Sätzen. ›Ich werde wohl bald nach oben machen‹, flüsterte er nach unserer Begrüßung.

Ähnliche Ausrufungen kamen öfters wieder; – dazwischen aber sprach er von Entwürfen und Hoffnungen, die sich freilich leider nicht realisieren sollten. Von dem edlen Gebaren der Philharmonischen Gesellschaft redend und die Engländer preisend, meinte er, sobald es besser mit ihm stehe, die Reise nach London anzutreten. ›Ich will ihnen eine große Ouvertüre komponieren und eine große Sinfonie.‹ Und dann wollte er Frau Hummel auch besuchen (sie war mitgekommen) und sich, ich weiß nicht mehr, wo überall, aufhalten. Ihm etwas aufzuschreiben, kam uns nicht in den Sinn. Sein Auge, welches das letztemal, als wir ihn gesehen, noch ziemlich lebendig gewesen, fiel heute zusammen, und es wurde ihm schwer, sich von Zeit zu Zeit aufzurichten. Man konnte sich keiner Täuschung mehr hingeben – das Schlimmste stand zu befürchten.

Trostlos aber war der Anblick des außerordentlichen Mannes, als wir ihn am 23. März wieder aufsuchten – es sollte das letztemal sein. Matt und elend lag er da, zuweilen leise seufzend. Kein Wort mehr entfiel seinen Lippen – der Schweiß stand ihm auf der Stirn. Als er zufällig sein Schnupftuch nicht gleich zur Hand hatte, nahm Hummels Gattin ihr feines Batistläppchen und trocknete ihm mehrmals das Antlitz damit. Nie werde ich den dankbaren Blick vergessen, mit welchem sein gebrochenes Auge dann zu ihr hinansah.«

Drei Tage später, an einem Montagabend, speisten Hiller und Hummel bei Freunden, als weitere Gäste eintrafen und die traurige Nachricht überbrachten, daß Beethoven mitten in dem Sturm, der nachmittags gewütet hatte, gestorben war. Als Hummel und der Junge am Dienstag zum sogenannten Schwarzspanierhaus gingen, um Beethoven die letzte Ehre zu erweisen, schien das Gesicht jenes

Mannes, den Hummel so sehr geschätzt hatte und dem der junge Hiller voller Ehrfurcht gegenübergetreten war, seltsam verändert. Beethovens Leiche lag nach wie vor in seinem Schlafzimmer, nun allerdings in einen auf einem hohen Messinggestell aufgebahrten Eichensarg gebettet; der Kopf ruhte auf einem weißseidenen Kissen. Die langen Haare hatte man gekämmt und einen Kranz weißer Rosen daraufgedrückt, doch das Gesicht mit den grauen Bartstoppeln hatte sich blau verfärbt, und die Wangen waren merkwürdig eingefallen: Bei der am Morgen vorgenommenen Autopsie waren die Schläfenknochen um die Ohren wie auch die Ohrknöchelchen selbst entfernt worden, um sie genauer zu untersuchen.

Durchgeführt hatte die Obduktion Dr. Johannes Wagner, Pathologe und Kollege von Beethovens letztem behandelnden Arzt Dr. Andreas Wawruch, der ihm assistiert hatte. Im Verlauf der Untersuchung hatten die beiden festgestellt, daß Beethovens Leber geschrumpft und nur noch halb so groß wie eine gesunde, zudem von ledriger Beschaffenheit und mit Knötchen übersät war; die Milz war schwarz und zäh und doppelt so groß wie normal. Auch die Bauchspeicheldrüse war außergewöhnlich groß und verhärtet, und in beiden nahezu farblosen Nieren fanden sie zahlreiche kalzifizierte Steine. Die Hörnerven des Tauben waren eingeschrumpft und enthielten kein Mark, doch die Gesichtsnerven dicht daneben waren beeindruckend dick; die Gehörarterien waren »auf mehr als das Doppelte des Durchmessers einer Krähenfeder« erweitert und erstaunlich brüchig; das Knochengewebe des Schädels war merkwürdig dicht, und die auffällig weißen und mit Flüssigkeit gefüllten Gehirnwindungen waren weit tiefer, breiter und zahlreicher, als die Ärzte erwartet hatten. Natürlich waren sie keineswegs überrascht, auf vieles Abnormale zu stoßen, doch das Wissen hinsichtlich Pathologie und Ätiologie war zu jener Zeit noch so begrenzt, daß keiner der beiden aus den Befunden einen Schluß ziehen konnte, was die Ursache der Taubheit oder irgendeiner anderen der zahlreichen Krankheiten des Komponisten gewesen sein könnte.

Infolge des durch die Autopsie ausgelösten Traumas wie auch aufgrund der Entstellung des Gesichts, in dem ja etliche Knochen fehlten, schien Beethoven nur noch entfernte Ähnlichkeit mit dem Mann zu haben, mit dem Hummel und Hiller erst wenige Tage zuvor geplaudert hatten, und die beiden verweilten nicht lange an seinem Sarg. Doch ehe sie gingen, fragte der junge Hiller seinen Mentor, ob es ihm wohl gestattet sei, eine Locke aus der Mähne des genialen Komponisten zu schneiden – eine Bitte, die Hiller in seinen Erinnerungen von 1871 nicht erwähnte; möglicherweise wollte er, selbst jetzt, ein halbes Jahrhundert später, nicht näher darauf eingehen oder es auch nur zugeben, da der zeit seines Lebens ansonsten recht offenherzige und gesellige Hiller praktisch nie ein Wort über sein Privatleben oder über das verlor, was ihm insgeheim lieb und teuer war; möglicherweise aber auch, da Beethovens Bruder Johann und der zum Nachlaßverwalter bestimmte Stephan von Breuning, ja nicht einmal das Faktotum Anton Schindler ihm ausdrücklich die Erlaubnis erteilt hatten, ein Andenken mitzunehmen. Doch ganz offensichtlich hatten auch andere bereits etliche Locken abgeschnitten, und man kann sich ohne weiteres vorstellen, wie Hummel seinem Schüler flüsternd sein Einverständnis gab. Dies schlichte Ritual, die Trauer, die über dem Ganzen lag, berührte beide wahrscheinlich zutiefst, als Hiller nun die Schere hervorzog, die er voller Hoffnung zu ebendiesem Zweck mitgebracht hatte, eine dichte Locke von Beethovens langem, halb ergrautem Haar anhob, daran zog und sie abschnitt.

Am 24. Oktober 1811 war Ferdinand Hiller als Sohn eines wohlhabenden Kaufmanns in Frankfurt am Main geboren worden; um in einer Zeit, als der Antisemitismus in Europa gefährlich zunahm, seine jüdische Herkunft zu verheimlichen, hatte sein Vater gegen Ende des 18. Jahrhunderts seinen ursprünglichen Namen Isaac Hildesheimer abgelegt und sich in Justus Hiller umbenannt. Frankfurt selbst war allerdings eine relativ tolerante Stadt, in der Juden trotz einiger gewichtiger Einschränkungen ohne Angst vor Verfolgung leben konnten. Ferdinands Vater und seine Frau Regine, geborene Sichel, wohlbetucht, kultiviert und gebildet, setzten alles daran, ihren Sohn weitgehend in Übereinstimmung mit den vorherrschenden kulturellen Strömungen in Deutschland großzuziehen. Doch ebensosehr waren sie darauf bedacht, ihm eine unbeschwerte Kindheit zu bieten, und versuchten – wie sich später herausstellte, ohne großen Erfolg –, nicht allzufrüh die Aufmerksamkeit auf seine bemerkenswerte musikalische Begabung zu lenken. Als der Junge sieben Jahre alt war, gaben sie den dringenden Bitten von Freunden nach und willigten ein, daß ihr Sohn regelmäßig bei dem Pianisten Aloys Schmitt Klavierstunden nahm und gleichzeitig von dem Frankfurter Georg Jacob Vollweiler in Kompositionslehre unterrichtet wurde. Drei Jahre später trat der nunmehr zehnjährige Ferdinand zum erstenmal vor Publikum auf. Er spielte Mozarts Klavierkonzert c-Moll und verblüffte damit zwei anwesende Musiker, Freunde seiner Eltern: Louis Spohr und Ignaz Moscheles. Beide hatten in der Zeit, die sie in Wien verbracht hatten, Beethoven näher kennengelernt. Diese beiden Herren bestanden nun darauf, man solle den Jungen unbedingt nach Weimar schicken, um ihn dort bei Kapellmeister Johann Nepomuk Hummel studieren zu lassen, der nicht nur ein Zeitgenosse und Freund Beethovens, sondern auch der einzige Komponist in ganz Europa war, dessen Begabung – zumindest nach Einschätzung von Männern wie Spohr und Moscheles – der Beethovens gleichkam.

Der allseits beliebte und geachtete, warmherzige, großzügige und ungemein freundliche Hummel nahm nur wenige Schüler an, doch da er selbst 40 Jahre zuvor als Wunderkind zwei Jahre lang als Schüler Wolfgang Amadeus Mozarts in Wien bei diesem gelebt hatte – eine außerordentlich prägende Erfahrung –, wollte er nun unbedingt versuchen, Vergleichbares auch anderen zugute kommen zu lassen. Als er dem jungen Hiller zum ersten Mal begegnete und ihn Klavier spielen hörte, war er von dem vielversprechenden Jungen beeindruckt. 1825 wurde dieser sein Schüler, und bald standen die beiden einander sehr nahe: Hummel und seine Frau Elisabeth nahmen sich im Namen von Hillers Eltern des Jungen an und ermutigten ihn, seine Talente in jeder Richtung weiterzuentwickeln. So war es nur folgerichtig, daß sie ihn mit Felix Mendelssohn Bartholdy, einem ebenfalls aufsehenerregenden Wunderkind, nur zwei Jahre älter als Hiller, wie auch mit dem gefeierten Dichter und Dramatiker Johann Wolfgang von Goethe bekannt machten. Ehe sie im Frühjahr 1827 von Weimar aus nach Wien aufbrachen, schrieb Goethe einen Vers in das Poesiealbum des Jungen, und es munterte Beethoven sichtlich auf, Hiller von Goethe erzählen zu hören, als Hiller und Hummel ihn wenige Tage vor seinem Tod besuchten.

Noch einmal hörte Hiller den Namen des verehrten Dichters am Nachmittag von Beethovens Beerdigung vor dem Tor zum Währinger Friedhof, als der Schauspieler Heinrich Anschütz erklärte, Beethoven und Goethe seien seit langem die herausragendsten Künstlerpersönlichkeiten der deutschsprachigen Welt. Zwar war Hiller noch keine 20 Jahre alt, doch er hatte bereits diese beiden überragenden Menschen kennengelernt und sich mit ihnen unterhalten, und als er sah, wie sein stattlicher Freund und wundervoller Lehrmeister Hummel drei Lorbeerkränze auf den jetzt zugenagelten Sarg in der Grube warf, kam es dem jungen Mann – der die Haarsträhne behutsam in seinem Album geborgen hatte – so vor, als sei ein erfülltes künstlerisches Leben das einzig Erstrebenswerte für ihn.

Im Juli war Hiller bereits nach Weimar zurückgekehrt, als er in der in Dresden erscheinenden *Abendzeitung* einen von dem Dichter und Historiker Johann Sporschil verfaßten Nachruf las, der einen Wesenszug Beethovens schilderte, den selbst zu erleben er nicht das Glück gehabt hatte:

»Es ist den Bewohnern des freundlichen Wien nun nicht mehr gegönnt, [wenn sie ihn] mit kurzen, die Erde fest, aber nur flüchtig schlagenden Tritten durch die Straßen eilen sahen, der wohlbekannten Gestalt, bis sie blitzschnell um eine Ecke verschwand, lachend nachzuschauen, um sich dann mit gutmütig freudigem Selbstgefühle: ›Haben Sie gesehen? Beethoven!‹ zuzuflüstern.«

Ja, Hiller *hatte* ihn gesehen, hatte sogar eine Locke des großen Komponisten erbeutet. Dieses Andenken war ein Teil Beethovens gewesen – weder sein Fleisch noch sein Blut, aber dennoch er. Viele Jahre hindurch war seine wilde Mähne das wohl charakteristischste äußerliche Merkmal Beethovens gewesen: in gewisser Weise ein Sinnbild für sein exzentrisch-überschwengliches Temperament, seine völlige Unberechenbarkeit, seine erstaunliche künstlerische Schaffenskraft – und Hiller wußte, sein Leben lang würde er die Haarsträhne in Ehren halten und sorgsam hüten.

Möglicherweise veranlaßte er dies noch in Weimar oder aber in der Zeit, als er ein paar Monate in Frankfurt zu Hause bei seinen Eltern verbrachte, jedenfalls hatte Hiller, als er im Oktober 1828 nach Paris reiste, vorher einen Bilderrahmer damit beauftragt, die Locke in einen schwarz gestrichenen kleinen Holzrahmen zu fassen, die Art Medaillon, in der man normalerweise Miniaturporträts ausstellte. Die Haare – wer wußte schon, wie viele es genau waren? – waren nun locker zusammengerollt und durch Glas geschützt, das Andenken sicher aufbewahrt für die seltenen Gelegenheiten, wenn Hiller danach zumute war, es Freunden zu zeigen, bei denen er sicher sein konnte, daß sie es in seiner Bedeutung zu würdigen wüßten, und von denen er gebührende Ehrfurcht erwarten durfte, wenn sie für wenige Augenblicke etwas in der Hand hielten, das ein Teil Beethovens gewesen war.

Obwohl Hiller 1828 eben erst 17 geworden war, bezeichnete der Aufenthalt in Paris sein Erwachsenwerden. Seine Eltern unterstützten seine Reise dorthin von ganzem Herzen und stellten obendrein sicher, daß er keinerlei materielle Entbehrungen zu fürchten brauchte, solange er dort weilte. Anders als der junge Beethoven war »le savant Hiller – der gelehrte Hiller«, wie man ihn bald nannte, ein gutherziger und zudem betuchter Bursche – ein kleiner Mann mit dunklen Augen, dessen rundes, ausdrucksstarkes Gesicht eine Aufgeschlossenheit und Offenheit unter Beweis stellte, die andere sogleich für ihn einnahmen. Die Revolution lag geraume Zeit zurück, und nach der endgültigen Niederlage Napoleons im Jahre 1815 war Frankreich erneut zur Regierungsform einer repressiven, allerdings eindeutig instabilen Monarchie zurückgekehrt, auch wenn in den heruntergekommenen, von Seuchen heimgesuchten Armenvierteln von Paris noch immer ein Hauch von Revolution zu spüren war. Wieder führten Arm und

Reich ein streng voneinander gesondertes Leben in der Stadt, die mittlerweile eine Million Einwohner zählte. Und ein wohlhabender Zuwanderer wie Hiller konnte sich kaum einen lebenssprühenderen, anregenderen Ort vorstellen, um seine musikalische Ausbildung fortzusetzen.

Allerdings wies das Pariser Musikleben Hillers Einschätzung nach einen einzigen betrüblichen Makel auf. Anders als die Städte in Deutschland und Österreich, in denen er bislang gelebt oder die er besucht hatte und in denen man die Werke Beethovens weithin bewunderte, hielt man den kürzlich verstorbenen Komponisten in Paris nach wie vor für zu eigenwillig, zu leidenschaftlich, für irgendwie zu »schwierig«; erst seit kurzem wurden seine Werke überhaupt aufgeführt. Doch 1829, zu Beginn des Winters, lernte Hiller einen 25jährigen französischen Musiker kennen, der aufs äußerste entschlossen war, seinen Landsleuten den Kopf zurechtzurücken und sie endlich über »das schier unfaßbare Werk des ungemein melancholischen, gedankentiefen Genies« aufzuklären. Der in La Côte-Saint-André geborene Hector Berlioz war vor sechs Jahren nach Paris gezogen, um dort Medizin, aber auch Musik zu studieren: ein junger Mann, der unbändig lachen konnte, stets vor Energie zu bersten schien und seine Leidenschaften in aller Öffentlichkeit auslebte; binnen kurzem nahm er Hiller als Persönlichkeit wie auch aufgrund seines beharrlichen Eintretens für Beethoven und dessen Musik für sich ein. Er könne sich schwerlich vorstellen, so Hiller in einer später verfaßten Denkschrift, daß jemand, der auch nur ein einziges Mal Berlioz begegnet war, nicht von dessen außergewöhnlich prägnantem Gesicht mit der hohen Stirn, die sich über tiefliegenden Augen vorwölbte, der kühn geschwungenen Adlernase, dem schmalen, markanten Mund, dem eher flachen Kinn und dem ungeheuren Haarwust beeindruckt gewesen sei.

Niemand, so Hiller, der diesen Kopf gesehen habe, könne ihn je vergessen.

Andererseits war es in Berlioz' Augen fast zu wunderbar, um es zu fassen, daß Hiller tatsächlich Beethoven persönlich gekannt hatte – daß er neben ihm gesessen, ihn sprechen hören und auch noch eine Haarsträhne von seinem Haupt abgeschnitten hatte –, und binnen kurzem waren die beiden enge Freunde. Berlioz vertrat leidenschaftlich die Überzeugung, die deutsche Kunst und Kultur seien aufgeklärter, fortschrittlicher als die seines Landes; es lag ihm also sehr daran, sich – ungeachtet der Tatsache, daß dieser besondere Deutsche noch keine 20 Jahre alt und ungeheuer naiv war, was die Gefährdungen und Vergnügungen der »großen Welt« betraf – Hiller anzuschließen. Er genoß es, seinen neuen Freund mit gräßlichen Geschichten aus dem Leichenschauhaus der Klinik zu schrecken, in der er studiert hatte, und tat andererseits sein Bestes, ihn auch in die Wonnen sinnlicher Liebe einzuführen. Schon bald machte er Hiller zu seinem Vertrauten, eine Rolle, die dieser gern übernahm, und schrieb ihm leidenschaftliche Briefe vor allem darüber, wie sehr er die irische Schauspielerin Harriet Smithson begehrte, die er vor kurzem auf der Bühne gesehen und anschließend kennengelernt hatte. »Mein lieber Ferdinand!« notierte er einmal, »können Sie mir sagen, was es mit dieser überwältigenden Macht des Gefühls, dieser Leidensfähigkeit, die mich schier umbringt, auf sich hat? ... Ich habe einige Zeit gebraucht, um die Tränenflut, die sich aus meinen Augen ergoß, zu trocknen – und sah dabei die ganze Zeit Beethoven streng auf mich herunterblicken ... Fürwahr: ich bin zutiefst unglücklich.«

Ein seltsamer Gedanke – daß Beethoven wie ein Gott auf ihn herunterblicke und darüber urteile, ob die Sehnsucht des jungen Berlioz nach der Zuneigung einer Frau seine Qual rechtfertigte. Doch das war in der Tat die Vorstellung, die er sich von der Allmacht seines Helden wie auch der überweltlichen Herrschaft seiner Musik über diejenigen machte, die sich ihr öffneten. Berlioz war im übrigen nicht als einziger fest davon überzeugt, auch nach seinem Tode könne Beethoven irgendwie das Leben der Nachgeborenen beeinflussen. In den Augen vieler Künstler, Schriftsteller wie auch Musiker war die Welt im Verlauf der Napoleonischen Kriege und ihrer Nachwirkungen auf den Kopf gestellt worden: Lange Zeit gültige Ideen und klassische Ausdrucksformen waren überholt, verbraucht, waren in der Tat bedeutungslos geworden, und an ihre Stelle war eine neue künstlerische und geistige Strömung getreten, für die die Hingabe an Natur, Gefühl und Vorstellungskraft wie auch eine bewußte Auflehnung gegen geltende Regeln und Konventionen bezeichnend waren. Und wer stand beispielhafter für die Romantik, diese lebenssprühende, erregende neue Art künstlerischen Ausdrucks, als Beethoven? Und welch besseren Ort für junge Menschen, die sich dieser neuen Art und Weise verschrieben hatten, die eigene Persönlichkeit zum Ausdruck zu bringen – sich bisweilen darin zu verlieren –, hätte man sich vorstellen können als Paris, um sich gegenseitig zu unterstützen, zu ermutigen, gemeinsam zu feiern? Als Hiller dort eintraf, hatten sich bereits so viele junge Romantiker in der eleganten wie auch in der eher bohemehaften Umgebung von Paris niedergelassen, daß man schon einen eigenen Namen für sie geprägt hatte: »Les Jeunes France«.

Zum »Jungen Frankreich« gehörten Schriftsteller wie Victor Hugo, Honoré de Balzac, George Sand, der deutsche Dichter Heinrich Heine sowie bildende Künstler wie Eugène Delacroix, und zu den zahlreichen Musikern, für die Paris zum Mittelpunkt romantischer Erneuerung geworden war, zählten der aus Polen gebürtige Pianist und

Komponist Frédéric Chopin, der Ungar Franz Liszt, der Italiener Vincenzo Bellini und eben Berlioz. Als Ganzes gesehen stellte das »Junge Frankreich« eine kulturelle Elite dar, die fähig war, das zu schätzen und zu würdigen, was weniger empfindsame, weniger romantische Gemüter wahrzunehmen nicht in der Lage waren. »Neulich hörte ich eines der späten Quartette Beethovens«, schrieb Berlioz seiner Schwester Nancy. »Fast 300 Personen waren anwesend; sechs davon waren wie betäubt von der Wahrhaftigkeit des Gefühls, das sie empfunden hatten, doch wir sechs waren die einzigen, die seine Komposition nicht für widersinnig, unverständlich, barbarisch hielten. Uns hingegen verschlug es den Atem, zu solcher Höhe schwang er sich empor … Eine solche Musik ist [nur] für ihn oder diejenigen von uns bestimmt, die dem unberechenbaren Flug seines Genie folgten.«

Zwar bezweifelte Luigi Cherubini, der Direktor des Pariser Konservatoriums, ob Beethoven wirklich diesen ständig wachsenden Ruhm verdiente, dennoch hatte er eine Schlüsselrolle dabei gespielt, das französische Publikum mit seiner Musik bekannt zu machen. Wenige Monate vor Hillers Eintreffen hatte das Konservatorium die französische Erstaufführung der *Eroica* ermöglicht; kurz nach diesem erfolgreichen Konzert waren die wirklichen Kunstkenner unter den Zuhörern nach der Aufführung der fünften Symphonie wie vom Donner gerührt gewesen; zumindest berichtete Berlioz dies. Allerdings waren öffentliche Konzerte mit den großen Symphonien nicht gerade an der Tagesordnung, und lediglich in den Salons der Musiker und Künstler selbst oder ihrer wohlhabenden Mäzene wurde regelmäßig Beethovens Kammermusik aufgeführt, analysiert und überschwenglich gepriesen. Es war bezeichnend für Hillers Charme und Herzlichkeit wie auch für seine finanzielle Abgesichertheit, daß eine Einladung zu seinem monatlichen Salon bald äußerst begehrt war, vor allem als 1833 seine Mutter Regine ausdrücklich zu dem Zweck nach Paris kam, um ihrem Sohn zu helfen, die Abendgesellschaften in ihrem Haus zu wahrhaft denkwürdigen Ereignissen zu machen: luxuriöse Soireen mit reichlich Essen und Trinken, angeregter Unterhaltung und leidenschaftlichem Musizieren – und zweifelsohne auch Abende, an denen gelegentlich eine Locke in einem schwarzen Holzrahmen von einer dankbaren Hand zur nächsten weitergereicht wurde.

Paris war ein solch ununterbrochenes Fest der Kunst und des Vergnügens, daß Hiller darauf bestand, sein Freund Mendelssohn Bartholdy, der in Deutschland geblieben war, müsse nachkommen, um daran teilzuhaben. Ab Dezember 1831 bildeten Hiller, Chopin, Liszt und Mendelssohn ein glänzendes Pariser Quartett; regelmäßig musizierten sie gemeinsam bei öffentlichen und Salonkonzerten, verbrachten tagtäglich etliche Stunden in einem beliebten Straßencafé auf dem Boulevard des Italiens, verspeisten Kuchen, spielten Schach und führten endlose Gespräche. Mendelssohn berichtete seinen neuen Freunden und Hiller, wie er im Frühjahr 1830 Goethe in dessen Haus in Weimar besucht und auf Drängen des alternden Dichters diesem eine Auswahl der bedeutendsten Musik der Zeit vorgespielt hatte. Zwar hatte Goethe Beethovens künstlerisches Genie anerkannt, als sie sich 18 Jahre zuvor in Teplitz kennengelernt hatten, doch er hatte kein Gespür für die wahren Freuden entwickelt, die seine Musik bot. In der von dem jungen Mann, den er als eine Art Ersatzenkel betrachtete, geleiteten und dem Musikgenuß gewidmeten privaten Unterrichtsstunde hatte Goethe nun gehofft, den Komponisten, den sein Gast für den wichtigsten von allen hielt, einfach zu übergehen. Mendelssohn heuchelte Entsetzen und erklärte, so leicht ließe er ihn nicht davonkommen. Er spielte ihm den ersten Teil der c-Moll-Symphonie vor, was offenbar eine einzigartige Wirkung zeitigte: Zuerst habe Goethe lediglich geäußert, diese Musik wecke keinerlei Empfindung in ihm, lediglich Erstaunen, denn sie sei pompös. Doch nachdem er eine Weile weiter vor sich hin gegrummelt hatte, gestand er schließlich, nach einer langen Pause, endlich ein, die Musik sei wahrhaft großartig, wenn auch ungestüm und wild, so daß man befürchten müsse, das Haus stürze über einem zusammen.

Als die drei diese Geschichte hörten, schwelgten sie in der Vorstellung, wie der wackere Mendelssohn den großen Barden der deutschsprachigen Welt zu einem Beethoven-Bewunderer gemacht hatte. Chopin allerdings – »Chopinetto«, »der kleine Chopin«, wie die anderen ihn nannten – teilte in gewissem Maße die Zweifel Goethes hinsichtlich Beethovens Überlegenheit. Nun war Chopin mit Sicherheit der Zurückhaltendste, ja, in sich Gekehrteste des Pariser Quartetts. 1831, bei seiner Ankunft aus Warschau, hatte er bereits gekränkelt; er war wählerisch und in jeder Hinsicht zurückhaltend. Überschwengliche, leidenschaftliche Ausdrucksweisen – sei es nun musikalischer oder anderer Art – stießen ihn ab, und er bemühte sich, soweit er konnte, die fortwährende gefühlsmäßige Theatralik von Menschen wie Berlioz zu meiden. Er war ein Romantiker, der die Romantik nicht schätzte, erklärte Jahre später Liszt, als er die Zweifel seines mittlerweile verstorbenen Freundes beschrieb, was den Kult betraf, der mit dem Wiener Komponisten getrieben wurde.

Der blasse, doch elegante Liszt mit seinem beeindruckend hübschen und ausdrucksstarken Gesicht und den unter den Ohren in einer schnurgeraden Linie abgeschnittenen Haaren gehörte seinerseits, wie Berlioz, zur Speerspitze der Phalanx aus wahren Gläubigen. Seit mehr als zehn Jahren lebte der gebürtige Ungar nunmehr in Paris und hatte sich in dieser Zeit einen Namen als aufsehenerregend innovativer Pianist gemacht, dem die technischen Schwierigkeiten von Beethovens Kompositionen lediglich dazu dienten, seine Virtuosität unter Beweis zu stellen. Für Musiker, behauptete Liszt, sei Beethovens Werk die Flammensäule, die die Israeliten durch die Wüste geleitet hatte. Ein Weg, den Hiller und seine Musikerfreunde unbedingt einschlagen wollten; für sie bedeutete dies nicht nur eine kollegiale Würdigung von Beethovens unbezweifelbarem Genie; so sah auch ihre Vision davon aus, welchen Verlauf ihre eigene Komponistenlaufbahn in den kommenden Jahren nehmen könnte. Symphonien, Streichquartette und Klavierwerke zu komponieren war jedoch eine anstrengende, zeitraubende Angelegenheit, die nicht nur der Inspiration, sondern auch tagtäglicher Plackerei bedurfte. Sowohl Mendelssohn als auch Hiller verfügten über die entsprechend üppigen finanziellen Mittel, um dort zu leben und zu arbeiten, wo es ihnen am besten gefiel, und Anfang 1836 überredete Mendelssohn, der mittlerweile wieder nach Deutschland zurückgekehrt war, den jetzt fast 24jährigen Hiller, es sei nun an der Zeit – trotz seiner zahlreichen Freundschaften, seines wachsenden Ansehens als Orgellehrer und trotz der schmeichelhaften Wertschätzung, die er dank seines berühmten und äußerst gefragten Salons genoß –, seine ganze Kraft auf seine Kompositionen zu richten, den Dunstkreis von Ruhm und Vergnügungen in Paris hinter sich zu lassen und ins Quartier der Arbeit zu ziehen.

Ludwig van Beethoven war nie nach England gereist, obwohl er lange diese Hoffnung gehegt hatte, und er war auch nie in das weitläufige Rheintal zurückgekehrt, in dem er großgeworden war. Die Locke allerdings, die Ferdinand Hiller vom Haupt des Toten abgeschnitten hatte, war 1844 bereits erstaunlich weit herumgekommen. In Hillers sorgsamer Obhut war sie zuerst innerhalb Deutschlands nach Frankfurt am Main und Weimar und anschließend in das lebenslustige Paris gereist, wo sie sechs Jahre geblieben war. Sie hatte den jungen Komponisten auf seiner nahezu jährlichen Rückkehr nach Frankfurt, von dort aus nach Mailand, erneut nach Frankfurt und dann nach Leipzig begleitet, ehe er erneut gen Italien reiste – diesmal nach Florenz und Rom. Anschließend ging es wieder nach Frankfurt, sodann noch einmal nach Leipzig und darauf nach Dresden. Dort legte Hillers Umtriebigkeit sich schließlich ein wenig, und er ließ sich für drei Jahre nieder. Seit seiner Abreise aus Paris hatte er nach einer festen, längerfristigen künstlerischen Anstellung gesucht, hatte sich, so gut er konnte, bemüht, vom Wunderkind und gelehrten Jüngling zu einem geistig gereiften und anerkannten Musiker zu werden. Aus Gründen, die eher etwas mit Pech und unglücklich gewählten Zeitpunkten zu tun hatten als mit bestimmten Mängeln seiner Person, hatte er immer noch keine Stellung gefunden, wie er sie anstrebte, und Hiller hatte den Eindruck, ohne die Art von Absicherung, die sein Freund Felix Mendelssohn Bartholdy in Leipzig erlangt hatte – er war dort Leiter des berühmten Gewandhausorchesters geworden –, bliebe ihm kaum etwas anderes übrig, als dorthin zu gehen, wo sich neue günstige Gelegenheiten boten.

In den dreißiger Jahren hatte er kurzfristig Stellungen in Frankfurt und Rom übernommen; in Mailand hatte er seine erste Oper *Romilda* herausgebracht, die allerdings nicht allzu begeistert aufgenommen worden war; sein unter eigener Leitung in Leipzig aufgeführtes Oratorium *Die Zerstörung Jerusalems* hingegen war ein voller

Erfolg gewesen. Als sein Freund Mendelssohn 1841 ein Jahr lang in Berlin wirkte, hatte er diesen in Leipzig vertreten, doch in ebendieser Zeit kam es zu einem unglückseligen, allerdings nie erklärten Zerwürfnis zwischen ihm und Mendelssohn. Keiner der beiden war bereit, sich näher darüber zu äußern, was zwischen ihnen so fürchterlich schiefgelaufen war – Hiller erklärte lediglich, es handle sich um einen durch gesellschaftliche, keineswegs persönliche Empfindsamkeiten ausgelösten Streit –, und keiner der beiden war willens, die Beziehung, die 21 Jahre gewährt hatte, wiederherzustellen, ehe der andere sich nicht auf irgendeine Weise entschuldigte.

Während eines Aufenthalts in Italien im Jahr zuvor hatte Hiller die polnische Sängerin Antolka Hogé – der die musikalische Presse ihrer auffallenden Schönheit wegen den Beinamen »la bella Polacca« verliehen hatte – kennengelernt und praktisch auf der Stelle geheiratet. Sie war Katholikin, Hiller ein seit langem nicht mehr praktizierender Jude. Die beiden beschlossen daher, das Problem der Unvereinbarkeit dieser zwei Bekenntnisse, das ihre Umgebung mit Sicherheit als skandalös empfunden hätte, dadurch aus der Welt zu schaffen, daß beide Protestanten wurden – eine Entscheidung, die sie eher aus Gründen der Zweckmäßigkeit als aus einem neu gefundenen gemeinsamen Glauben heraus trafen. Im Gegensatz zu seinem Freund Hector Berlioz, der stets bedenkenlos und völlig offen über seine romantischen Verstrickungen gesprochen hatte, war Hiller immer äußerst verschwiegen gewesen, was Einzelheiten seiner Beziehungen mit Frauen betraf. Trotz seines geselligen Wesens und seiner unerschütterlichen Unbeschwertheit war Hiller im Grunde genommen ein zurückhaltender, in sich gekehrter Mensch, und selbst sein Tagebuch läßt lediglich erahnen, daß die ersten Jahre seiner Ehe mit Antolka wohl alles andere als leicht waren.

Ferdinand genoß, kontaktfreudig wie er war, nach wie vor die Gesellschaft von befreundeten Damen – Beziehungen, die seine ihm frisch angetraute Frau mit Argwohn betrachtete –, und obwohl das Paar mehr als zehn Jahre lang kinderlos blieb, sah Antolka sich bald gezwungen, ihre Karriere als Sängerin der Suche ihres Mannes nach einer abgesicherten und angemessen renommierten Anstellung unterzuordnen; notgedrungen mußte sie auf die Berühmtheit, die sie allmählich in Italien erlangt hatte, zugunsten eines Lebens als Frau eines umherschweifenden deutschen Komponisten verzichten.

Nachdem die beiden sich 1844 in Dresden niedergelassen hatten, arbeitete Antolka Hiller mit ihrem Mann zusammen, um erneut einen seiner fast schon legendären Salons zu gründen, bei dem sich die Künstler und Intellektuellen der Stadt trafen. Zu ihnen zählten damals der Komponist und Musikkritiker Robert Schumann und seine junge Frau Clara sowie Richard Wagner, dessen auf dramatische Weise neue Dimensionen erschließende Oper *Tannhäuser* erst kürzlich vor einem etwas ratlosen Dresdener Publikum uraufgeführt worden war. Die beiden Schumanns waren, wie so viele der musikalischen Zeitgenossen Hillers, zutiefst von der Genialität Beethovens überzeugt, und die Tatsache, daß Hiller sie des öfteren mit dem Bericht von seinem Besuch am Sterbebett des Meisters unterhielt, trug nicht unwesentlich zu ihrer sich vertiefenden Freundschaft bei.

Wagner übertraf die Schumanns in seiner leidenschaftlichen Verehrung Beethovens noch; er hatte sich mit den beiden schon vor ihrer getrennten Ankunft in Dresden in den vierziger Jahren angefreundet. Auf sehr ähnliche Weise, wie einst Berlioz dem Zauber dieser Musik anläßlich eines Konzerts im Pariser Conservatoire erlegen war, hatte Wagner bei einer Aufführung der neunten Symphonie – von der er sein Leben lang regelrecht besessen bleiben sollte – im Jahre 1839 die jegliche Vorstellung übersteigende Macht von Beethovens Musik entdeckt. Wie Berlioz konnte auch Wagner sich kein größeres künstlerisches Genie vorstellen als jenes, das in Shakespeare und Beethoven Gestalt angenommen hatte, und wie der Franzose war auch Wagner fasziniert:

»Die Wirkung hiervon auf mich war unbeschreiblich. Dazu kam der Eindruck, den Beethovens Physiognomie, nach den damals verbreiteten Lithographien, auf mich machte, die Kenntnis seiner Taubheit, seines scheuen zurückgezogenen Lebens. In mir entstand bald ein Bild erhabenster überirdischer Originalität, mit welcher sich durchaus nichts vergleichen ließ. Dieses Bild floß mit dem *Shakespeares* in mir zusammen: in ekstatischen Träumen begegnete ich beiden, sah und sprach sie; beim Erwachen schwamm ich in Tränen.«

Nicht nur in Dresden, sondern auch in Paris wurde in den vierziger Jahren Beethovens Musik weithin gerühmt. Mittlerweile war seine Musik auch für den französischen Geschmack – ebenso für den anderer – nicht mehr zu avantgardistisch, und nicht allein seine Musik fesselte die Menschen. In den 19 Jahren seit Beethovens Tod hatten junge Romantiker wie Wagner, Berlioz, Liszt, die beiden Schumanns – und Hiller – lauthals verkündet, der Musiker selbst müsse etwas Übernatürliches an sich gehabt haben: Ein gewöhnlicher Sterblicher hätte sich mit Sicherheit nie zu solchen künstlerischen Höhenflügen aufgeschwungen.

Unmittelbar nach dem Tod des Komponisten war ein pyramidenförmiger Gedenkstein an seinem Grab auf dem Währinger Friedhof aufgestellt worden, auf dem lediglich ein Wort eingemeißelt war: BEETHOVEN. Sein Besitz war inventarisiert und anschließend versteigert worden – alles, von Manuskripten bis zu Musikinstrumenten, von Haushaltsgegenständen bis hin zu Kleidern und Schuhen. Stephan von Breuning, der Testamentsvollstrecker Beethovens und nach dessen Willen in Zukunft auch Vormund seines Neffen Karl, war zwei Monate nach Beethovens Tod völlig unerwartet gestorben, und die Aufgabe, den Nachlaß zu regeln – wie auch künftig das Erbe Karls zu verwalten –, war an den Anwalt Jacob Hotschevar übergegangen.

In den ersten Tagen nach dem Tod des Komponisten hatte Anton Schindler, das Faktotum, auf das Beethoven einerseits völlig angewiesen gewesen war, dem er andererseits zutiefst mißtraut hatte, vier Stapel Hefte mit persönlichen Aufzeichnungen, jede Menge Manuskripte und Briefe sowie Beethovens Brille und sein Hörrohr, eine Uhr, die er ganz besonders gemocht hatte, und andere Erinnerungsstücke an sich genommen – alles Schriftliche angeblich mit Beethovens Erlaubnis, da es Johann Friedrich Rochlitz übergeben werden sollte, der lange Zeit die *Allgemeine musikalische Zeitung* herausgegeben und den Beethoven sich als Biographen gewünscht hatte. Da Rochlitz jedoch aus Alters- und Krankheitsgründen diese Aufgabe nicht übernehmen konnte, kam Schindler zu dem Schluß, ihm bleibe nichts anderes übrig, als dies selbst zu tun. Er verfaßte also ein Buch, in dem er vorgab, länger und weit freundschaftlicher mit Beethoven zusammengearbeitet zu haben, als es in Wirklichkeit der Fall gewesen war, ein Buch, dessen Glaubwürdigkeit hinsichtlich vieler Aspekte des Lebens des Komponisten bald angezweifelt wurde. Die erste verläßliche Darstellung von Beethovens Leben wurde ein Jahrzehnt später von Franz Wegeler veröffentlicht, dem Jugendfreund Beethovens, der ihm in seiner frühen Zeit sehr nahegestanden hatte. Mit der Unterstützung von Ferdinand Ries, dem recht anhänglichen Klavierschüler Beethovens, hatte Wegeler Dokumente, Anekdoten und Erinnerungen aus einer Vielfalt von Quellen zusammengetragen und *biographische Notizen* verfaßt; sie waren für Leute gedacht, die den Komponisten gekannt hatten oder seine Musik bewunderten und deshalb vermutlich großes Interesse daran hätten, aber auch als wertvolle Quelle für den Biographen, der eines Tages eine umfassende Darstellung von Beethovens Leben und Wirken verfassen würde – und in der Tat spielte ein junger Anwalt in Amerika namens Alexander Wheelock Thayer mit dem Gedanken, diese Aufgabe zu übernehmen.

Thayer, der von Beethovens Musik beinahe ebenso fasziniert und verzaubert war wie die Komponisten der Romantik, hatte ursprünglich lediglich beabsichtigt, Schindlers Buch für die amerikanische Leserschaft zu übersetzen. Als er jedoch erst einmal damit begonnen hatte, es mit Wegeler und den *Notizen* von Ries zu vergleichen, war er über die vielen doch recht erheblichen Unstimmigkeiten verblüfft gewesen. Um die beiden Berichte miteinander in Einklang zu bringen und selbst ein drittes Buch zu verfassen, das in allen Einzelheiten als glaubwürdig gelten könnte, wollte Thayer nach Europa reisen, um dort gründliche Nachforschungen für ein ungeheures Unternehmen anzustellen, mit dem er erst 1849 beginnen und das ihn letztlich für den Rest sein Lebens beschäftigen sollte.

Bis zu einem gewissen Grad waren Biographien des großen Mannes ja gut und schön, doch leidenschaftliche Jünger Beethovens wie Franz Liszt waren überzeugt, ein ganz konkretes Denkmal, um ihn und seine Unsterblichkeit zu ehren, sei erst einmal weit wichtiger. 1839 war Liszt einer Gruppe angesehener Bürger von Bonn zu Hilfe gekommen, die sich um die finanziellen Mittel für die Errichtung eines Standbilds zu Ehren des großen Sohnes ihrer Stadt bemühten. Zu ihrer Unterstützung hatte Liszt eine Reihe Benefizkonzerte in Wien, Paris und London organisiert und selbst bestritten, in denen Werke des Meisters aufgeführt worden waren. Gewissermaßen um ihm dafür zu danken, hatte das Komitee seinerseits Liszt den Auftrag zu einer Komposition erteilt, die als Höhepunkt eines feierlichen »Beethoven-Festes« uraufgeführt werden sollte, eine Veranstaltung, als deren Krönung die Enthüllung der prachtvollen Statue Beethovens auf dem Bonner Münsterplatz gedacht war.

Im August war das von dem berühmten Dresdener Bildhauer Ernst Julius Hähnel gestaltete Bronzedenkmal vollendet und aufgestellt; 5000 Besucher waren in die kleine Stadt geströmt, und Liszt hatte eine hochgestimmte Kantate zum Lob und Preis des Komponisten geschrieben. Das vier Tage währende Fest war ein ungeheuer erfolgreiches, wenn auch etwas chaotisches Ereignis – die *Missa solemnis* und die neunte Symphonie wurden aufgeführt, ebenso die Kantate von Liszt; prunkvolle Soireen und Bankette und sogar die Taufe und Jungfernfahrt des Dampfschiffs *Ludwig van Beethoven*, das künftig auf dem träge dahinströmenden Wasser des Rheins verkehren sollte, standen auf dem Programm. Höhepunkt war die Enthüllung eines überlebensgroßen Standbilds Beethovens, in Gewänder gehüllt, die ihn hoheitsvoll und mehr als nur ein wenig jenseitig wirken lassen sollten; in der einen Hand hielt er eine Feder, in der anderen ein Schreibheft.

Voller Stolz nahm der 80jährige Franz Wegeler an der Einweihung teil, ebenso Hector Berlioz, der sich jetzt, mit 41, schon erschreckend alt vorkam. Frédéric Chopin allerdings hatte es abgelehnt, an dem Ereignis teilzunehmen, und zwar schlicht und einfach, weil ihm die Aussicht darauf Magengrimmen bereitete. »Liszt wird in Bonn, wo das Beethoven-Denkmal errichtet wird, ein großes Hurrageschrei anstimmen«, schrieb er ein paar Tage vor dem Fest an seine Familie. »Dort in Bonn verkaufen die Leute véritables cigarres à la Beethoven, der vermutlich nie etwas anderes geraucht hat als Wiener Pfeifen; und schon jetzt hat man derart viele alte Schreibtische und Stehpulte verkauft, die Beethoven gehört haben, daß man meinen möchte, der arme Komponist de la symphonie pastorale hätte einen riesigen Möbelhandel betrieben.« Auch Felix Mendelssohn Bartholdy war nicht anwesend, teilweise wegen seines schlechten Gesundheitszustands, aber auch weil ihm, wie Chopin, nicht behagte, in welchem Maße Liszt sich in den vier Tagen selbst in Szene setzen und auf sehr ungerechte Weise die Aufmerksamkeit von dem vorgeblich Geehrten ablenken würde. Ferdinand Hiller, der in diesem August zu Hause in Dresden geblieben war, teilte Chopins Bedenken, war jedoch mittlerweile auch aus einem anderen Grund Liszt gegenüber mißtrauisch geworden – der anmaßende Ungar machte mittlerweile, wie Hiller gerüchteweise gehört hatte, keinen Hehl mehr aus der Tatsache, daß er Juden nicht ausstehen konnte.

Anfangs schien dies kaum vorstellbar. Die beiden Männer hatten ihre gemeinsame Zeit in Paris sehr genossen und sich etliche Male in Italien getroffen; daß sie so weit voneinander entfernt lebten, brachte es zwar mit sich, daß sie einander nur selten sahen, sie hatten sich jedoch weiterhin, wenn auch nur sporadisch, herzliche Briefe geschrieben. Ferdinand, der den Bruch mit Mendelssohn nach wie vor nicht verwunden hatte, war fest entschlossen, sich nicht noch eine weitere langwährende Beziehung zerstören zu lassen, und hatte die gelegentlichen Gerüchte schlicht ignoriert, die ihm in den drei Jahren zu Ohren gekommen waren, die er als übergangsweise angestellter Kapellmeister in Düsseldorf verbracht hatte, ehe er seine

Tätigkeit in Köln – von Bonn aus nur wenige Kilometer rheinabwärts – aufnahm, die ihn mit Begeisterung und Mut erfüllte; 1850 war er dort zum Kapellmeister auf Lebenszeit bestallt worden, genau die Stellung, nach der er die letzten 14 Jahre so geduldig gesucht hatte.

1851 kam Hiller seinem früheren Klavierpartner so weit entgegen, daß er seine *Études rhythmiques* Liszt widmete – nach wie vor der beste Pianist, den Hiller je gehört hatte. Ein Jahr darauf erwiderte Liszt die Geste und schrieb Hiller, um ihm von dem unmittelbaren Eindruck zu berichten, den seine am Abend im Weimarer Konzertsaal aufgeführte wunderschöne Symphonie gemacht hatte, und ihm die aufrichtigen Glückwünsche seines Publikums in Weimar zu übermitteln, wo Liszt nun als Dirigent im Dienst des Großherzogs Karl Alexander stand. Doch schon wenige Monate, nachdem er diesen Brief abgeschickt hatte, griff Liszt in aller Öffentlichkeit die Juden ganz allgemein an – und damit implizit auch Hiller –, und zwar in seinem neuen Buch über ungarische Zigeuner und ihre Musik, das zuerst in Frankreich unter dem Titel *Les Bohémiens* veröffentlicht wurde und in dem er behauptete, Juden mangle es an jeglicher schöpferischen Begabung; zudem empfahl er, sie sollten allesamt das kultivierte, gebildete Europa verlassen und sich in Palästina ansiedeln. Wußte der Urheber derartiger Äußerungen denn nicht, daß Hiller nominell zwar Lutheraner, in Wirklichkeit jedoch Jude war? Mit Sicherheit war ihm das bekannt, vor allem angesichts von Hillers Beteuerung, er sei nie bescheiden genug gewesen, die Tatsache zu verheimlichen, daß er einer der ältesten Rassen der Welt angehöre; dadurch habe er die Ehre gehabt, Woche für Woche den Stadtsäckel aufzufüllen – eine Anspielung auf die Sondersteuern, die die deutsche Regierung Juden auferlegte.

Es ist keinerlei Hinweis darauf erhalten geblieben, ob

Hiller Liszts Ausfälligkeiten kurz nach ihrer Veröffentlichung las oder erst durch bestürzte Freunde davon erfuhr, jedenfalls ging es erst 1855, drei Jahre nach Erscheinen von *Les Bohémiens*, mit ihrer ehemaligen Freundschaft jäh abwärts. Öffentlich fand die Verschlechterung ihrer Beziehungen ihren Ausdruck darin, daß beide einander in zunehmendem Maße kritisierten. Liszt war wie Richard Wagner ein glühender Befürworter der sogenannten neudeutschen Schule, einer Richtung, die Liszt und sein Freund und Mitstreiter Wagner gern einfach »Zukunftsmusik« nannten. Nach wie vor loderte Beethovens romantische Flamme hell, was Liszt betraf, doch viele Komponisten, die in seine Fußstapfen getreten waren, hätten den Meister verraten, indem sie laue Musik komponierten, die weder Fisch noch Fleisch sei, wie er es ausdrückte. Darüber hinaus beklagte er sich, Hiller scheine sich weder für seine eigene Musik noch für die irgendeines anderen vom Philosophischen her zu interessieren. Der bärtige, fast kahle und mittlerweile recht rundliche Kölner Kapellmeister konterte scharf und verfaßte für das führende Blatt der Stadt, die *Kölnische Zeitung*, eine lange, beißende Abhandlung über Liszts Auftreten als Komponist und Dirigent beim Aachener Musikfest von 1857; in seinem privaten Tagebuch ging er auf dieses Ereignis allerdings nur mit wenigen Worten ein, nämlich wie erbost er sei.

Als Wagner, der jetzt infolge seiner radikalen politischen Äußerungen im Exil in Zürich leben mußte, Hillers Beurteilung las, verteidigte er Liszt eiligst gegen den seiner Ansicht nach ungerechtfertigten Angriff des »Falstaff aus Köln« – eine Anspielung, die als Spitze gegen Hillers Beleibtheit wie auch als ironischer Seitenhieb darauf gedacht war, daß dieser eher für Freundlichkeit und Milde als für Gehässigkeit und Bosheit bekannt war. Wagner selbst fühlte sich durch keinerlei derartige Einschätzung eingeschränkt und schrieb kurz darauf Hiller persönlich, mit welcher Besorgtheit er gehört hätte, daß Hiller kürzlich das Kölner Konservatorium wiedereröffnet habe. Es sei wohl eher ein »Destruktorium«, meinte er spitz und fügte dann hinzu, er hoffe, Hiller nähme diese Äußerungen nicht zu persönlich – angeblich wünschte er sich dies tatsächlich, obwohl er sieben Jahre zuvor unter Pseudonym eine Hetzschrift gegen Juden veröffentlicht hatte, also noch vor Liszts rassistischen Bemerkungen. In seiner 1850 verfaßten Schrift *Das Judentum in der Musik* – die 1869 ein zweites Mal, diesmal unter seinem Namen, veröffentlicht wurde – hatte Wagner eine vernichtende Anklage gegen die jüdische Denkungsart und ihren verderblichen Einfluß auf die deutsche Kultur erhoben. Juden, so erklärte er, seien an Kunst nur dann interessiert, wenn sie sich verkaufen lasse; zudem seien sie ungeheuer schädlich für den kulturellen Ruhm des Vaterlands, da sie darauf hinarbeiteten, das erhabene Reich künstlerischen Schaffens in einen schnöden Marktplatz zu verwandeln. Ohne Hiller oder irgend jemand anderen namentlich zu erwähnen, beklagte er die Tatsache, daß nun in ganz Deutschland Juden wichtige künstlerische Stellungen einnähmen, und äußerte seine Besorgnis, sie würden die Musik und insbesondere das Theater unangemessen beeinflussen.

1870 schließlich gaben weder Wagner noch Liszt – der kürzlich Wagners Schwiegervater geworden war – länger vor, sich noch auf irgendeine Weise Hiller freundschaftlich verbunden zu fühlen; dieser nahm nun seinerseits kein Blatt mehr vor den Mund, sondern griff leidenschaftlich die Politik der beiden an wie auch die Art von Musik, die sie komponierten. In der *Kölnischen Zeitung* schrieb Hiller, bereits vor einigen Jahren habe Richard Wagner begonnen, von seiner Kanzel in der Schweiz aus Bannflüche gegen die Juden zu schleudern. Und jetzt habe er neuerlich eine

Schmähschrift veröffentlicht, die vor Lügen und ungerechten Äußerungen nur so strotze. Zwei Jahre darauf witzelte Hiller erbittert in einem Brief an seinen Freund, den Dirigenten Hermann Levi, dieser habe ihm gar nicht berichtet, von Wagner geküßt worden zu sein – offenbar habe dieser keine Angst vor einer Ansteckung mit der »jüdischen Krankheit« gehabt! Und er antwortete beißend, wiederum in der *Kölnischen Zeitung*, auf die von diesem Blatt angestellte Vermutung, Wagners bevorstehendes Auftreten in Köln – er sollte dort *Lohengrin* inszenieren und dirigieren – sei wohl am ehesten damit zu vergleichen, wie ein tapferer Ritter das Lager seiner erklärten Feinde betrete. Er könne nicht leugnen, daß ein Großteil dessen, was jener Herr Wagner schreibe und komponiere, ihm nicht behage. Allerdings legte er Wert darauf klarzustellen, daß er dennoch dessen Konzertkompositionen im Lauf der Jahre im Rahmen hervorragender Aufführungen der Öffentlichkeit bekannt gemacht hatte. Zudem zeigte er sich überzeugt, daß sich Wagners Widersacher wie auch seine Anhänger gleichermaßen dafür interessierten, wie Wagner eines seiner Werke dirigiere, vor allem da er zu diesem Zweck wohl einen Taktstock und nicht seine abscheuliche deutsche Prosa benutzen werde.

1847 war Felix Mendelssohn Bartholdy, erst 38jährig, völlig unerwartet gestorben, noch ehe er und Ferdinand Hiller Gelegenheit gehabt hatten, ihre lange und einst beiden so wichtige Freundschaft zu erneuern; für Hiller bedeutete der damalige Bruch nach wie vor einen der größten Verluste, die er in seinem rastlosen Leben erlitten hatte. Frédéric Chopin, in den Hiller sich, wie er eingestand, bei ihrem Kennenlernen im wundersamen Paris ein wenig verliebt hatte, war seit jener Zeit immer kränklich gewesen und zwei Jahre nach Mendelssohn gestorben; Robert Schumann, dessen Geist sich verwirrt hatte, verbrachte die letzten Jahre vor seinem Tod 1856 in einer Bonner Irrenanstalt; und der ihm so liebe, überschwengliche Hector Berlioz, einst überschäumend vor Lebenslust, war ebenfalls tot. Doch Franz Liszt und der Rassist Richard Wagner lebten noch, und obwohl Liszt halbherzig beteuerte, die ihm zugeschriebenen antisemitischen Überzeugungen seien ohne seine Billigung von seiner langjährigen Geliebten, der Fürstin Carolyne von Sayn-Wittgenstein, in sein Buch eingefügt worden, und er selbst sei mit vielen Juden befreundet, hatte Hiller die beiden so weit wie möglich aus seinem Leben verdrängt. Der alternde Romantiker war sehr einsam geworden.

Und dennoch: 20 Jahre lang war Hiller die treibende Kraft des vielseitigen musikalischen Lebens von Köln gewesen, und er war äußerst zufrieden mit dem, was er erreicht hatte. Mittlerweile war das Konservatorium der Stadt unbestritten erfolgreich, und sein hoher Ausbildungsstandard wurde in ganz Deutschland gerühmt. Hiller war der Begründer der monatlichen Gürzenich-Konzerte der Stadt wie auch der Niederrheinischen Musikfeste, die jeweils im Sommer stattfanden; zu diesen Anlässen kamen die besten Musiker und Komponisten Europas nach Köln. Darüber hinaus war ihm etwas gelungen, das in all den Jahren »meine größte Freude, mein größter Stolz sein werde, bei den herrlichen Aufführungen unserer rheinischen Musikfeste [die neunte Symphonie] dirigiren zu dürfen«. Während seiner Amtszeit in Köln war Hiller zudem ein gefragter Gastdirigent auf dem ganzen Kontinent geworden; Dutzende musikalische Wettbewerbe hatte er organisiert und als Mitglied der Jury daran teilgenommen; zudem war er ein geachteter Schriftsteller und Kritiker, und seine Fähigkeiten als Pianist – die 50 Jahre zuvor zum erstenmal das Interesse von Kennern geweckt hatten – waren nach wie vor legendär. Zwar war es Hiller und seiner Frau Antolka nicht gelungen, eine wirklich glückliche Ehe zu führen oder in einer echten Partnerschaft zusammenzuarbeiten, doch sie hatten sich entschieden, dennoch zusammenzubleiben, und ihr Kölner Salon war im Lauf der Jahre genauso berühmt geworden wie die regelmäßigen Treffen, zu denen sie in anderen Städten eingeladen hatten. Und obwohl Hiller sich praktisch nie öffentlich – weder schriftlich noch im Gespräch – zu seinem Familienleben äußerte, steht doch fest, daß sein Sohn Paul und seine Tochter Tony ihn abgöttisch liebten; beide waren mittlerweile erwachsen und, zu seiner großen Freude, ebenfalls Musiker.

Doch in den Augenblicken, wenn er sich selbst gegenüber ganz ehrlich war, mußte Hiller sich eine einzige, allerdings schwerwiegende Enttäuschung eingestehen: Er war nicht der überragende Komponist geworden, der sein zu können er einst geglaubt hatte. Er erinnerte sich, wie sein ungemein geschätzter Lehrer Johann Nepomuk Hummel ihm einmal von seinem eigenen Streben, eine gewisse Größe zu erlangen, erzählt hatte, und er fragte sich, ob ihm wohl das gleiche Schicksal beschieden sei. »Meines Erachtens würde übrigens Hummel mehr geleistet haben, wenn nicht Beethoven's Alles überragender Genius mitten in seine Entwicklungszeit als ein gar zu arger Störenfried eingetreten wäre«, schrieb Hiller in seinem Buch *Künstlerleben*. »»Es war ein ernster Moment für mich«, äußerte eines Tages mein Meister, ›als Beethoven erschien. Sollte ich's versuchen, in die Fußtapfen eines solchen Genies zu treten! Eine Weile wußte ich nicht, woran ich war [...].«« Auch Hiller hatte sein Leben lang überragende Konkurrenten gehabt – sein Denken geriet regelrecht in Aufruhr, wenn er sich an die außergewöhnlich vielen großen Komponisten erinnerte, die er zu seinen Freunden gezählt hatte –, doch nun konnte er der Frage nicht mehr ausweichen, ob auch er zu spät erkannt hatte, wo sein eigentlicher Platz war. Keine seiner sechs Opern war ein durchschlagender Erfolg gewesen, und nur einer seiner drei Symphonien war es besser ergangen. Andererseits hatten seine Oratorien sowohl beim Publikum als auch bei den Kritikern großen Anklang gefunden, und er stimmte der allgemeinen Ansicht zu, daß seine Lieder und Klavierstücke wahrscheinlich seine besten Werke waren. Dennoch quälte ihn noch immer, was Mendelssohn 1837, als Hiller ihn um eine aufrichtige Beurteilung gebeten hatte, gesagt hatte: »Ich glaube, daß Du, Deinem Talent nach, *keinem* Musiker jetzt nachstehst, aber ich kenne fast kein Stück von Dir, das ordentlich durchgeführt wäre.« Sehr viel später, ungefähr zu der Zeit, als der Bruch zwischen den beiden sich bereits abzeichnete, hatte auch Liszt ganz offen erklärt, seiner Ansicht nach mangle es Hillers Musik an dem gewissen Etwas. In gewisser Hinsicht warf er ihm vor, seine Musik weise keinerlei Mängel auf; man könne schlicht nichts daran aussetzen. In seinen Augen war Hiller ein erfahrener Musiker, der sein Handwerk verstand und in seinen Kompositionen wie in allen anderen Bereichen seines Lebens gute Arbeit leistete, ohne in einem von ihnen ein Meister zu sein. Und vor seiner geistigen Umnachtung hatte Schumann es nur zu prägnant formuliert: Seiner Ansicht nach entbehrte Hillers Musik einfach jener überwältigenden Macht, der man unmöglich widerstehen kann.

Anläßlich des Tages, an dem Beethoven 80 Jahre alt geworden wäre, hatte Hiller für eine Kantate zu seinen Ehren den Text verfaßt und die Musik komponiert. Sie wurde am 17. Dezember 1850 zum ersten und einzigen Mal bei einem Konzert in Köln aufgeführt. Zwei Jahrzehnte später hatte Hiller in einer langen Abhandlung – die in einer Sonderausgabe der Zeitschrift *Salon* veröffentlicht wurde, mit der man Beethovens 100. Geburtstag feierte – mit großer Hellsichtigkeit darauf hingewiesen, wo das Licht des Genies am strahlendsten geleuchtet hatte. Er war zu dem Schluß gekommen, die wesentliche Größe der Musik des Meisters bestehe darin, daß sie sanft, jedoch nicht schwächlich, von Begeisterung, doch keineswegs von leerem Pathos getragen sei. Seiner Ansicht nach brachte sie einem ein Sehnen ohne jegliche Sentimentalität und Leidenschaftlichkeit ohne wirre Ekstase nahe. Er hielt seine Musik für tiefgründig, jedoch nie schwülstig, angenehm zu hören, doch nie geistlos, hochfliegend, ohne je bombastisch zu werden; Liebe verlieh sie leidenschaftlich, innig, überströmend Ausdruck, doch nirgends bloßer Sinnlichkeit. Er konnte, so Hiller, herzlich, heiter, fröhlich bis zum Übermaß, ja zur Zügellosigkeit sein – doch nie glitt er in Gewöhnlichkeit ab. Und nie habe er sich in seinem Leid verloren, wie groß es auch war, sondern darüber triumphiert. Zwar räumte Hiller ein, daß andere möglicherweise größere Wirkung erzielt hatten, doch nie eine so tiefe und edle. Und er war überzeugt, man könne ohne jegliche Übertreibung sagen, daß es nie einen Künstler gegeben habe, dessen Schöpfungen so wahrhaft neu waren – denn seine Welt sei das Unerwartete, Unvorhergesehene gewesen.

Es läßt sich unmöglich feststellen, ob Caroline van Beethoven, die Witwe von Beethovens Neffen Karl, möglicherweise diese Worte las, ehe sie im März 1876 an Hiller schrieb. Doch aus irgendeinem Grund – möglicherweise wußte sie, daß er vor langer Zeit den berühmten Onkel ihres verstorbenen Mannes kennengelernt hatte, oder es war einfach sein allgemein bekannter Reichtum, der sie dazu veranlaßte – wandte sie sich mit ihrer Bitte um

Unterstützung ausgerechnet an Hiller im fernen Köln. Karl van Beethoven, der Alleinerbe des Komponisten, hatte bis 1832 in Österreich beim Militär gedient; in diesem Jahr hatte er geheiratet. Zwei Jahre lang hatte er, bis zum Tod seines Onkels Johann – wie Ludwig kinderlos, hatte er seinen gesamten Besitz dem Neffen vermacht –, als Verwalter auf einem Bauernhof gearbeitet. Da er einziger Nutznießer der Hinterlassenschaft beider Onkel war, hatten Karl und seine Familie über ausreichend Mittel verfügt, um ein sorgenfreies Leben zu führen, und bis zu seinem Tod im April 1858 hatte Karl keine Stellung mehr angenommen.

Nach dem Tod ihres Mannes war Caroline in der Lage gewesen, mit dem Geld, das vom Vermögen der beiden Onkel geblieben war, sowie einer regelmäßigen Zuwendung vom Wiener Verein der Musikfreunde angemessen für ihre vier Töchter und ihren Sohn zu sorgen. Allerdings war dies nicht leicht gewesen: Ihr Sohn Ludwig war ein schwieriges Kind gewesen und zu einem ausgesprochen übel beleumdeten jungen Mann herangewachsen – er hatte sich als Händler für gefälschte Erinnerungsstücke Beethovens betätigt und von König Ludwig II. von Bayern, dem er von Wagner vorgestellt worden war, eine beträchtliche Summe ergaunert; 1872 landete er schließlich im Gefängnis. Ihre jüngste Tochter Hermine sei lange krank gewesen und hätte aufgrund der äußerst angespannten finanziellen Lage beinahe nicht überlebt, legte Caroline van Beethoven in ihrem Brief an Hiller dar; in jüngster Zeit sei die Familie hoffnungslos verarmt, als der Verein der Musikfreunde ihr mitgeteilt habe, daß die finanziellen Mittel für das Beethoven-Denkmal, das in Wien errichtet werden sollte, sich bedauerlicherweise als unzureichend erwiesen hätten; daher müsse der Verein mit sofortiger Wirkung seine Zuwendungen an sie einstellen.

Hillers Antwortschreiben an Caroline van Beethoven ist nicht erhalten, doch aus einem zweiten Brief geht eindeutig hervor, daß er auf ihre dringende Bitte antwortete und ihr vermutlich vorschlug, ihre schwierige Situation mittels eines Aufrufs in einer Musikzeitschrift allgemein bekannt zu machen. Solch eine öffentliche Bittstellung erwiese sich als katastrophal, erklärte sie in einem zweiten Schreiben; andere Familienmitglieder seien schon jetzt äußerst verärgert, weil sie ihre Notlage bereits in einem solchen Maße bekannt gemacht hatte. Ob die gutherzigen, fürsorglichen Bürger Bonns ihnen wohl unter die Arme greifen könnten, bat sie – nicht um ihrer selbst, sondern um ihrer Tochter willen? Könnte Hiller wohl in Köln den *Fidelio* aufführen und den Erlös ihrer Tochter zukommen lassen?

Offenbar legte Hiller zu diesem Zeitpunkt ihre Bitte mehr oder weniger zu den Akten und brachte sie weder bei seinen Kollegen im nahe gelegenen Bonn zur Sprache, noch willigte er persönlich in eine Wohltätigkeitsveranstaltung zugunsten Caroline van Beethovens ein. 1879 heiratete Hermine; im selben Jahr wurde ihr Bruder Ludwig aus dem Gefängnis entlassen, verließ seine Frau und seinen sechsjährigen Sohn und wanderte nach Amerika aus, wo er eine Zeitlang bei der Union Pacific Railroad arbeitete. Caroline war zwar arm, doch sie lebte noch weitere 15 Jahre – lange genug, um zusammen mit ihren vier Töchtern als Ehrengast zur Einweihung einer Bronzestatue auf einem in Beethovenplatz umbenannten Gelände in Wien geladen zu werden – zu einer Veranstaltung zum Gedenken an einen Mann, den sie nie kennengelernt hatte und dessen riesenhafte Gestalt auf einem sechseinhalb Meter hohen Granitpiedestal saß, dessen Basis mit zwölf Engeln und Cherubim verziert war. In ein Gewand gekleidet, wie er es zu Lebzeiten vermutlich getragen hatte, blickte dieser Beethoven streng auf die vielen Tausende herab, die sich anläßlich des erhabenen Ereignisses zu seinen Füßen versammelt hatten; diesmal war der Komponist eher wie ein menschliches Wesen dargestellt und nicht so sehr wie der Gott, als den Hiller und seine Zeitgenossen ihn betrachtet hatten.

Sein »Finale« stehe er nur so einigermaßen annehmbar durch, schrieb Ferdinand Hiller im November 1882 an seinen Freund und ehemaligen Schüler, den in Köln geborenen Komponisten Max Bruch. Im Verlauf der letzten Jahre war er zum Mitglied der renommierten Berliner Akademie ernannt worden; die Universität Bonn hatte ihm den Titel eines Ehrendoktors verliehen, und außerdem war er in den Adelsstand erhoben worden, als man ihn mit dem Orden der Krone von Württemberg auszeichnete. Nun war er der allseits geachtete und geschätzte Dr. Ferdinand von Hiller, doch er war auch alt und hinfällig und oft sehr niedergeschlagen. Anscheinend war er gelegentlich ziemlich krank, hin und wieder auch verstimmt. Dennoch, so schrieb er weiter, nehme er sich körperlich wie auch geistig zusammen, denn er wolle nicht aufgeben. Offenbar, so meinte er, gehörte auch diese so gewöhnliche, ungeheuer armselige Erbärmlichkeit unvermeidlich zum Menschsein. Das enorme Körpergewicht, das er so viele Jahre mit sich herumgeschleppt hatte, forderte mittlerweile seinen Tribut und setzte seinem Herz-Kreislauf-System beträchtlich zu. Zwar erfüllte er weiterhin seine Aufgabe als Kapellmeister, die mehr als 30 Jahre lang das Wichtigste für ihn gewesen war; dennoch spürte er, daß sich sein Leben dem Ende näherte. Ein Jahr später vertraute er seinem in Wien lebenden Freund Johannes Brahms in einem Brief an, er habe zwar nichts dagegen, noch ein paar Jahre zu leben, hoffe jedoch wirklich, es mögen nicht mehr allzu viele sein.

Brahms' Ablehnung der sogenannten neudeutschen Schule wie auch seine eher altmodische Rückkehr zu klassischen Formen in seinen eigenen Kompositionen hatten Hiller sehr für ihn eingenommen, und er hoffte, der Kölner Magistrat käme eines Tages seiner Empfehlung nach, Brahms zu seinem Nachfolger zu ernennen. Ehe er sich jedoch aus dem öffentlichen Leben zurückzog, setzte Hiller alles daran, seine Tätigkeit zu einem ihm angemessen erscheinenden Abschluß zu bringen: Nach wie vor trat er als Dirigent auf und verfaßte weiterhin zahlreiche Abhandlungen: über Musik, Religion und Politik, an der er sein Leben lang leidenschaftlich – wenn auch immer mit einer gewissen Distanziertheit – Anteil genommen hatte.

In seinem Buch *Briefe an eine Ungenannte*, einer Sammlung von Berichten und Abhandlungen, präsentiert als Sendschreiben an eine erdachte Frau, die er angeblich nur im Vorbeigehen gesehen, von der er jedoch bezaubert gewesen war, gestand Hiller:

»Sie haben Recht, verehrteste Frau, Musik und Religion sind die beiden Dinge, über welche am meisten Verkehrtes gedacht, gesagt und geschrieben wird. Glücklicher Weise ist unsere Musik ein gar unschuldiges Ding, das nie großen Schaden anzurichten im Stande ist [...] Auch ihre Priester sind ungefährliche Leute [...]

Die Religion, die mit der Musik gemein hat, daß sie wie diese ein unlösbares Mysterium, sollte es ihr nachthun und den Gläubigen erlauben, sich an die Manifestationen zu halten, die ihnen am besten passen [...]

Vor der Religion hat die Musik den Vorzug, daß sie, ohne der Vernunft zu nahe zu treten, viele Menschen gemeinsam zu erheben, zu enthusiasmiren vermag [...]

[Die Musik und die Religionen] gleichen sich ja alle in

der Aufgabe, die sie sich stellen, die Menschen zu erheben über das gemeine Tagewerk des Lebens, – Trost zu spenden und Hoffnung, die Trauer und die Freude zu verklären [...]«

In seinem *Künstlerleben* äußerte er sich mit großer Leidenschaft über Leben und Denken des jüdischen Philosophen Moses Mendelssohn, des Großvaters von Felix Mendelssohn Bartholdy; seines Erachtens war es eine Schande, daß die Juden Berlins – konvertierte wie auch nichtkonvertierte – immer noch kein Denkmal in der Hauptstadt des Landes zu Ehren dieses bescheidenen, doch herausragenden Mannes errichtet hatten, der so beredt die Ansicht vertreten hatte, es sei in der Tat möglich, Jude wie auch deutscher Patriot zu sein. Natürlich war Hiller entsetzt gewesen, als seit 1881 vom Staat gebilligte Pogrome gegen Juden in Rußland zu zunehmend gewaltpredigender Rhetorik und vereinzelten antisemitischen Angriffen in ganz Osteuropa und auch in Deutschland geführt hatten.

Mehr als 30 Jahre zuvor hatte eine sich abzeichnende zweite Revolution in Frankreich, der Arbeiteraufstand in Paris 1848, der erneut zur Einführung einer republikanischen Regierung geführt hatte, Hiller kurzfristig in Hochstimmung versetzt. Binnen zweier Tage hatte Frankreich seiner Ansicht nach – so hatte er damals geschrieben – die Weltgeschichte um 50 Jahre vorangetrieben. Kein Mensch habe sich die Gründung einer neuen Republik inmitten des alten Europa, und zwar schon so bald, träumen lassen. Doch jetzt konnte Hiller, mittlerweile um einiges älter und auch zynischer geworden, der politischen Zukunft des Kontinents nicht mehr so ohne weiteres optimistisch entgegensehen, insbesondere was die Art und Weise betraf, wie Juden zunehmend grundlegender Menschenrechte beraubt wurden. Es werde noch viel Wasser den Rhein hinunterfließen, ehe ein Jude in Deutschland ein würdiges

Begräbnis erhalte, meinte er nun. Seiner Ansicht nach sei die Situation vom Politischen wie auch vom Religiösen her untragbar, schrieb er an den alternden jüdischen Schriftsteller Berthold Auerbach kurz vor dessen Tod. Und er fragte, ob sie beide es wohl wirklich bedauern würden, die kommenden 50 Jahre nicht mehr mitzuerleben – er persönlich glaube dies nicht. Gewiß könne man dann bequemer reisen – möglicherweise sogar besser speisen und trinken –, doch es werde viel Blut fließen, und die Menschen würden zu Unmenschen, fügte er mit erschreckender Voraussicht hinzu.

Ab dem 1. Mai 1883 begann Hiller, seine Angelegenheiten systematisch zu regeln, um sich so auf den Tod vorzubereiten, der, das spürte er, nicht mehr lange auf sich warten ließe; mit als erstes machte er seinem Sohn Paul – inzwischen Opernsänger, dem offenbar, wie einst seiner Mutter, eine vielversprechende Karriere bevorstand – zu dessen 30. Geburtstag ein bedeutsames Geschenk. Nach Hillers Willen sollte sein einziger Sohn das Medaillon, in dem er seit 65 Jahren die Locke Beethovens verwahrte, in Zukunft besitzen und hüten.

Der nächste Schritt war es, sich aus der Stellung zurückzuziehen, die er 34 Jahre lang als Ehre betrachtet und mit großer Freude innegehabt hatte; sodann begann er, mit Hilfe seiner Frau Antolka seine Schriften und Briefwechsel zu katalogisieren, die sein erfülltes Leben genauestens dokumentierten. Noch ein Unternehmen nahm er in Angriff, eine Reihe von Abhandlungen, die er unter dem Titel *Briefe aus dem Krankenzimmer* zusammenfassen wollte, doch schon bald machte sein schlechter Gesundheitszustand ihm dies unmöglich. Auf die Nachfrage eines Freundes, des Komponisten Carl Reinecke, wie es ihm gehe, meinte er, dies sei schwer zu beantworten. Er esse, schlafe, komponiere sogar ein wenig, doch zwischendurch überkomme ihn so große Niedergeschlagenheit, daß er im Grunde nur noch wenig Freude am Leben habe. Außerdem habe er seit mehr als zwei Monaten sein Zimmer nicht mehr verlassen.

Sein Herz war einer ungeheuren Belastung ausgesetzt, seine Blase versagte, und infolge mangelnder Durchblutung schwollen seine Beine ungeheuer und schmerzhaft an. Er beklagte sich über die Musik – den Lärm –, den die Leierkastenmänner auf der Straße veranstalteten, und gelegentlich kamen Freunde vorbei, um ihn mit wohltuenden Geigenklängen oder Liedern zu erfreuen. Doch in der Stille des frühen Morgens des 11. Mai 1885, als es noch dunkel war, starb der 73jährige Ferdinand Hiller, den Kopf in die Arme seines Sohnes gebettet.

Zeitungen in ganz Europa berichteten von seinem Hinscheiden, und in den Nachrufen wurde insbesondere darauf hingewiesen, wie erstaunlich viele Musiker er im Verlauf seines langen Lebens kennengelernt hatte, von denen er sich zahlreiche zu ihm teuren und ergebenen Freunden gemacht hatte. Die Londoner *Musical Times* bemerkte, Hiller werde, »was sein künstlerisches Schaffen betrifft, an der Spitze der ›dei minores‹, ja, sogar im Schatten des Throns eines Genies stehen – nicht der erhabenste Platz, doch mit Sicherheit ein erstrebenswerter«. Nach einem von großer Trauer geprägten Gedenkgottesdienst, der am 13. Mai in seinem Zuhause für die Angehörigen abgehalten wurde, brachte man Hillers sterbliche Überreste zum Kölner Melatenfriedhof. Dort hielt ein lutherischer Geistlicher am Grab einen kurzen Trauergottesdienst ab, und der Dirigent Franz Wüllner trug eine – nach Ansicht aller Anwesenden ungemein poetische und wahrhaft verdiente – Lobrede vor. Er bekräftigte, die Aufgabe, der sein Freund sich sein Leben lang gewidmet habe – der Nüchternheit und Banalität mit erhebendem Wohlklang entgegenzuwirken –, sei auf wunderbare Weise von Erfolg gekrönt gewesen: Er habe sein Leben der Kunst geweiht.

Zwar wird davon nichts berichtet – und natürlich könnte es durchaus sein, daß es gar nicht stattfand –, doch die Annahme wäre eine durchaus stimmige Parallele: daß Paul Hiller, ehe er half, den Sarg in das Grab hinunterzulassen, eine Locke vom Haupt seines berühmten Vaters abschnitt.

1792–1802

SO WIE DIE MUSIK, DIE ER SCHUF, WAR AUCH BEETHOven selbst voll krasser Widersprüche und heftig schwankender Stimmungen und Launen. Beispielsweise litt er zeitweise nachgerade unter einem Waschzwang, doch in seinen letzten Jahren schien er überhaupt nicht zu bemerken, wie verwahrlost er wirkte. Er glaubte an den Adel, den die Kunst verleiht, ließ sich jedoch stets auch von der mit der gesellschaftlichen Stellung verbundenen, eher schalen Würde beeindrucken. »[…] daß ihr mich nur recht groß wiedersehen werdet«, hatte er sich in einem Brief an Franz Wegeler gerühmt, seinen Freund aus der Kindheit in Bonn, der damals Medizinstudent war, »nicht als Künstler sollt ihr mich größer, sondern auch als Mensch sollt ihr mich besser, Vollkommener finden […]« Doch der Mensch, dem Wegeler im Verlauf seines Aufenthalts in Wien begegnet war, hatte sich als ebenso jähzornig, egoman, taktlos und kleinlich erwiesen, wie er andererseits gelegentlich auch überwältigende Herzlichkeit, ungemeine Anhänglichkeit und echte Freundschaft sowie einen fast kindlichen Humor an den Tag legte. Darüber hinaus verliebte Beethoven sich wiederholt in Frauen, die entweder verheiratet waren oder einer sozialen Schicht angehörten, die eine echte Beziehung ausschloß; ein schlicht freundschaftliches Verhältnis zu Frauen bereitete ihm hingegen oftmals große Schwierigkeiten. Der gute Freund, den er des öfteren als »falschen Hund« bezeichnet hatte, war mit Sicherheit kurz darauf sein »Herzens Natzerl«, und das binnen ein, zwei Tagen. Doch dieser Mensch, in dem so viele Stimmungen und entgegengesetzte Ansichten jäh wechselten, war durchaus auch in der Lage, seine eigene Widersprüchlichkeit und seine vielen Unzulänglichkeiten einzusehen und sich ebenso bereitwillig zu ihnen zu bekennen, wie er gelegentlich seine Genialität bekräftigte. Es sei ein merkwürdiges Gefühl, gestand er einmal seinem engen Freund Carl Amenda, einem Theologen und Geiger, zu sehen und zu hören, wie man gelobt und gepriesen wird, wenn man gleichzeitig so genau um seine Mittelmäßigkeit wisse wie er.

Mit Sicherheit läßt sich Beethovens Reizbarkeit teilweise – im Grunde genommen sogar überwiegend – mit seinem stets schlechten Gesundheitszustand erklären. Schon in jungen Jahren litt er zeitweise an einer Magen-Darm-Erkrankung, und im Lauf der Jahre kamen mit erschreckender Geschwindigkeit starke Kopfschmerzen, eine Reihe gefährlicher Abszesse und Infektionen sowie Lungenentzündung und Bronchitis hinzu. Im Alter von 16 Jahren hatte er, kurz nachdem er aus Wien ans Sterbebett seiner Mutter gerufen worden war, plötzlich hohes Fieber, verbunden mit Atembeschwerden; in dessen Gefolge litt er unter einem Gemütszustand, den er als Melancholie bezeichnete und der höchstwahrscheinlich auf den Tod seiner Mutter zurückzuführen war. Als er sich dann im Jahre 1792 in Wien niederließ, plagten ihn fast regelmäßig

Leibschmerzen, Krämpfe, Verstopfung und Durchfall, den man damals als Kolik bezeichnete. 1795 litt er eine Zeitlang ständig an solchen »Koliken«, und 1797 befiel ihn ein »schrecklicher Typhus«, eine Krankheit, bei der es sich vermutlich um hohes Fieber handelte, verbunden mit Bewußtseinstrübungen. Als er 1801 in einem Brief an Wegeler – der mittlerweile als Arzt in Bonn praktizierte – endlich sein nachlassendes Hörvermögen eingestand, schien er gesundheitlich völlig am Ende zu sein:

»[...] mein Gehör ist seit 3 Jahren immer schwächer geworden, und das soll sich durch meinen *Unterleib*, der schon damals wie Du weist elend war, hier aber sich verschlimmert hat indem ich beständig mit einem Durchfall behaftet war, und mit einer dadurch außerordentlichen schwäche, ereignet haben [...] diesen Winter gieng's mir wircklich elend, da hatte ich wirckliche schreckliche Koliken, und ich sank wieder ganz in meinen Vorigen Zustand zurück [...] um dir einen Begriff von dieser wunderbaren Taubheit zu geben, so sage ich dir, daß ich mich im Theater ganz dicht am Orchester [oder] gar anlehnen muß, um den schauspieler zu verstehen, die hohen Töne von Instrumenten singstimmen, wenn ich etwas weit weg bin höre ich nicht, im sprechen ist es zu Verwundern daß es Leute giebt die es niemals merkten, da ich meistens Zerstreuungen hatte, so hält man es dafür, manchmal auch hör ich den Redenden der leise spricht kaum, ja die Töne wohl, aber die worte nicht, und doch sobald jemand schreit, ist es mir unausstehlich, was es nun werden wird, das weiß der liebe Himmel [...]«

Damals vertraute Beethoven sich lediglich Wegeler in Bonn an und seinem Freund Amenda, der 1799 zu einer längeren Reise aufgebrochen war. Außer diesen beiden Vertrauten, die sich in sicherer Entfernung befanden, verschwieg er sein Leiden und tat sein Möglichstes, um es vor seinen Freunden und Kollegen zu Hause zu verheimlichen; allerdings hat es ganz den Anschein, als sei ihm nichts weiter gelungen, als lediglich sich selber etwas vorzumachen.

Seit 1797 – damals war er 26 Jahre alt – bekam er bei Gesprächen immer öfter erst einzelne Wörter und dann ganze Sätze nicht mit; außerdem hörte er ab einem bestimmten Zeitpunkt unablässig ein schmerzhaftes Dröhnen und Sirren, das ihn vermutlich schier wahnsinnig machte. Doch es dauerte noch vier Jahre, bis er in der Lage war, sein nachlassendes Hörvermögen einzugestehen und nach einem Heilmittel zu suchen, das sich allerdings nie finden sollte. Fünf Monate später, und nachdem Franz Wegeler ihn um nähere Auskünfte über seinen Hörverlust gebeten hatte, schrieb Beethoven erneut seinem Freund; diesmal konnte er allerdings mit etwas erfreulicheren Nachrichten aufwarten: »[...] etwas angenehmer lebe ich jezt wieder, indem ich mich mehr unter Menschen gemacht, du kannst es kaum glauben, wie öde, wie traurig ich mein Leben seit 2 Jahren zugebracht [...]« Zwar hörte er jetzt auch nicht besser als zuvor, doch aus einem ganz bestimmten Grund hatte er wieder neuen Lebensmut gefaßt: »[...] diese Veröndrung hat ein liebes zauberisches Mädchen hervorgebracht, die mich liebt, und die ich liebe; es sind seit 2 Jahren wieder einige seelige Augenblicke, und es ist das erstemal, daß ich fühle, daß – heirathen glücklich machen könnte, leider ist sie nicht von meinem stande – und jetzt – könnte ich nun freylich nicht heirathen – ich muß mich nun noch wacker herumtummeln [...]«

Ihren Namen gab er nicht preis, doch höchstwahrscheinlich handelte es sich bei der jungen Dame, von der

Beethoven 1801 so bezaubert war, um seine 17jährige Klavierschülerin Giulietta Gräfin Guicciardi, ein Mädchen, dessen adelige Abstammung eine Verbindung mit ihm nahezu ausgeschlossen erscheinen ließ. Übrigens war sie nicht die erste Frau, bei der Beethoven mit dem Gedanken an eine Heirat spielte – die Sängerin Magdalena Willmann hatte 1795 seinen Antrag prompt abgelehnt –, doch aus den Briefen, die er der Gräfin Guicciardi schrieb, geht eindeutig hervor, daß Beethoven zumindest eine Zeitlang wirklich glaubte, endlich einen Menschen gefunden zu haben, der ihn nicht nur liebte, sondern ihm auch sein ständig abnehmendes Hörvermögen erträglicher machen könnte.

Als neun Monate später sein Aufenthalt in dem verträumten Dorf Heiligenstadt nicht weit von Wien – sein Arzt hatte ihm geraten, sich für eine Weile dorthin zurückzuziehen – sich seinem Ende näherte, war Beethoven zutiefst verzweifelt, nicht nur wegen seiner fortschreitenden Taubheit, sondern auch, weil ihm allmählich die Aussichtslosigkeit seiner Beziehung mit einer Gräfin, die nur wenig mehr als halb so alt war wie er, klar wurde. Am 6. Oktober 1802 verfaßte er einen langen, erbitterten Brief an seine beiden Brüder, der einerseits eine Art öffentliches Eingeständnis seines schrecklichen Geheimnisses – seiner Krankheit –, andererseits in gewisser Weise ein Vermächtnis, vielleicht sogar den Abschiedsbrief vor einem beabsichtigten Selbstmord, aber auch eine leidenschaftliche Bitte um Verständnis darstellte. »O ihr Menschen die ihr mich für Feindseelig störisch oder Misantropisch haltet«, schrieb er,

»wie unrecht thut ihr mir, ihr wißt nicht die geheime ursache von dem, was euch so scheinet, mein Herz und mein Sinn waren von Kindheit an für das zarte Gefühl des Wohlwollens, selbst große Handlungen zu verrichten dazu war ich immer aufgelegt, aber bedenket nur daß seit 6 Jahren ein heilloser Zustand mich befallen [...] mit einem feurigen Lebhaften Temperamente gebohren selbst empfänglich für die Zerstreuungen der Gesellschaft, muste ich früh mich absondern, einsam mein Leben zubringen, wollte ich auch zuweilen mich einmal über alles das hinaussezen, o wie hart wurde ich dur[ch] die verdoppelte traurige Erfahrung meines schlechten Gehör's dann zurückgestoßen, und doch war's mir noch nicht möglich den Menschen zu sagen: sprecht lauter, schreyt, denn ich bin Taub, ach wie wär es möglich daß ich die Schwäche *eines Sinnes* angeben sollte, der bey mir in einem Vollkommenern Grade als bey andern seyn sollte, einen Sinn denn ich einst in der größten Vollkommenheit besaß, in einer Vollkommenheit, wie ihn wenige von meinem Fache gewiß haben noch gehabt haben [...] aber welche Demüthigung wenn jemand neben mir stund und von weitem eine Flöte hörte und *ich nichts* hörte, oder jemand den *Hirten Singen hörte*, und ich auch nichts hörte, solche Ereignisse brachten mich nahe an Verzweiflung, es fehlte wenig, und ich endigte selbst mein Leben – nur sie die *Kunst*, sie hielt mich zurück, ach es dünkte mir unmöglich, die Welt eher zu verlassen, bis ich das alles hervorgebracht, wozu ich mich aufgelegt fühlte, und so fristete ich dieses elende Leben · [...] ihr meine Brüder *Carl* und [Johann], sobald ich Tod bin und Professor schmid lebt noch, so bittet ihn in meinem Namen, daß er meine Krankheit beschreibe, und dieses hier geschriebene Blatt füget ihr dieser meiner Krankengeschichte bey, damit wenigstens so viel als möglich die Welt nach meinem Tode mit mir versöhnt werde [...] – lebt wohl und Vergeßt mich nicht ganz im Tode, ich habe es um euch verdient, indem ich in meinem Leben oft an euch gedacht, euch glücklich zu machen, seyd es [...]«

Zwei Monate vor seinem 32. Geburtstag trieb die dramatische Gewißheit, daß sein Leben – zumindest die Art von Leben, die für ihn zählte – sich seinem Ende näherte, Beethoven an den Rand der Verzweiflung. In den zehn Jahren seit seiner Ankunft in Wien hatte er viel erreicht: Er konnte einen gewissen Grad an Berühmtheit bei der kulturellen Elite, den Ruf als der hervorragendste Pianist, den seine Wahlheimat Wien je beherbergt hatte, und wachsende Anerkennung als Komponist für sich beanspruchen. Sein Œuvre umfaßte mittlerweile mehr als zwei Dutzend Klaviersonaten, Violinsonaten, Klaviertrios, Streichquartette, ein Klavierquintett, ein Klavierkonzert, die C-Dur-Symphonie wie auch eine neue Symphonie in D-Dur, an der er gerade arbeitete. Die Kritiker waren fasziniert, wenn auch gelinde verwirrt von seiner Musik; seine treuen und großzügigen Gönner wie auch die Veröffentlichung seiner Kompositionen sicherten ihm ein vom Finanziellen her komfortables Auskommen, und Freunde waren schnell zur Stelle, um ihm zu helfen – oder ihn notfalls zu verteidigen –, und letztendlich hatte er sich selbst bewiesen, daß er auch auf Frauen durchaus einen gewissen Reiz ausübte. Doch nichts von alledem schien mehr eine Rolle zu spielen, als sein Aufenthalt in Heiligenstadt zu Ende ging. Er hatte kaum eine andere Wahl, das schien ihm jetzt endlich klar zu sein, als in die rauhe, lärmende Stadt zurückzukehren, deren Geräusche er immer weniger wahrnahm, und zu versuchen, dennoch und trotz alledem weiter musikalische Werke aus seinem Leben dort zu schöpfen. Beethoven gestand seinen Brüdern, gestand der ganzen Welt sein ungeheures Unglück ein, doch dann faltete er den Bogen Papier, auf dem er sein schmerzliches Testament niedergeschrieben hatte, zusammen und legte ihn beiseite; zeit seines Lebens sollte er ihn niemandem zeigen.

Beethovens Locke

In Gilleleje wird ein Geschenk übergeben

BALD WÜRDE DER HERBST DEM WINTER WEICHEN; ES war jetzt Mitte Dezember 1911, und bei dem Kölner Kunsthändler Hermann Großhennig herrschte, wie immer vor Weihnachten, geschäftige Betriebsamkeit; dennoch nahm er sich die Zeit, einen Spezialauftrag zu erfüllen. Ein etwas steifer, aber dennoch sympathischer Herr mit einem Kaiser-Wilhelm-Bart – ein Journalist und, wie er erklärt hatte, vormals Sänger – war vor kurzem in Großhennigs kleine Galerie in der Langgasse gekommen, in der Tasche ein holzgerahmtes kleines Medaillon, das etwa den Umfang eines Apfels hatte. In dem Medaillon befand sich zwischen zwei Glasplättchen eine zusammengerollte Haarsträhne. Vor 84 Jahren hatte sein Vater, damals noch ein junger Mann, die Locke in das Medaillon gelegt, und nun, nahezu ein Jahrhundert später, ein Jahrhundert, in dem es von Hand zu Hand gereicht worden war, bedurfte es einer Restaurierung. Großhennig stellte für die Gemälde, die er verkaufte, selbst die Rahmen her, und er versicherte dem Kunden, er könne das Medaillon sehr wohl restaurieren und neu versiegeln. Die Haare stammten von dem großen Komponisten Beethoven, hatte der Mann ihm anvertraut. Dessen war er sich sicher, denn sein Vater hatte sie persönlich abgeschnitten: der allseits beliebte Kölner Kapellmeister Ferdinand Hiller, an den Großhennig sich natürlich gut erinnerte.

Als Paul Hiller, der jetzt 58 Jahre alt war, in der Woche vor Weihnachten wieder in die Galerie im Schatten des Doms kam – Kölns riesiger gotischer Kathedrale mit den Zwillingstürmen –, war das Medaillon, wie versprochen, fertig, und es versprach für weitere 85 Jahre seinen Zweck zu erfüllen. Die zwei Glasplättchen waren gereinigt und poliert und an den Ränder mit Leim versiegelt worden; den Holzrahmen hatte der Galerist neu gestrichen und ebenfalls versiegelt, und zwar mit braunem Papier als Rückwand. Allerdings hatte der Kunsthandwerker noch etwas Zusätzliches getan, erklärte er dem Besitzer des Medaillons; er hoffe, Herr Hiller sei damit einverstanden: Unter der äußeren Rückwand befand sich ein ähnliches Stück Karton, auf das Großhennig am 18. Dezember 1911 geschrieben hatte, er habe das Medaillon neu verleimt, um es staubfrei zu halten; es befände sich nun in besserem Zustand als ursprünglich. Zudem habe er dies mit seinem Namen unterzeichnet, meinte er, denn ein so teures Andenken wie dieses verdiene eine sorgfältige Dokumentation; außerdem bedeute es ihm sehr viel, Beethoven so nahe gekommen zu sein, wenn auch nur kurz und auf so oberflächliche Weise.

Natürlich läßt sich dies nicht mehr mit Sicherheit feststellen, da Paul Hiller im Gegensatz zu dem Rahmenmacher die Worte, die er schrieb, nicht datierte, doch vermutlich fügte er seine eigene Inschrift auf dem braunen Papier auf der Unterseite des Medaillons ebenfalls in der Weihnachtszeit 1911 hinzu: »Diese Haare hat mein Vater

Dr. Ferdinand v. Hiller am Tage nach Ludwig van Beethovens Tode, d. i. am 27. März 1827, von Beethovens Leiche abgeschnitten und mir am 1. Mai 1883 als Geburtstagsgeschenk übergeben. Cöln, am 1. Mai 1883. Paul Hiller.« Denn Großhennig hatte, das sah Hiller ein, völlig recht: Es erschien in der Tat sinnvoll, genau festzuhalten, was es mit dem Schatz, den das Medaillon barg, auf sich hatte, vor allem aufgrund der so besonderen, so unglaublich merkwürdigen Bedeutung, die ihm zukam: Es war ein greifbares Stück von Beethoven höchstpersönlich.

Paul Hiller war 30 Jahre alt gewesen, als sein Vater – gerade zwei Jahre vor seinem Tod – ihm das Medaillon mit der Locke vermacht hatte, ein Geschenk, das er ebensogut seiner Schwester Tony, drei Jahre älter als er und ebenfalls eine hervorragende Musikerin, hätte machen können. Doch vermutlich war es dem alten Ferdinand Hiller passender erschienen, die verletzliche Reliquie Beethovens an seinen einzigen Sohn weiterzugeben.

Paul Hiller war 1853 während eines kurzen Urlaubs seiner Eltern in Paris zur Welt gekommen. Mit 30 Jahren war er bereits, wie vormals seine Mutter, professioneller Sänger, und zwar Bariton an der Städtischen Oper Chemnitz. Zwar gibt es keinerlei schriftliche Hinweise, ob er damals verheiratet war, doch er hatte bereits einen einjährigen Sohn, Felix Ferdinand, geboren 1882 in Chemnitz. 19 Jahre nachdem sein Vater ihm das Medaillon geschenkt hatte, lebte Paul Hiller – mittlerweile 49 Jahre alt – wieder in Köln, und 1902 heiratete er schließlich. Über seine Frau Sophie Lion weiß man nur wenig, außer daß sie, wie ihr Mann, sowohl Jüdin als auch Sängerin war; sie schenkte ihm bald zwei weitere Söhne: im Mai 1906 Edgar Ferdinand und dann, im April 1908, Erwin Ottmar.

Ein Jahr nach seiner Heirat wurde Paul Hiller als Musikkritiker bei der in Köln erscheinenden *Rheinischen Zeitung* angestellt; 24 Jahre hatte er diese Stellung inne und besprach im Laufe nahezu eines Vierteljahrhunderts praktisch jede Opern- und Konzertaufführung am Niederrhein, einschließlich der monatlichen Gürzenich-Konzerte, die sein Vater vor langer Zeit ins Leben gerufen hatte, sowie der nach wie vor äußerst beliebten sommerlichen Musikfeste, die ebenfalls auf seinen Vater zurückgingen: eine wundervolle Beschäftigung für jemanden, der in einer kultivierten, gebildeten Umgebung mit Musik großgeworden war. Hiller konnte sich auf Dauer in der lebensfrohen Stadt am Rhein niederlassen, in der er aufgewachsen war; er genoß das berauschende Vorrecht, sich mit seinen Konzertbesuchen seinen Lebensunterhalt verdienen und dann öffentlich seine Meinung über den Genuß, den sie geboten hatten, und ihre Mängel äußern zu können; außerdem blieb ihm genügend Zeit, ausführlich über seine musikalischen Lieblingsthemen zu schreiben. Für den Verleger Ricordi übersetzte er die Libretti zu Giuseppe Verdis Opern *Ernani*, *Rigoletto* und *Il trovatore* neu ins Deutsche, ebenso Camille Saint-Saëns' *Déjanire*; zudem veröffentlichte er zwei eher akademische Werke, 1910 *Der Liederzyklus von A. Fr. von Hessen* und 1911 *Old English Tunes*. Und obwohl der Artikel nicht mit seinem Namen unterzeichnet ist, scheint doch einigermaßen sicher, daß er auch der Verfasser einer Würdigung seines Vaters war, die am 24. Oktober 1911 anläßlich des 100. Jahrestags von Ferdinand Hillers Geburt in der *Kölnischen Zeitung* veröffentlicht wurde.

Im Verlauf seiner 30jährigen Amtszeit als städtischer Kapellmeister hatte der alte Hiller Dutzende Artikel und Briefe in Kölns führender Zeitung veröffentlicht, daher erschien es angemessen, daß die *Kölnische Zeitung* es übernahm, seiner zu gedenken. Sein Sohn arbeitete jedoch für ein konkurrierendes Blatt, daher ist in dem Artikel lediglich in der dritten Person von ihm die Rede, doch sowohl Stil als auch Inhalt bestätigen, daß er in der Tat der anonyme Verfasser des Gedenkartikels war. Der kurze Beitrag wartete mit zahlreichen Anekdoten auf, würdigte überschwenglich die Spannweite von Ferdinand Hillers Musikerlaufbahn und zählte die Höhepunkte seines Lebens auf, angefangen von seiner Begegnung mit Goethe im jugendlichen Alter bis hin zu seinem traurigen Rückzug aus dem öffentlichen Leben.

In seinen frühen Jahren in Paris, so berichtete der Artikel, habe Hiller sich mit den Geistesgrößen jener Zeit angefreundet, und zitierte dann die geistreiche Bemerkung der Gräfin Platen, mit der sie Hillers Persönlichkeit so treffend charakterisierte: »Mein kleiner Chopin! Wäre ich noch jung und fröhlich, würde ich Sie zum Ehemann nehmen, Hiller als meinen Freund erwählen und Liszt als meinen Liebhaber.« Ganz besonders wies der Verfasser auf die außergewöhnliche Schönheit von Ferdinands Frau Antolka hin, ebenso darauf, wie sie jahrelang die sonntäglichen Konzerte im am Fluß gelegenen »Rheinberg« so geschickt und umsichtig organisiert habe; dort habe sie zusammen mit ihrem Mann alle Einwohner der Stadt um sich versammelt, die selbst musizierten und die Musik liebten. Außerdem erwähnte der Gedenkartikel Ferdinand Hillers enge Freundschaft mit Felix Mendelssohn Bartholdy, Robert Schumann und Johannes Brahms und bestätigte seine Abneigung gegen die Komponisten der »neudeutschen Schule«, deren Werke auf die der eben genannten folgten; außerdem räumte er ein, daß Ferdinand Hiller noch lange weiterkomponiert hatte, obwohl kein Mensch mehr ihn dazu ermutigte. Später habe ein Freund ihn einmal erstaunt gefragt, ob er denn wirklich noch immer komponiere. Worauf Hiller geantwortet habe, was er denn wolle – Komponieren bereite ihm einfach solch großes Vergnügen; zudem sei Notenpapier recht billig!

In dem Artikel hieß es außerdem, seine zahlreichen Besuche bei Beethoven vor 84 Jahren, als dieser im Sterben gelegen hatte, seien Hiller unauslöschlich in Erinnerung geblieben. Und er enthielt zudem das Eingeständnis, daß der damals 15jährige nicht nur diese bleibenden Eindrücke, sondern auch noch etwas anderes mitgenommen hatte, nämlich eine Locke vom Haupt des toten Meisters, die sich jetzt als sorgsam gehegtes Vermächtnis im Besitz von Hillers Sohn Paul befinde. Zusammen mit der Erklärung auf der Rückseite des Medaillons stellen diese wenigen Worte das einzige bislang entdeckte schriftliche Zeugnis dafür dar, daß Hiller in der Tat eine Locke von Beethovens Haupt schnitt, die er dann sein Leben lang als kostbaren Schatz hütete.

In den Tagen nach der Veröffentlichung dieser Würdigung Ferdinand Hillers wurde dessen Sohn Paul vermutlich von allen Seiten mit Bitten von Freunden, Bekannten, sogar Fremden bestürmt, die Locke sehen zu dürfen – kein Wunder angesichts der Hochachtung und Verehrung, die Beethoven genoß. Möglicherweise war dies der Grund, weshalb er sechs Wochen darauf beschloß, das Medaillon restaurieren zu lassen. Vielleicht gaben jedoch einfach der 100. Geburtstag seines Vaters sowie die Tatsache, daß diesem großartigen Geschenk nun noch mehr gefühlsmäßige Bedeutung zukam, den Anstoß dazu, daß es ihm nun an der Zeit schien, das Andenken neu fassen zu lassen. Ab diesem Zeitpunkt werden die Zeugnisse für Existenz und Verbleib der Locke erschreckend spärlich: Nach Hermann Großhennigs sachlicher Mitteilung auf der papierenen

Innenauskleidung des Medaillons nur 13 Tage vor Ende des Jahres 1911 folgte – vermutlich bald – noch Paul Hillers erklärende Bemerkung; diese Notizen stellten für die nächsten 32 Jahre die letzten greifbaren Beweise für die Existenz der Locke und ihren Verbleib dar.

Nur drei Jahre darauf stürzte die Ermordung Erzherzog Franz Ferdinands, des österreich-ungarischen Thronfolgers, ganz Europa in einen verheerenden Krieg; nach nur acht weiteren Jahren lösten die Gründung der Nationalsozialistischen Deutschen Arbeiterpartei, ihr rasanter Aufstieg und ihre zunehmende Bedeutung die Art organisierter Judenverfolgung in Deutschland aus, die Ferdinand Hiller bereits 40 Jahre zuvor befürchtet hatte. Binnen 22 Jahren folgte Adolf Hitlers Machtergreifung, in deren Gefolge die deutsche Rechtsprechung den Juden keinerlei Schutz mehr bot. Und nach kaum 25 Jahren befand Europa sich zum zweitenmal in diesem neuen Jahrhundert im Krieg, und auf grauenerregende Weise hatten die Nazis mit ihrer Endlösung der Judenfrage begonnen. Inmitten dieser Ereignisse, die Europa in ein einziges verheerendes Schlachtfeld verwandelten, mußte die sorgsam gehütete Locke nicht nur an Bedeutung verlieren; die folgenschweren Geschehnisse sollten auch ihr weiteres Schicksal prägen und ihren Verbleib in düstere Schatten tauchen.

In den 80 Jahren, seit Hiller, Berlioz, Liszt und ihre Musikerfreunde in Paris sich bemüht hatten, Beethoven zu einem Komponistengott zu stilisieren, hatten die Begeisterung für seine Werke und seine Verehrung als mythisches Ideal weltweit ständig zugenommen. Seine Orchester- wie auch seine Kammermusik hatten sich mit jedem Jahrzehnt wachsender Anerkennung erfreut, obwohl der musikalische Geschmack sich auf dramatische Weise änderte. In drei Sprachen war eine Reihe Biographien veröffentlicht worden – einige sehr genau und ungemein informativ, andere kunstfertig ausgeschmückt. Dutzende Theaterstücke, Gedichte und Romane – darunter eine Erzählung des herausragenden russischen Schriftstellers Lew Tolstoi, der das Leben Beethovens als Erzählgerüst verwendet hatte – waren erschienen, und in Bonn und Wien waren zu seinen Ehren großartige Statuen aufgestellt worden. Als um 1863 sein Grab allmählich verfiel, hatte der Wiener Verein der Musikfreunde erfolgreich um die Genehmigung nachgesucht, Beethovens Leiche zu exhumieren und neu zu bestatten. 1888 war er dann zum zweitenmal in seiner Totenruhe gestört worden, als man die Leiche auf den Zentralfriedhof überführt und neben den sterblichen Überresten des in Wien geborenen Franz Schubert beigesetzt hatte, wo jetzt zwei einander entsprechende Grabsteine die letzte Ruhestätte der beiden Komponisten bezeichnen.

Ein Jahr darauf hatten die Bürger von Bonn die Welt daran erinnert, daß Beethoven der Sohn *ihrer* Stadt war, als man sein Geburtshaus restaurierte und in ein Museum umwandelte. Doch wiederum in Wien hatte 1902 eine Gruppe Avantgardekünstler und -musiker die Erinnerung an Beethoven und seine Musik in dem mit Begeisterung begrüßten neuen Jahrhundert mit einer aufsehenerregenden »Beethoven-Ausstellung« wiederaufleben lassen. Im Mittelpunkt des Großereignisses, das sich eine Gruppe aufbegehrender junger Wiener Künstler unter der Führung des Malers Gustav Klimt, die »Secessionisten«, ausgedacht und organisiert hatte, hatte die feierliche Enthüllung des von dem Leipziger Bildhauer Max Klinger geschaffenen Marmordenkmals gestanden. In ihren Augen verkörperte Beethoven nicht nur künstlerisches Genie als solches, sondern auch den individuellen Triumph von Reinheit über gemeine Sinnlichkeit, ein Thema, das Klimts *Beethoven-Fries* auf anstoßerregende Weise aufgriff.

Der Fries zog sich über drei Innenwände des vier Jahre zuvor errichteten Secessions-Pavillons und stellte in der Tat reichlich Nacktheit zur Schau; auch Klingers überlebensgroße Statue zeigte Beethoven unbekleidet; lediglich die Genitalien waren von einer Marmorschärpe verdeckt. Klingers Beethoven, der aus den verschiedensten Arten von Steinen sowie Ebenholz, Gold, Bronze und Edelsteinen bestand, saß auf einem mit fünf Engeln geschmückten Thron, doch sein Gesicht war nach einer vor langer Zeit von dem Bildhauer Franz Klein angefertigten Totenmaske ohne jegliche Ausschmückungen gestaltet und sah dem Mann, der vor einem Jahrhundert nur einen Häuserblock weiter gelebt hatte, auffallend ähnlich. Obgleich der berühmte französische Bildhauer Auguste Rodin die Ausstellung nach ihrer Eröffnung am 5. April – zu diesem Anlaß hatte Gustav Mahler, Direktor der Wiener Hofoper, Teile der neunten Symphonie ausschließlich für Holz- und Blechbläser sowie Stimmen neu instrumentiert – als »tragisch und prachtvoll« bezeichnet hatte, waren die meisten Kritiker der Ansicht gewesen, die großspurige Installation in dem hypermodernen Secessions-Pavillon sei nichts weiter als anspruchsvolle Pornographie und äußerst ungeeignet für »sittsame Frauen und junge Mädchen«.

Doch der Skandal – denn um einen solchen handelte es sich – war das Werk der jungen Secessionisten und keineswegs das Beethovens gewesen, ein feiner Unterschied, auf den sämtliche Kritiker nachdrücklich hinwiesen, und weder in Wien noch in Europa hatte sein gottähnlicher Ruf lange darunter zu leiden gehabt. Jenseits des Atlantiks war der Mythos des göttlichen Beethoven noch länger unangetastet geblieben; dort hatten Transzendentalisten des 19. Jahrhunderts, etwa Ralph Waldo Emerson und Margaret Fuller, ihre ähnlich gesinnten Landsleute schon längst davon überzeugt, daß Beethoven auf wunderbare Weise eine ideelle, spirituelle Wirklichkeit verkörperte, die über die niedrige, oft schmerzlich körperliche Welt hinauszugehen in der Lage war.

Acht Jahrzehnte nach Beethovens Tod hatte Paul Hiller das Medaillon mit seinem Haar restaurieren lassen. Doch zu Beginn des 20. Jahrhunderts war Beethoven in den Herzen seiner glühenden Verehrer noch ungemein lebendig geblieben, nach wie vor eher ein Gott denn ein einfacher Mensch, der einst gelebt und gelitten und außergewöhnliche Musik geschaffen hatte. Erst als der erste Weltkrieg die Überreste romantischen Überschwangs in einer Flut von Blut und Elend hinwegzuschwemmen begann, nahm der Beethoven-Kult, an dessen Schaffung Ferdinand Hiller wesentlich beteiligt gewesen war, ein nüchternes Ende. Vor allem in Frankreich und der englischsprachigen Welt konnte man nicht länger die Augen vor der Tatsache verschließen, daß Beethoven – trotz seiner musikalischen Genialität – ein Deutscher gewesen war, und eine feindliche Nation konnte einfach keine Persönlichkeit hervorbringen, die einer göttlichen Verehrung würdig war. Die fünfte Symphonie, die Neunte, die Kreutzer-Sonate und die späten Streichquartette galten selbstverständlich nach wie vor als herausragende musikalische Meisterwerke. Doch im Grauen des Krieges und seiner düsteren Nachmahd schien vielen, die früher ganz anders gedacht hatten, klar zu werden, daß der Mann, der diese großartigen Werke geschaffen hatte, letztendlich auch nur ein Mensch gewesen war.

Der Journalist und Musikgelehrte Paul Hiller hatte im Lauf der Jahre mit großem Interesse die in unregelmäßiger Folge veröffentlichten Bände der monumentalen Biographie *Ludwig van Beethovens Leben* gelesen, ein Werk, mit dessen Niederschrift der Amerikaner Alexander Wheelock Thayer vor mehr als einem halben Jahrhundert begonnen hatte, ein Werk zudem, das es sich, anders als die meisten bisherigen, zum Ziel gesetzt hatte, das Leben des Komponisten so zu beschreiben, wie es tatsächlich verlaufen war. Kurz nachdem Thayer 1849 mit dem Projekt begonnen hatte, war es ihm gelungen, sich der langfristigen Mithilfe des Schriftstellers und Historikers Hermann Deiters zu versichern, dessen Hauptaufgabe darin bestehen sollte, Thayers Niederschrift herauszugeben und ins Deutsche zu übersetzen, die einzig angemessene Sprache, in der Thayers Ansicht nach die erschöpfende Biographie erscheinen konnte und sollte. Die beiden hatten drei Bände fertiggestellt – die das Leben des Komponisten bis zum Jahr 1816 umfaßten –, als Thayer nach jahrelanger Krankheit und Schreibblockierung 1897 starb und die Aufgabe, das Werk fertigzustellen, Deiters zufiel.

Deiters war es gelungen, in den Wochen vor seinem Tod 1907 den vierten Band der Biographie abzuschließen; anschließend war die Aufgabe an seinen Kollegen Hugo Riemann übergegangen, der den fünften und letzten Band fertigstellen, die vorhergehenden Bände neu herausgeben und 1917 die Veröffentlichung der endgültigen fünfbändigen Biographie beaufsichtigen sollte, die sich schließlich in ihrem Umfang und ihrer Bandbreite sowie ihrer »Hinwendung zu dem Menschen Beethoven« auf überwältigende Weise als genau das Werk erwies, das Thayer zu schaffen gehofft hatte – ein Werk, das Paul Hiller und Tausenden gleichgesinnter Beethoven-Verehrer bewies, daß der Komponist in der Tat gerade wegen seiner menschlichen Schwächen eine derart überragende Persönlichkeit gewesen war. Seine Musik war von einem Menschen, nicht von irgendeiner gottähnlichen Gestalt geschaffen, und genau das machte ihr Geheimnis und ihre ungeheure, anhaltende Faszination aus.

Paul Hiller, mittlerweile weißhaarig, doch immer noch gutaussehend und nicht so korpulent wie sein Vater, starb am 27. Januar 1934 im Alter von 81 Jahren, kurz nachdem er in seinem Zuhause in der Eifelstraße 31 in Köln einen Schlaganfall erlitten hatte. An seinem Sterbebett wachten seine Frau Sophie, deren Alter wir nicht wissen, sowie seine beiden jüngeren Söhne – Edgar, fast 28 und Opernsänger wie sein Vater und seine Großmutter, und Erwin, damals 26 und Schauspieler; beide Söhne lebten nach wie vor im Haus ihrer Eltern. Sie wußten nichts von ihrem Halbbruder Felix, der in Berlin zu Hause und jetzt 51 Jahre alt war; er war in Chemnitz großgeworden und hatte sich in seiner Jugend als Maler durchgeschlagen, ehe er Komponist wurde und so die von seinem Großvater väterlicherseits begründete Tradition fortführte.

Drei Tage nach Paul Hillers Tod erschien in einer Kölner Zeitung eine Todesanzeige, eine kleine Notiz mit einer auffällig breiten schwarzen Umrandung und einem einfachen schwarzen Kreuz über der ersten Zeile. »Nach einem Leben reichen künstlerischen Schaffens«, hieß es darin, »aufrecht bis zum Tode, verschied unerwartet am 27. Januar 1934 unser unvergeßlicher teurer Gatte und Vater Herr Paul Hiller, Musikschriftsteller, in seinem 81. Lebensjahre. Er starb im festen Glauben an seinen Erlöser. Seinem Wunsche folgend, haben wir den geliebten Entschlafenen in aller Stille auf dem Südfriedhof zu Köln zur letzten Ruhe gebettet. In tiefer Trauer: Sophie Hiller, Edgar und Erwin Hiller. Wir bitten, von Beileidsbesuchen absehen zu wollen.«

Bis vor acht Jahren hatte Paul Hiller ein Vierteljahrhundert als fest angestellter Redakteur für die *Rheinische Zeitung* gearbeitet; dennoch veröffentlichte seine Familie die Anzeige nicht in dieser, ebensowenig in der *Kölnischen Zeitung*, der Zeitschrift, die Pauls Gedenkartikel zum 100. Geburtstag seines Vaters abgedruckt hatte. Statt dessen wurde sie in den *Westdeutschen Beobachter* eingerückt – das erste von vielen nun aufeinanderfolgenden Geheimnissen. Warum entschied die Familie Paul Hillers sich, sein Hinscheiden in derjenigen Kölner Zeitung bekanntzugeben, die damals am leidenschaftlichsten für die Nazibewegung eintrat? Hatte Hiller irgendeinen Groll gegen die Zeitung gehegt, für die er so lange gearbeitet hatte, war diese Entscheidung also der Ausdruck einer gewissen Gehässigkeit? Oder entschlossen die Familienmitglieder sich zur Veröffentlichung im *Westdeutschen Beobachter* einzig aus dem Grund, um ihre jüdische Abstammung zu verhehlen und sich vor Schikanen und den zunehmend drohenden gewalttätigen Ausschreitungen zu schützen?

Erklärt dieser Versuch, ihr Judentum zu verheimlichen, möglicherweise auch den Abdruck des Kreuzes und den doppelten Hinweis auf Paul Hillers – und damit indirekt seiner Familie – christlichen Glauben? Ferdinand Hiller und seine Frau Antolka waren fast ein Jahrhundert zuvor zum lutherischen Glauben übergetreten; ihr Sohn war daher zumindest nominell Christ; allerdings war der Glaubenswechsel seiner Eltern einzig aus Gründen der Zweckmäßigkeit erfolgt. Seit mittlerweile vier Generationen nannte die Familie Hildesheimer sich Hiller, um sich eine Anpassung an die mittelständische Gesellschaft in Deutschland zu erleichtern, aber auch, um der sehr realen Möglichkeit einer Verfolgung vorzubeugen. Waren das Einrücken der Anzeige in eine nazifreundliche Zeitung und die wiederholten Hinweise auf seinen christlichen Glauben nichts weiter als die Fortführung einer bedauernswerten, aber notwendigen Familientradition, diesmal in einer erschreckend gefährlichen Zeit?

Der 1919 als Folge des ersten Weltkriegs unterzeichnete Versailler Vertrag hatte Deutschland die militärische Herrschaft über Beethovens ehemalige Heimat und die territorialen Ansprüche auf das Heimatland seiner Wahl entzogen. Die siegreiche Allianz hatte das unterlegene Deutschland von den Pariser Friedensverhandlungen ausgeschlossen, bei denen die politischen Grenzen in Europa neu gezogen worden waren, und es gezwungen, die Entmilitarisierung des Rheinlands entlang seiner Westgrenze zu Frankreich hinzunehmen. Deutschlands Demütigung nach dem ersten Weltkrieg hatte dazu beigetragen, das Land in den zwanziger Jahren für den Aufstieg der Nationalsozialistischen Deutschen Arbeiterpartei reif werden zu lassen. Angeführt von einem besessenen Einwanderer aus Österreich namens Adolf Hitler, hatten ihre Mitglieder sich mit Leib und Seele der Wiederherstellung der militärischen Macht und der Befreiung ihres Landes von den hinterhältigen Kommunisten verschrieben, die in der Mehrzahl Juden waren; zumindest glaubten die Nazis dies.

Nach der 1929 einsetzenden verheerenden Weltwirtschaftskrise hatten die Nazis behauptet, die Depression sei das Ergebnis einer kommunistischen Verschwörung und deren Drahtzieher jüdische Finanziers gewesen; sie hatten ihren Wählern ein wiedererstarkendes Deutschland, das nicht unter dem Einfluß der Juden stünde, ausreichend Arbeit und ein ruhmreiches Vaterland versprochen, und bei den Wahlen 1930 waren schließlich zahlreiche Nazis in das deutsche Parlament eingezogen. Im Januar 1933 hatte Reichspräsident Paul von Hindenburg dem wachsenden Druck seitens des Parlaments nachgegeben und Hitler zum neuen Reichskanzler ernannt. Einen Monat später war der Reichstag in Berlin in Brand gesteckt worden, und in der Atmosphäre von Angst und Wut, die dieser Übergriff schuf – den möglicherweise Hitler selbst angestiftet hatte –, war es diesem gelungen, alle anderen politischen Parteien auszuschalten und das sogenannte Ermächtigungsgesetz verabschieden zu lassen, mit dem die republikanische Regierung aufgelöst und Hitler weitgehende diktatorische Machtbefugnisse eingeräumt worden waren. Binnen kurzem unterstanden Handel, Industrie, Landwirtschaft, Erziehung und Kultur nationalsozialistischer Kontrolle. Die mittlerweile gegründete Geheime Staatspolizei, die Gestapo, sollte mögliche politische Abweichung und Aufruhr unterdrücken; ihre Brutalität richtete sich offen hauptsächlich gegen die Juden, die jetzt aus allen Führungspositionen in sämtlichen Lebensbereichen ausgeschlossen wurden.

In den auf den Tod Hindenburgs 1934 folgenden Monaten zeichnete sich noch nicht eindeutig ab, wie schwierig das Leben für die deutschen Juden werden sollte, doch nach dem Erlaß der Nürnberger Gesetze im Herbst 1935 war das, was ihnen bevorstand, erschreckend klar geworden: Von nun an durften Juden nicht mehr wählen; sie wurden von zahlreichen Berufen ausgeschlossen, und ihr rechtmäßiger Besitz konnte enteignet werden.

In ganz Deutschland erwogen allmählich Hunderttausende Juden – zum Protestantismus konvertierte wie auch jene, deren Abstammung sie nach Ansicht der Nazis zu »Halbjuden« machte –, ob es klüger wäre, das Land zu verlassen, als sich weiteren Verfolgungen auszusetzen, auch wenn die Möglichkeit einer Auswanderung eigentlich nur jenen wirklich offenstand, die über die entsprechenden finanziellen Mittel verfügten: eine privilegierte Schicht, zu der auch Paul Hillers Witwe Sophie und ihre Söhne gehört hätten. In der Tat zählten jüdische Schriftsteller, Künstler und Musiker zu den ersten, die aus ihrer Heimat flohen, und 1500 von ihnen flüchteten Anfang 1933 in das benachbarte Dänemark.

Im Kölner Adreßbuch von 1934 waren lediglich Sophie Hiller und ihr Sohn Edgar aufgeführt; sie wohnten in dem Haus Eifelstraße 31. Möglicherweise lebte jedoch der jüngste Sohn, der 27jährige Erwin, ebenfalls noch dort und wurde lediglich nicht mit erwähnt; 1935 jedoch tauchte der Name beider Söhne nicht mehr im Adreßbuch auf, obwohl ihre Mutter nach wie vor in dem Haus wohnte, das schon so lange ihr Heim war. 1936, als sich finster dreinblickende Soldaten auf den Straßen drängten – eine Folge der großangelegten Wiederaufrüstung des Rheinlands –, wurde im Adreßbuch kein einziges Familienmitglied der Hillers mehr aufgeführt, weder in der von Bäumen gesäumten Eifelstraße noch sonstwo in der großartigen Stadt, in der die Familie mehr als 80 Jahre ansässig gewesen war.

Hatte Sophie Hiller sich in ein anderes Land geflüchtet, in dem sie sich sicherer wähnte? Waren ihre Söhne ebenfalls geflohen? Waren sie zusammen oder getrennt gereist, oder waren sie irgendwo in Deutschland untergetaucht? Und was war aus der berühmten Locke Beethovens geworden?

25 Jahre zuvor hatte Paul Hiller erklärt, die Locke als hochgeschätztes Erbe seines Vaters bewahren zu wollen, und wenn man ihm glaubt, erscheint es kaum vorstellbar, daß er die Haare möglicherweise verkaufte oder sie irgendwann im Verlauf der folgenden 23 Jahre aus den Augen verlor. Vermutlich hatte Paul vorgehabt, sie einem seiner Söhne zu vermachen. Vielleicht hätte Felix, der Älteste, die Locke bekommen, doch er lebte im weit entfernten Berlin; zudem sollte man nicht vergessen, daß er aufgrund seiner unehelichen Geburt seinem Vater ziemlich fern stand – auch gefühlsmäßig. Auch der nächste Sohn, der Sänger Edgar, der ältere der beiden gemeinsamen Söhne Pauls und Sophies, hätte das Medaillon mit der Locke erben

können, doch ebensogut ist es vorstellbar, daß es für geraume Zeit in Sophies Besitz blieb. Trotz seines fortgeschrittenen Alters war ihr Mann ziemlich unerwartet gestorben, und es ist durchaus möglich, daß er schlicht nicht mehr dazu kam zu sagen, wem er Beethovens Locke vermachen wollte.

Sicher ist jedoch, daß die Locke nicht verlorenging. Im Oktober 1934 tauchte das 32 Jahre zuvor neu versiegelte Medaillon mit Beethovens Haaren ausgerechnet in dem kleinen Fischerhafen Gilleleje an der Nordküste der dänischen Insel Seeland auf. Doch wie war es in diesen meerumtosten, nur wenige Kilometer, über den eisigen Öresund, von den Ufern des neutralen Schweden entfernten Außenposten gelangt? Und wo war es mit seinem Besitzer in den Jahren zuvor gewesen? Hatte sich die Locke in der »Reichskristallnacht«, als in der Nacht vom 9. zum 10. November 1938 der Braunhemdenmob die Schaufenster jüdischer Läden zertrümmert, Synagogen in Brand gesteckt und auf den Straßen von Köln und im ganzen Land jüdische Mitbürger tätlich angegriffen hatte, noch in Deutschland befunden? Und wo waren die Haare und ihr mit Sicherheit völlig verängstigter Besitzer gewesen, als zehn Monate später deutsche Truppen Polen überfallen und den zweiten Weltkrieg entfacht hatten, als Deutschland seine Grenzen dichtgemacht hatte, so daß es nun nicht mehr möglich war, aus dem Land zu fliehen? Wie kam es, daß ein Flüchtling, der um sein oder ihr Leben rannte, ausgerechnet die Haarlocke vom Haupt eines seit langem toten Komponisten mitnahm? Und falls der oder die Betreffende die Locke einfach nur aus dem Grund bei sich hatte, weil sie einen wertvollen Besitz darstellte, warum gab er oder sie dann in einer kalten Oktobernacht in Gilleleje jemand anderem?

Neun Monate, nachdem Deutschland Polen überfallen und damit den zweiten Weltkrieg ausgelöst hatte, lastete praktisch auf allen westlichen Staaten des Kontinents das Joch der Nazis und ihrer faschistischen Verbündeten in Italien. Dänemark und Norwegen gerieten im April 1940 unter deutsche Herrschaft, Anfang Mai dann die Niederlande, Belgien und Luxemburg, und in den ersten drei Junitagen unterlag auch Frankreich weitgehend. Hitlers Armee hatte sich umfassend und gründlich auf die aufeinanderfolgenden »Blitzangriffe« vorbereitet, und Länder wie Dänemark hatten lediglich symbolisch Widerstand leisten können.

Im besonderen Fall Dänemarks belohnten die Nazis die Dänen sogar für ihre Zurückhaltung und versprachen ihnen ein gewisses Maß an Autonomie. Auf deutscher Seite hatte es während des kurzen Kampfes keine Toten gegeben – der Dänenkönig Christian X. hatte die Unabhängigkeit seines Landes, die dieses sich 900 Jahre lang bewahrt hatte, kaum drei Stunden, nachdem deutsche Truppen an der Küste gelandet waren, preisgegeben. Im Gegenzug versprachen die Deutschen, die dänische Regierung nicht abzusetzen. Die Gerichte, die Polizei, sogar die kleine Armee unterlagen weiterhin dänischer Rechtsprechung. Hitler gestand den Dänen ein bemerkenswertes Maß an Selbstverwaltung zu, allerdings nur, solange landwirtschaftliche und industrielle Erzeugnisse stetig südwärts nach Deutschland flossen, solange keine aufrührerische Widerstandsbewegung aufkeimte und, was ebenso wichtig war, solange sich Dänemarks »jüdisches Problem« nicht unangenehm bemerkbar machte.

Doch der dänische Polizeipräsident Thune Jacobsen erklärte dem Führer der Nazipolizei Heinrich Himmler anläßlich dessen Besuchs in Dänemark kurz nach der Besetzung: »Es gibt kein jüdisches Problem in Dänemark.«

Jacobsens unverfrorene Antwort spiegelte die Tatsache wider, daß der jüdische Bevölkerungsanteil in Dänemark sehr gering war: lediglich etwa 8000 Personen, von denen grob geschätzt 2000 nichtdänische Flüchtlinge waren, die in den Jahren unmittelbar vor dem Krieg der Verfolgung in Rußland und vor allem in Deutschland entkommen waren. Doch sie spiegelte ebenso die Tatsache wider, daß die Dänen schlicht und einfach den Wahn der Nazis, die Juden, die in ihrer Mitte lebten, seien Teufel, nicht teilten. Zuallererst waren sie Dänen, und als genau das fühlten sich auch die meisten dänischen Juden.

Naiverweise gingen die Nazibehörden in Berlin davon aus, patriotisch gesinnte dänische Bürger fühlten sich unter dem Schutz einer Macht, deren Sieg so offensichtlich unmittelbar bevorstand, ungemein wohl und zufrieden, und eine Zeitlang ging das Leben in Dänemark für Juden und Nichtjuden in bemerkenswertem Maße genauso weiter wie vor der Besetzung. Die Synagogen und Religionsschulen wurden nicht geschlossen, die jüdischen Vereinigungen arbeiteten ungestört weiter, und die meisten dänischen Juden wollten und konnten – wie ihre christlichen Mitbürger auch – den Gerüchten, die nach Norden drangen und von Deportationen und der Ermordung von Juden anderswo im besetzten Europa berichteten, schlicht nicht glauben, auch wenn die ständige Anwesenheit deutscher bewaffneter Soldaten, die sich in ihren bislang so ruhigen Straßen drängten, den Dänen ein Dorn im Auge war. Mit der Zeit klangen jedoch die Berichte von den tatsächlichen Greueltaten des Naziregimes unerträglich glaubhaft, und so bildete sich unvermeidlicherweise eine massive Widerstandsbewegung heraus, gerade rechtzeitig, als die Beziehungen zwischen den Regierungen in Berlin und Kopenhagen sich drastisch verschlechterten, sobald sich abzeichnete, daß der Krieg für Hitlers Armeen insgesamt doch nicht so siegreich verlief, wie es anfangs den Anschein gehabt hatte. Die sowjetische Rote Armee hatte die weit nach Rußland hinein vorstoßenden Nazitruppen schließlich abgewehrt und zurückgedrängt. Der Versuch der Deutschen, die Briten so lange zu bombardieren, bis sie sich unterwarfen, war fehlgeschlagen; die Offensive in Nordafrika war in sich zusammengebrochen, und sogar in dem vorher so willfährigen Dänemark wurden ab Sommer 1943 von dänischen Freiheitskämpfern verübte Sabotageakte gegen deutsche Truppen diesen ausgesprochen lästig. Als die dänische Regierung sich weigerte, ein eigenes Kriegsrecht einzuführen, um den wachsenden Widerstand niederzuschlagen, besetzten Teile des deutschen Heeres am 29. August die königliche Residenz in Kopenhagen, verhafteten Mitglieder des Parlaments sowie dänische Bürger in Führungspositionen und riefen den Notstand aus. Nach einem kaum mehr als symbolischen Protest trat die dänische Regierung unverzüglich zurück; es folgte ein Generalstreik, doch schließlich erlangten die Deutschen die vollständige Kontrolle über Dänemark.

Ohne eine Regierung, die es bei Laune zu halten galt, und nun auch ohne jegliches Interesse daran, sich dem dänischen Volk gegenüber kooperativ zu geben, sahen die Nazis sich jetzt nicht mehr genötigt, die, wie sie es sahen, Vorzugsbehandlung der dänischen Juden zu billigen. Unmittelbar nach Ausrufung des Notstands beschlagnahmten sie Listen mit den Namen und Adressen von Angehörigen der jüdischen Gemeinde, und binnen kurzem wurde erschreckend klar, daß Dänemark nicht mehr der kleine, aber sichere Hafen war, den es schon seit geraumer Zeit vor Kriegsausbruch dargestellt hatte. Nun schwirrten Gerüchte durch Kopenhagen, kürzlich habe ein deutsches Schiff im Hafen der Stadt angelegt und warte ungeduldig auf eine Ladung gefangengesetzter Juden.

Das höhlenartige Dänische Nationalarchiv birgt keinerlei Hinweis darauf, daß eine deutsche Emigrantin namens Sophie Hiller oder zumindest einer ihrer beiden Söhne – Edgar oder Erwin – zwischen 1933 und 1943 in Dänemark Aufnahme fand. Ebensowenig gibt das Archiv darüber Aufschluß, ob Sophies Stiefsohn Felix Hiller sich unter den Tausenden deutscher Flüchtlinge befand, die vor Ausbruch des Krieges nach Dänemark gekommen waren. Natürlich ist es durchaus möglich, daß einer von ihnen – oder sogar alle – unter falschem Namen einreisten. Hunderte von Flüchtlingen, die sich 1943 in Dänemark aufhielten, waren heimlich und ohne offizielle Billigung ins Land gekommen; daher wurde ihre Anwesenheit auch nie verzeichnet.

Unwiderlegbar steht jedoch eines fest: Das Leben dieser einen Familie, die sich ganz der Musik gewidmet hatte, war auf eine Art und Weise aus den Fugen geraten, die noch 1934, dem Todesjahr Paul Hillers, völlig unvorstellbar erschienen war. Die wenigen Hinweise, die es gibt, machen es wahrscheinlich, daß keiner der Hillers nach 1943 in Köln geblieben war; ebenso läßt das Wiederauftauchen des Medaillons darauf schließen, daß vermutlich zumindest einem von ihnen vor dem Spätsommer dieses Jahres, als die Nazis das besetzte Land unter Kriegsrecht stellten und auch hier mit den skandalösen Deportationen von Juden begannen, die Flucht nach Dänemark gelungen war. Doch hätte man in einem Land, in dem die Tatsache, ob jemand Jude war oder nicht, keine Rolle spielte – ganz im Gegensatz zu der ungeheuren Bedeutung, die man dem im angrenzenden Deutschland beimaß –, Sophie, Edgar oder Erwin Hiller ohne weiteres als jüdisch identifiziert? Hatten die Hillers, sobald sie erst einmal in Dänemark waren, versucht, ihre jüdische Abstammung zu verheimlichen, um sich zu schützen? Oder hatten sie umgekehrt die kleine jüdische Gemeinschaft ausfindig gemacht und bei Menschen, die wie sie gejagt wurden, lebenswichtige Unterstützung und Hilfe gesucht? Befand ein Mitglied der Hiller-Familie sich möglicherweise in der Menge, die sich am Morgen des 30. September 1943 in der altehrwürdigen Kopenhagener Synagoge versammelt hatte und Rabbi Marcus Melchiors niederschmetternder Ankündigung lauschte:

»Gestern abend ließ man mir die Nachricht zukommen, daß die Deutschen morgen jüdische Häuser in ganz Kopenhagen stürmen und alle dänischen Juden verhaften wollen, um sie in Konzentrationslager zu bringen. Wie ihr wißt, ist morgen Rosh Hashanah, und unsere Familien werden den ganzen Tag zu Hause verbringen. Die Lage ist äußerst ernst, und wir müssen auf der Stelle etwas unternehmen. Ihr müßt sofort los und alle Verwandten, Freunde und Nachbarn benachrichtigen, von denen ihr wißt, daß sie Juden sind, und ihnen mitteilen, was ich euch gesagt habe. Und ihr müßt sie auffordern, dies auch allen anderen Juden zu sagen, die sie kennen. Auch eure Christenfreunde müßt ihr aufsuchen und sie bitten, die Juden zu warnen. Und zwar müßt ihr das sogleich tun, binnen weniger Minuten, damit in ein, zwei Stunden jeder weiß, was auf uns zukommt. Bei Einbruch der Dunkelheit müssen wir uns bereits alle versteckt haben.«

Die außergewöhnliche Information hatte der Rabbi von C. B. Henriques erhalten, einem Anwalt am obersten Gericht und lange Zeit Leiter der jüdischen Gemeinde; dieser wiederum hatte sie von Hans Hedtoft, dem Vorsitzenden der sozialdemokratischen Partei, der seinerseits persönlich von dem deutschen Marineattaché Georg Duckwitz gewarnt worden war, daß eine Naziaktion unmittelbar bevorstehe. Schon einmal hatte Duckwitz eine Verhaftung riskiert, als er versucht hatte, ein von seinem engen Freund Werner Best, dem Generalbevollmächtigten der Nazis in Dänemark, nach Berlin geschicktes Telegramm abzufangen, in dem Best Hitler empfohlen hatte, nun sei der richtige Zeitpunkt gekommen, den entscheidenden Schlag gegen die Juden zu führen. Dieses Unternehmen Duckwitz' war zwar fehlgeschlagen, doch als Hitler zehn Tage später befahl, man solle am 1. Oktober mit der Verhaftung und Deportation beginnen, hatte Duckwitz es nicht fertiggebracht, dies für sich zu behalten. Es war einzig und allein seine Gewissensentscheidung gewesen, die Angehörigen der jüdischen Gemeinde zu warnen, auch wenn ihnen nur so wenig Zeit, ein Tag, geblieben war. In dieser kurzen Frist war es ihnen gelungen, sich zu verstecken oder zu fliehen. Einzig und allein seine Entscheidung hatte die Widerstandsbewegung und Tausende bislang eher abseits stehender Dänen aufgerüttelt. Noch ehe es am 30. September dunkel wurde, war im ganzen Land ein entschlossener, wenn auch improvisierter Versuch im Gange, Dänemarks Juden zu retten.

In Kopenhagen sowie in mittleren und Kleinstädten wurden Boten losgeschickt, die die Warnung verbreiten sollten; Freiwillige klopften an jede Tür, an der sie vorbeikamen, da man in Dänemark bis jetzt im allgemeinen nicht gewußt hatte, wer Jude war und wer nicht. Lutherische Pfarrer forderten telephonisch ihre Gemeindemitglieder dringend auf, Juden zu helfen, auf welche Weise auch immer. Anführer der Widerstandsbewegung versuchten, sich der Unterstützung von Fischern zu versichern, die die Juden auf ihren Booten in Sicherheit bringen sollten. Pfadfinder und Mitglieder von Jagdvereinen durchkämmten auf der Suche nach Flüchtlingen, die sich notdürftig im Gehölz versteckt hatten, die Wälder und schickten sie in Hafenstädte, in denen möglicherweise Boote für sie bereitlagen. Unvermittelt platzten überall die Krankenhäuser schier aus den Nähten, so viele Patienten wurden unter den Namen Hansen, Petersen oder Jensen aufgenommen, und als man von Familien hörte, die sich nur unzureichend – oder überhaupt nicht – hatten verstecken können, wurden eilig Krankenwagen losgeschickt, um sie zu holen.

Taxis, die an einem solchen Nachmittag im Frühherbst normalerweise über die Kopfsteinstraßen in Kopenhagen gefahren wären, rasten nun durch die friedliche Landschaft zu den Fischerdörfern, die den Öresund säumten, und auch die Züge, deren Route am Meer entlang verlief, waren überfüllt, als hätten erneut die Sommerferien begonnen. Die schweigenden Fahrgäste, denen Verzweiflung in die Gesichter geschrieben stand, trugen unter ihren schweren Übermänteln so viele Kleidungsstücke, wie Platz hatten. In Fischereihäfen wie Rungsted, Humelbæk, Helsingør, Hornbæk und Gilleleje drängten sich die Neuankömmlinge, und die Einwohner öffneten ihre Läden, Scheunen, Speicher und Wohnzimmer Gästen, von deren Ankunft sie noch am Tag zuvor nicht die geringste Ahnung gehabt hatten.

Vielleicht, weil es am weitesten von Kopenhagen und damit von der unmittelbaren Bedrohung durch die Gestapo entfernt war, gewiß aber auch, weil dies die Endstation des Zuges war, brach über das Dorf Gilleleje an der Nordspitze Seelands binnen kurzer Zeit eine besonders massive Woge vorübergehender Einwohner herein. Am Dienstag, dem 5. Oktober – fünf Tage, nachdem die Rettungsaktion eiligst in Gang gesetzt worden war –, brachte der Abendzug 314 Passagiere nach Gilleleje; normalerweise waren es nur etwa drei Dutzend, und der Bahnhofsvorsteher kritzelte das Wort »Juden« neben die Zahl, um die Flut von Fahrgästen zu erklären. Doch dies waren nicht die ersten Flüchtlinge, die in das Städtchen mit seinen 1700 Einwohnern kamen; in den vorangegangenen Tagen waren schon zahlreiche andere eingetroffen und bereits auf Fischerbooten, die in dem kleinen Hafen von Gilleleje gelegen hatten, sicher in den Hafen von Höganäs im neutralen Schweden gebracht worden, ein Dutzend Seemeilen jenseits des windgepeitschten Meeres, wo der schmale Sund in das offene Kattegat übergeht.

Am Mittwoch, dem 29. September, waren die ersten acht Flüchtlinge – zwei Familien aus Kopenhagen, die Rabbi Melchiors dringende Ankündigung gar nicht erst hatten hören müssen, um zu spüren, daß sie bald keine andere Wahl mehr hätten, als vor den Nazis zu fliehen – in den frühen Morgenstunden über den Sund entkommen. Zuerst hatten der Ladenbesitzer Tage Jacobsen und seine Frau sie versteckt, dann hatte der Fischer Niels Clausen sie nach Schweden gebracht. Dieser hatte sich eigentlich schon längst zur Ruhe gesetzt, da er ein Bein verloren hatte und schon seit Jahren nicht mehr aufs Meer hinausgefahren war; dennoch hatte er eingewilligt, sie zu befördern. Nach ihrer Ankunft in Höganäs waren die vier Erwachsenen und vier Kinder von der Polizei verhört und anschließend in einer Pension untergebracht worden.

Am Freitag, dem 1. Oktober, trafen noch etliche Dutzend Flüchtlinge in dem Städtchen ein. Das Gasthaus von Gilleleje war bereits überfüllt, ebenso das Badehotel, auch wenn die Besitzer, so die Einwohner, kein Hehl aus ihrer Sympathie für die Nazis machten. Inzwischen drängten sich so viele Leute, die eindeutig von anderswoher stammten, auf den Straßen, daß besorgte Bürger anfingen, völlig Fremde zu sich nach Hause einzuladen. Der Lebensmittelhändler Gilbert Lassen sperrte für die Flüchtlinge sogar die Sommerhäuser auf, deren Hausmeister er war; er war sicher, die Besitzer hätten seine Großzügigkeit gebilligt. Binnen kurzem waren verschreckte Juden, die ängstlich darauf bedacht waren, so schnell wie möglich aus Dänemark zu fliehen, und die ihren Gastgebern fast nie ihren Namen nannten, praktisch in jedem Haus im Dorf selbst und in der näheren Umgebung untergebracht – in Garagen und Speichern, in Schuppen und Lagerhäusern, im Krankenhaus, auf der Bootswerft, im Wasserwerk und in der Brauerei.

Fischkutter und hochseetüchtige Schoner der umfangreichen Flotte von Gilleleje waren während der ersten Tage der Rettungsaktion oft losgefahren, wenn auch zu vorher nicht feststehenden Zeitpunkten. Die Passagiere, die sie an Bord nahmen, zahlten für die kurze Reise in die Sicherheit, soviel sie eben konnten; die Fischer nahmen das Geld an, einfach weil sie der Versuchung nicht widerstehen konnten, es zu verlangen, doch auch weil sie ihre Boote und damit ihren Lebensunterhalt aufs Spiel setzten und Gefahr liefen, ins Gefängnis zu kommen, falls die gefürchtete Gestapo sie aufgriff. Anfangs hatten Grüppchen zusammengedrängter Flüchtlinge am hellichten Tag stundenlang im Hafen gewartet und waren dann einfach an Bord eines mittlerweile fahrbereit gemachten Schiffes gegangen. Doch binnen kurzem machten ihre stetig zunehmende Zahl wie auch die vielen Einschiffungen es notwendig, die Transporte großteils spätabends und nachts zu unternehmen. Die Schiffe mußten ohne Licht fahren; wenig später ging man dazu über, nicht mehr aus dem Hafen, sondern heimlich von den Stränden östlich und westlich des Dorfes auszulaufen. Jeweils ein halbes Dutzend Flüchtlinge wurden in den wenigen Sekunden zwischen dem Anbranden der einzelnen Wogen in Schlauchboote verfrachtet und dann zur *Maagen*, zur *Tyborøn*, zur *Haabet*, zur *Fri* und zur *Wasa* übergesetzt, die in tieferem Gewässer warteten.

Doch anstatt in östlicher Richtung auf Höganäs Kurs zu nehmen, waren die ersten Schiffe, die sich an dem

Fluchtunternehmen beteiligten, lieber nordwärts ins Kattegat gesteuert, sobald sie von der dänischen Küste abgelegt hatten, und erst dann nach Osten geschwenkt, um den Sund zu überqueren, wenn sie das offene Meer erreicht hatten, wo die Wahrscheinlichkeit, auf deutsche Patrouillenboote zu stoßen, noch geringer war als ohnehin. Und als die Flüchtlinge nicht mehr vereinzelt, sondern massenweise eintrafen, hatten die Schweden – die nun, da das Kriegsglück die Nazis zusehends und auf dramatische Weise im Stich ließ, offen die Alliierten unterstützten – alles in ihrer Macht Stehende getan, um den Fischern die Hin- und Rückfahrten so einfach wie möglich zu machen. Schwedische Marineschiffe fuhren den Booten aus Dänemark ein, zwei Meilen weit entgegen, und die menschliche Fracht wurde über schmale Fallreepe von einem von den Wellen hin und her geschleuderten Schiff aufs andere und schließlich in den schwedischen Hafen gebracht.

Doch dann erklärte am Morgen des 6. Oktober, einem Mittwoch, der im nahe gelegenen Hafen Helsingør stationierte Leiter der Gestapo Hans Juhl sämtliche Häfen Nordseelands für jedermann, der keinen gültigen Gewerbeschein als Fischer oder Kapitän hatte, zum Sperrgebiet. Er wies die dänische zivile Küstenwacht an, alle Aktivitäten entlang der Küste sorgsam zu überwachen – obwohl die Loyalität der Küstenwache ihm gegenüber bestenfalls als dürftig bezeichnet werden konnte. Zugleich begannen Juhl und seine Männer, regelmäßig Häfen und vermutete Verstecke zu stürmen, da sie hofften, auf diese Weise die Dänen bei ihrer Ansicht nach unverhohlenen Sabotageakten – verfolgte Juden heimlich dem Zugriff der Deutschen zu entziehen – zu ertappen.

Unter einem verhangenen Himmel dämmerte ein trüber Mittwochmorgen herauf. Nach dem Sturm, der nachts gewütet hatte, regnete es jetzt noch leicht, und ein steifer Wind aus Südost fegte über die mit Reet oder Ziegeln gedeckten Dächer im Dorf auf die stürmische See zu. In der Nacht zuvor waren in einem Zug mehr als 300 Flüchtlinge angekommen – zusätzlich zu jenen, die sich bereits in der Stadt befanden, die es jedoch noch nicht geschafft hatten, nach Schweden durchzukommen. Zumindest befanden sie sich nun im Trockenen und vorläufig in Sicherheit, auch wenn die provisorischen Unterkünfte in Gilleleje und Umgebung nicht sonderlich gemütlich waren. Nach Schätzungen einer Gruppe der eigentlichen Dorfbewohner, die sich bei Tagesanbruch in Oluf Olsens Fleischerladen eingefunden hatten, versteckte man derzeit mehr als 500 Juden, deren Leben ernstlich in Gefahr war. Unmengen von Flüchtlingen waren in Gilleleje eingefallen, und allmählich wurden Häuser und Wohnungen, in denen sie sich verstecken konnten, verzweifelt knapp. Die ortsansässigen Wortführer stellten immer dringlichere Überlegungen an, wie man sich angesichts der zunehmend ernsten Situation am besten verhielte. Sollte man die Flüchtlinge irgendwie weit ins Landesinnere bringen? Sollte man versuchen, die Organisatoren des Widerstands in Kopenhagen zu benachrichtigen, daß Gilleleje zum Bersten voll von Leuten war, die sich nicht nach Schweden einschiffen konnten, da die Gestapo mittlerweile fest entschlossen war, sie abzufangen? Sollten die Einwohner versuchen, einen einzelnen umfassenden, jedoch zwangsläufig äußerst riskanten Transport zu organisieren und die meisten – vielleicht sogar alle – Flüchtlinge auf eines der großen Schiffe zu bringen, die während des lang andauernden Sturms im Hafen Schutz gesucht hatten? Gäbe der Kapitän eines dieser Schiffe seine Einwilligung zu einem derart gefahrvollen Unternehmen?

Der Lebensmittelhändler Gilbert Lassen nahm an der Besprechung in Olsens Laden teil, ebenso der Fischhändler Juhl Jensen, die Gymnasiallehrer Assenchenfeldt Frederiksen und Mogens Schmidt, Pastor Kjeldgaard Jensen sowie Christian Petersen, der Vorsitzende des Gemeinderats. Außerdem waren mindestens sechs Personen aus der näheren Umgebung anwesend: ein Mann namens Nielsen, der im nahe gelegenen Hillerød Versicherungspolicen verkaufte; Niels Thorsen und Jean Fischer, Studenten an der Technischen Universität Kopenhagen und aktive Widerstandskämpfer, Arne Kleven, ein ehemaliges Fußballas, der jetzt eine führende Stellung in der Gewerkschaft bekleidete und für die Untergrundzeitung *Nordisk Front* Artikel verfaßte, zudem der berühmte 44jährige Bariton Henry Skjær von der Königlichen Dänischen Oper. Weder der allseits bekannte Kleven noch Skjær waren Juden; ihr Leben war daher nicht in Gefahr, doch sie hatten sich, wie auch die Studenten, in der vorangegangenen Woche äußerst engagiert für das Organisieren der Flucht eingesetzt und waren beide am Dienstag abend mit dem überfüllten Zug in Gilleleje angekommen, zusammen mit Hunderten Personen auf der Flucht, für die sie jetzt mehr als nur eine stillschweigende Verantwortung übernommen hatten.

Gegen Ende der Besprechung am frühen Vormittag beschloß das Hilfskomitee, daß es wohl am sinnvollsten – wenn auch ziemlich gefahrvoll – wäre, einen großen Transport zu organisieren, und zwar so bald wie möglich. Die Studenten erhielten den Auftrag, bei den Flüchtenden Geld für die Überfahrt einzusammeln; Lehrer Schmidt erklärte sich freiwillig bereit, zum Hafen zu gehen und den Kapitän zumindest eines der Schiffe, die dort vor dem Sturm Schutz gesucht hatten, zu überzeugen, daß die Belohnung für einen zweistündigen Umweg nach Schweden das kurzfristige Risiko für Schiff und Mannschaft wohl wert wäre. Doch obwohl während des nächtlichen Sturms 20 Schiffe in dem kleinen Hafen vor Anker gegangen waren, traf Schmidt nur einen einzigen Kapitän in der Hafengegend an: Gunnar Flyvbjerg, der auf dem in Familienbesitz befindlichen großen Schoner *Flyvbjerg* das Kommando führte. Für die verführerische Prämie von 50 000 Kronen willigten der Kapitän und seine Mannschaft gern ein, eine einfache Fahrt nach Höganäs zu unternehmen und um 13 Uhr abzulegen. Der Laderaum der *Flyvbjerg* war leer; zwar hätten die Flüchtlinge es darin nicht sonderlich bequem, doch auf diese Weise könnte man zumindest Hunderte – vielleicht sogar alle, die die Stadt so schnell wie möglich verlassen wollten – an Bord nehmen.

In Windeseile verbreitete sich die Nachricht von dem bevorstehenden Transport im ganzen Dorf, und bereits eine Stunde später versammelte sich eine besorgniserregende Anzahl von Flüchtlingen in aller Öffentlichkeit am Hafenkai; sie erkundigten sich ängstlich, wie viele Personen der Schoner aufnehmen könne, und versuchten verzweifelt, für sich selbst die Überfahrt zu sichern. Eigentlich hatte man vorgehabt, die Leute nur in kleinen Gruppen zu dem wartenden Schiff zu bringen, doch angesichts des Ansturms von Flüchtlingen auf den Hafen, der am späten Vormittag einsetzte, mußte man diesen Plan fallenlassen. Gegen Mittag wimmelte die Hafengegend von Hunderten von Leuten – Männern, Frauen und Kindern jeglichen Alters, in dicke Kleidung gehüllt, die Gesichter von Angst und Ungewißheit gezeichnet; viele versuchten, Koffer, Schrankkoffer und Kinderwagen mitzunehmen. Auch die Dörfler strömten zusammen, und sei es auch nur aus dem Grund, weil so etwas in Gilleleje noch nie vorgekommen war. Und alle – ob sie nun nach Schweden fliehen oder einfach den Flüchtlingen das Geleit geben wollten – wußten, jeden Augenblick könnten Gestapo-Führer

Juhl und seine Männer aus Helsingør eintreffen – dann säßen die Juden am Ufer in der Falle, noch ehe sie an Bord gehen und losfahren könnten.

Schließlich wurde den Flüchtlingen gestattet, entlang eines schmalen Wellenbrechers zu der Stelle, an der die *Flyvbjerg* vertäut war, und dann an Bord zu gehen. Die Menge strömte über die steinerne Mole zum Schiff; die Menschen kämpften darum, nicht zur Seite gedrängt zu werden. Zwar waren nach einiger Zeit etliche auf dem Schiff in Sicherheit, doch das Ganze ging aufreibend langsam vonstatten. Zur Bestürzung vieler versuchte plötzlich ein Fischer, die Leute herumzukommandieren, und als jemand brüllte: »Schmeißt ihn ins Wasser! Der ist ein Agent!«, mißverstanden andere dies und begannen zu schreien: »Die Gestapo! Die Gestapo kommt!« In den folgenden Sekunden der Panik schien sich das Gerücht zu bewahrheiten, und auch der Kapitän der *Flyvbjerg* war schnell überzeugt, daß die Nazis auf sein Schiff zusteuerten. Er ließ die Maschinen des Schoners anwerfen, stieß die Verzweifelten zurück, die immer noch darum kämpften, an Bord zu kommen, legte ab, umrundete eilig den Wellenbrecher und stach in See – und Hunderte blieben auf der Mole, Hunderte auf dem Strand zurück.

Zwar erreichten an jenem Tag 182 Flüchtende an Bord der *Flyvbjerg* Schweden, doch etwa 300 schafften es nicht. Obwohl die Gestapo keinen von ihnen erwischt hatte, war der geplante Transport im ganzen gesehen fehlgeschlagen. Fürs erste wurden die Hunderte verängstigter, verwirrter und verärgerter Menschen – einige waren von ihren Angehörigen getrennt worden, die sich nun auf dem Weg nach Höganäs befanden – in den großen Reparaturschuppen am Ende der Mole gebracht; gleich darauf beraumte man in aller Eile eine Besprechung an, um zu entscheiden, was als nächstes geschehen sollte. Niemand war gefangengenommen worden, doch nun war klar, zukünftige Einschiffungen in dieser Größenordnung würden, ob nun Nazis auftauchten oder nicht, mit Sicherheit ähnliche logistische Probleme mit sich bringen. Man müßte sich also eine sorgfältig ausgetüftelte Taktik überlegen, um kleine Gruppen ohne nennenswerte Zwischenfälle auf Schiffe zu verfrachten. Vorläufig ging es jedoch erst einmal schlicht darum, die Juden außer Sichtweite zu bringen.

Eine kleine Gruppe Flüchtlinge hatte sich am Vormittag kurzfristig in der Dorfkirche aufgehalten und dort gewartet, bis sie an Bord der *Flyvbjerg* gehen könnte, und nun erschien es sinnvoll, noch mehr dort zu verstecken. Auf dem leeren Dachboden über dem Kirchenschiff konnte man an die hundert Personen unterbringen – für längere Zeit, falls sich dies als notwendig erweisen sollte –, und ehe das Treffen beendet wurde, willigte der Gewerkschaftsfunktionär und Schriftsteller Arne Kleven ein, eine Gruppe von Flüchtlingen in die Kirche zu begleiten und sich dort mit ihnen einzuschließen, um ihnen die Gewißheit zu geben, daß man sie nicht vergäße – ein Versprechen, das für ihn, wie sich zeigen sollte, nur allzuleicht zu halten war.

Während des Sonntagsgottesdienstes drei Tage zuvor hatte Pastor Kjeldgaard Jensen seinen Gemeindemitgliedern den Hirtenbrief vorgelesen, den die Bischöfe der dänischen lutherischen Kirche als Reaktion auf die angespannte Situation verfaßt hatten. Darin hieß es, die Pflicht der Gläubigen sei es, Dänemarks Juden vor einer Verfolgung zu beschützen, da Jesus Jude gewesen sei, da eine Verfolgung dem Gebot der Nächstenliebe widerspräche und weil derlei einfach »dem Gerechtigkeitssinn der Mehrheit des dänischen Volkes zuwiderlaufe«. Pastor Jensen hatte sich den Brief sehr zu Herzen genommen, sich dem ad hoc gegründeten Organisationskomitee angeschlossen und bereitwillig die Kirche und den Gemeindesaal für die Unterbringung von Flüchtlingen zur Verfügung gestellt. Als er am späten Nachmittag des 6. Oktober, eines Mittwochs, an die Tür der Kirche klopfte, sagte er laut das Wort »båbet«, »Hoffnung« – die Losung, die bewies, daß er ein Freund war. Arne Kleven ließ ihn ein. Er kletterte die steile, schmale Stiege zum Dachboden hinauf und verkündete den zahlreich dort Versammelten, als Vikar des geheiligten Ortes, an dem sie sich jetzt befänden, würde er jeden einzelnen von ihnen mit seinem Leben beschützen, wenn es darauf ankäme.

Die chaotischen Geschehnisse, in deren Folge sie am Ufer zurückgeblieben waren, während die *Flyvbjerg* mit einigen ihrer Freunde, ja sogar Angehörigen und ohne sie nach Schweden losgefahren war, hatten den Leuten, die jetzt auf dem Dachboden Zuflucht gefunden hatten, jeglichen Mut genommen. Viele hatten alles Geld, das sie besaßen, hergegeben, um sich die Überfahrt auf der *Flyvbjerg* zu sichern, und obwohl die Dörfler ihnen versprachen, sie müßten nicht noch ein zweites Mal bezahlen, waren sie sich doch nicht ganz sicher, ob sie nicht irgendwann erneut zum Zahlen aufgefordert würden. Außerdem hatte man ihnen erklärt, sie müßten nur so lange auf dem kalten, dunklen, unbelüfteten Dachboden bleiben, bis die Leute von Gilleleje sich einen Plan ausgedacht hätten, um sie sicher an Bord der *Jan* zu bringen, eines anderen Schoners, der in der vorangegangenen Nacht während des Sturmes im Hafen von Gilleleje Schutz gesucht hatte. Diesmal sollte die *Jan* allerdings schon vorher auslaufen und ein gutes Stück vor der Küste Anker werfen; die Flüchtlinge würden dann mitten in der Nacht in kleinen Gruppen auf Schlauchbooten vom Smidstrupstrand aus übergesetzt, einem abgelegenen Küstenstreifen östlich vom Dorf. Kleven erklärte den Flüchtlingen, dieser Plan solle, wenn möglich, noch in dieser Nacht durchgeführt werden. Ebenso wie Pastor Jensen entschuldigten sich die Organisatoren für die Unbequemlichkeit, versicherten jedoch den verzweifelten Juden, die sich dicht aneinander drängten, sie würden sie gewissenhaft beschützen, bis sie sich sicher auf schwedischem Boden befänden.

Gegen Abend des trüben Tages suchten zusätzlich zu den etwa 60 unbekannt gebliebenen Personen, die sich in Arne Klevens Begleitung vom Hafen aus auf den Dachboden begeben hatten, noch mehr namenlose Flüchtlinge, die eben erst im Dorf eingetroffen waren, in der Kirche Schutz. Ehe sie nachmittags aus Kopenhagen aufgebrochen und in Taxis und Privatautos nach Gilleleje gefahren waren, hatte der Opernsänger Henry Skjær einer Gruppe von flüchtenden Juden die Nachricht über den geplanten Transport an Bord der *Jan* zukommen lassen und sie aufgefordert, sich in der Kirche zu verstecken, bis die geheime Operation beginnen könne. Etwas früher war Marta Fremming, Krankenschwester und Frau von Dr. Kay Fremming, einem der beiden ortsansässigen Ärzte, einen Block weiter zum Gemeindesaal gegangen, um der dort wohnenden Grete Frederiksen mitzuteilen, diese neue Gruppe – an die 60 Personen – träfe ungefähr bei Anbruch der Dunkelheit ein. Und ab 18 Uhr kamen sie in einzelnen Autofuhren an.

Obwohl es keinen Beweis für eine unmittelbare Verbindung zwischen Marta Fremming und Henry Skjær gibt, kann es praktisch als sicher gelten, daß die beiden zusammenarbeiteten, um diese zweite Gruppe von Flüchtlingen ins Dorf und zu der Kirche zu bringen. Eines steht fest: Fräulein Frederiksen hieß die Neuankömmlinge im Gemeindesaal willkommen, als diese bei ihr an die Küchentür klopften und das Losungswort »Hoffnung« sagten. Den ersten zwei Dutzend Leuten machte sie es im Gemeindesaal selbst so bequem wie möglich, wo sie den Abend in dem dunklen, ungeheizten Raum verbrachten; die später Eintreffenden brachte sie auf den Dachboden der Kirche, wo sich nun insgesamt etwa 120 Personen versteckten.

Natürlich wußte praktisch jeder im Ort, daß die Kirche voller Flüchtlinge war. Im Verlauf des Nachmittags und des Abends brachten die Bewohner Decken und Mäntel, Terrinen mit Suppe und sogar Gebratenes. Sobald es jedoch dunkel wurde, konnten die Leute in ihrem Versteck nicht mehr essen, da es zu gefährlich war, auch nur ein einziges Licht anzuzünden. Man stellte Eimer in eine Ecke, die als provisorische Toiletten dienen sollten, doch in der Dunkelheit, als der Dachboden eine Art finstere Höhle wurde, konnte man sie nicht finden. Die Temperatur lag nur knapp über dem Gefrierpunkt; Hände und Füße der Leute wurden taub, und auf dem Dachboden herrschte gespenstische Stille – mehr als hundert in dem kleinen Speicher zusammengepferchte Leute, die endlose Stunden hindurch kein einziges Wort sagten, nicht einmal zu flüstern wagten. Das einzige Geräusch war das unablässige Ticken der Turmuhr, deren monotones Geräusch die Flüchtlinge schier wahnsinnig machte und die einem ungewissen Schicksal Ausgelieferten zu verhöhnen schien.

Wann genau dies geschah, weiß man nicht, doch irgendwann vor Mitternacht wurde Dr. Fremming zur Kirche gerufen, um einen Kranken zu versorgen. Möglicherweise kam er zusammen mit Helfern vom Roten Kreuz; vielleicht ging er auch zum Gemeindesaal. Man weiß weder, wie lange er blieb, noch ob er sich nach wie vor dort aufhielt, als mehrere Male an die massive Tür geklopft wurde. »Nichts wie raus hier! Die Deutschen kommen«, flüsterten diejenigen, die angeklopft hatten, vernehmlich, doch wer auch immer sie waren, sie sagten das Losungswort nicht; daher öffnete Arne Kleven die Tür nicht, und keiner schenkte der Warnung Glauben.

Ungefähr um Mitternacht fiel die Gestapo dann tatsächlich ein. Sie hämmerten an die Tür des Gemeindesaals, die Pistolen schußbereit. Und *sie* sagten das Losungswort. Als Grete Frederiksen die Tür einen Spaltbreit öffnete, um nachzusehen, wer es sei, klemmte ein Gestapo-Offizier den Stiefel in die schmale Öffnung, um sie daran zu hindern, die Tür zuzuschlagen. Dann stürmte eine Schar Gestapo-Leute herein und nahm auf der Stelle die Juden gefangen, die sich dort versteckt hatten. Zu ihrer Bewachung waren nur einige wenige Offiziere nötig; die anderen gingen zur Kirche. Kleven, der neben der verriegelten Kirchentür stand, hörte ein zweites Mal lautes Klopfen und eine laut herausgeschriene Warnung, daß die Deutschen auf dem Weg hierher seien – diesmal kam sie von Grete Frederiksens Bruder und ihrem Verlobten, die sie hatte warnen können, nachdem es ihr gelungen war, durch die Küchentür des Gemeindesaals zu entkommen. Doch auch diese beiden, die Dänisch sprachen, kannten das Losungswort nicht, und so beschloß Kleven, am besten wäre es, nichts weiter zu unternehmen, als in der Kirche nach anderen Verstecken oder einem zweiten Ausgang zu suchen – doch sie fanden nichts.

Allerdings gab es doch eine hinter dem Altar verborgene winzige Tür; Pastor Jensen versuchte, sie von außen zu öffnen, um Kleven und die auf dem Dachboden Versteckten vor der unmittelbar drohenden Gefahr zu warnen, doch ein Gestapo-Wachtposten, der sich in der Nähe befand, bemerkte ihn. In der Hoffnung, ein wenig Zeit zu gewinnen, erklärte Jensen dem Gestapo-Mann, der einzige Schlüssel zu dem Gebäude befände sich im Besitz des Küsters Aage Jørgensen; der andere nahm ihm dies ab, und er und Gestapo-Chef Juhl machten sich zu Jørgensens Haus auf, der sie ebenfalls etliche kostbare Minuten lang hinhielt: Er versicherte, der Schlüssel sei äußerst schwierig zu handhaben; es wäre also wohl am besten, wenn er selber mitkäme und aufschlösse; allerdings müßten die Offiziere sich gedulden, da er sich erst anziehen müsse, und das würde seine Zeit dauern, da er einen schlimmen Rücken habe.

Bislang hatte die Gestapo ihre Überfälle ohne Mithilfe der mehreren tausend deutschen Soldaten, die in Nordseeland stationiert waren, durchgeführt, doch die verriegelte Kirche schien ein so großer Fang, daß der Gestapo-Führer jetzt aus einer nahe gelegenen Garnison Truppen zur Unterstützung herbeibeorderte. Gegen vier Uhr morgens wurde die Kirche vom Scheinwerferlicht zahlreicher Autos und Armeelastwagen erhellt und von einsatzbereiten Soldaten umzingelt. Die lange, von Verzweiflung erfüllte Nacht, die die Leute auf dem Dachboden durchgestanden hatten, schien nun vollends in Grauen zu enden, doch unten tat Kleven sein Möglichstes und versicherte den Flüchtlingen, daß ihre Festung standhalten würde. Da Kleven seinen Schlüssel von innen ins Schloß gesteckt hatte, konnte der Küster – neben dem ungeduldig der kleine Gestapo-Führer stand – die Tür nicht aufschließen. Etliche weitere, noch entsetzlichere Augenblicke verstrichen, ehe Juhl verkündete, ihm bleibe nun keine andere Wahl, als Brandbomben zu werfen: Entweder würde der Rauch die Flüchtlinge heraustreiben, oder sie würden verbrennen. Oder aber sie ersparten sich dieses Schicksal und öffneten die Tür. Es liege ganz bei ihnen, brüllte er.

Um fünf Uhr morgens holte Arne Kleven tief Luft, wappnete sich gegen das, was auch immer jetzt kommen mochte, und drückte die schwere Tür auf. Die Leute auf dem Dachboden hatten ihn inständig gebeten, dies zu tun, und er selbst wußte es nur zu gut: Es gab keine Hoffnung mehr. »Wo sind sie?« brüllte Juhl, der jetzt in die kleine

Kirche stürmte. »Die können Sie, verdammt noch mal, selber suchen«, erwiderte Kleven. Nur wenige Sekunden später stürmten mit Maschinengewehren bewaffnete Männer den Dachboden, richteten ihre Lampen auf die zusammengekauerten, durchgefrorenen Gestalten, um sie zu blenden, trieben sie sodann vom Dachboden hinunter, in die Nacht hinaus und die abschüssige Straße zum Gemeindesaal entlang, wo sie zusammen mit den anderen Flüchtlingen, die schon vor ihnen gefangengenommen worden waren, weitere acht Stunden warten mußten, ehe sie auf mit Plancn bespannte Armeelastwagen gepfercht und in das Lager Horserød in der Nähe von Helsingør verfrachtet wurden. Der verzweifelte Versuch von 120 Juden, nach Schweden ins Exil zu fliehen, war gescheitert, und nahezu alle Einwohner von Gilleleje litten jetzt unter dem Gedanken, sie schändlich im Stich gelassen zu haben.

Wahrscheinlich werden wir nie mit Sicherheit wissen, wann oder wo einer der Menschen, die flohen, um zu überleben, Kay Fremming einen verschlungenen Knoten Haar gab – Haare Beethovens, in einem holzgerahmten Medaillon sicher aufbewahrt. Die Identität – wie auch das Motiv – dieser Person bleiben möglicherweise ebenfalls noch lange ein Geheimnis.

Obgleich monatelang und sogar noch Jahre später Gerüchte durch die kleine Hafenstadt schwirrten, einer der von den Nazis gehetzten Flüchtlinge habe Dr. Fremming irgend etwas Kostbares gegeben, äußerte dieser seit jeher stille, verschlossene Mensch sich anscheinend nie offen über das höchst ungewöhnliche Geschenk, das er am oder um den 6. Oktober 1943 erhalten hatte. Andererseits bestätigte er nie, eingewilligt zu haben, das Medaillon an sich zu nehmen und sicher aufzubewahren, bis sein Besitzer irgendwann zurückkehrte, um es abzuholen. Doch ob die Locke nun ein Geschenk – als Zeichen tiefer Dankbarkeit – oder einfach das Andenken eines anderen war und er lediglich versprochen hatte, es sicher zu verwahren, bis der Besitzer es eines Tages zurückfordern könnte, eines steht über jeden Zweifel hinaus fest: Irgendwann in jenen paar Tagen des entschlossenen Heldentums an Dänemarks wellengepeitschter Küste gelangte dieser so verletzliche Teil des leibhaftigen Beethoven in den Besitz Kay Fremmings.

Gewißheit kann es zwar keine geben, doch zumindest haben wir Hinweise, mit deren Hilfe man einen oder mehrere verschiedene Abläufe rekonstruieren kann, die die Übergabe der Locke in einen einigermaßen schlüssigen Zusammenhang stellen. Schon vor langer Zeit bestätigte Marta Fremming, daß die Locke an einem jener in der Geschichte Gillelejes so bedeutungsvollen Tage ihrem Mann übergeben worden war. Und es steht ebenfalls fest, daß sie und ihr Mann sich aktiv an dem gemeinsamen Versuch beteiligten, die Juden zu schützen, die in der Hoffnung in ihre Stadt strömten, von hier aus nach Schweden und in die Freiheit zu gelangen. Und daraus ergibt sich nahezu zwangsläufig, daß Kay und Marta Fremming in Verbindung mit dem Opernbariton Henry Skjær standen – vielleicht sogar eng mit ihm zusammenarbeiteten –, der Flüchtlinge dazu gedrängt hatte, am Nachmittag des 6. Oktober von Kopenhagen nach Gilleleje zu fahren und in der Kirche darauf zu warten, von der *Jan* nach Höganäs gebracht zu werden.

Allerdings weiß man nicht mit Sicherheit, ob Dr. Fremming und seine Frau im Verlauf des großangelegten Rettungsunternehmens bei sich zu Hause oder in ihrer Ambulanz ebenfalls Flüchtlinge versteckten, wiewohl auch dies einigermaßen wahrscheinlich ist – durchaus vorstellbar, daß jemand, der den Arzt mittlerweile kennengelernt hatte und sich ihm zu großem Dank verpflichtet fühlte, ihm die Locke gab. Doch auch noch andere Fragen bleiben offen:

Warum war der in Kopenhagen ansässige Henry Skjær, schon damals ein strahlender Stern am Himmel der kleinen, kultivierten Gemeinde der Musikliebhaber in Dänemark, so tief in das Rettungsunternehmen in Gilleleje verstrickt, einer Provinzstadt, die zu jener Zeit etwa drei Bahnstunden von der Hauptstadt entfernt war? Anders als Arne Kleven, dessen Tätigkeit als Gewerkschaftler und Journalist ihn regelrecht zum Aktivisten prädestinierte, lassen Skjærs Beruf und sein Ruhm es auf den ersten Blick keineswegs einleuchtend erscheinen, daß er sich in ein solches Abenteuer stürzte. Fuhr er, wie Kleven, einfach aufgrund eines ausgeprägten persönlichen Empfindens dafür, was nun seine moralische und patriotische Pflicht sei, nach Gilleleje und versuchte dort, ihm unbekannten Menschen zu helfen? Oder wollte Skjær einer oder mehreren bestimmten Personen zu Hilfe kommen – Kollegen, Freunden, Angehörigen? Laut der Erinnerung bestimmter Leute war Skjær eindeutig bei einer eilig einberufenen Besprechung am frühen Nachmittag des 6. Oktober, kurz nach dem überstürzten Ablegen der *Flyvbjerg*, anwesend, doch es gibt keinerlei Hinweis darauf, wo er sich den Rest des Tages über und in der darauffolgenden schrecklichen Nacht aufhielt. Fest steht, daß Skjær Leute in Kopenhagen informierte – entweder persönlich oder, was wahrscheinlicher ist, telephonisch –, die *Jan* würde am Strand von Smidstrup ablegen; die Passagiere sollten in der Kirche von Gilleleje darauf warten, an Bord gebracht zu werden. Doch gab er diese Information tatsächlich an die Person weiter, in deren Besitz sich die Locke befand und die dann beschlossen hatte, sie auf ihrer Flucht nach Gilleleje mitzunehmen?

Hatte es sich bei dieser Person möglicherweise um den 35jährigen Edgar Hiller gehandelt, von Beruf ebenfalls Sänger, der an der Kölner Oper beschäftigt gewesen war, als die Aufzeichnungen über seinen Verbleib 1935 unvermittelt abbrechen? Waren Henry Skjær und Edgar Hiller – der vielleicht seit etlichen Jahren unter falschem Namen in Dänemark lebte – Musikerkollegen, möglicherweise sogar eng befreundet? Hatte Edgar Hiller sich mit Hilfe Skjærs bei den Fremmings versteckt? Oder war der Arzt zu der Kirche gerufen worden, um ihn oder einen seiner Angehörigen medizinisch zu versorgen? War demjenigen, der das Geschenk machte, klar, daß der Arzt selber ein großer Musikliebhaber und ausgezeichneter Flötist war?

All diese Mutmaßungen ziehen andere nach sich, doch aus ihnen allen lassen sich drei grundlegende, nach wie vor nicht geklärte Fragen herauskristallisieren: Warum beschloß der Besitzer des Medaillons in Gilleleje, sich von ihm zu trennen? Warum bewahrte Kay Fremming so eisernes Stillschweigen über die Umstände der Übergabe? Und war es in der Tat Edgar Hiller gewesen, der die Locke, die sein Großvater vom Leichnam eines großen Mannes abgeschnitten hatte, weggab?

Als am 7. Oktober gegen Mittag die Gefangenen der Nazis – eine Lastwagenladung nach der anderen – im Lager Horserød ankamen, wurden sie in einen fensterlosen Raum getrieben, wo sie so lange warten mußten, bis alle 120 Personen aus Gilleleje eingetroffen waren. Endlich wurde systematisch jeder einzelne Gefangene verhört: Man fragte ihn nach seinem Wohnsitz, seinem Beruf, der Staatsangehörigkeit und ob er wirklich Jude sei. Die »Halbjuden« und sogar diejenigen Juden, die mit Nichtjuden verheiratet waren, wurden in Baracken geschafft, wo sie darauf warteten, nach Kopenhagen weitertransportiert zu werden; dort ließ man sie dann frei. Alle anderen – insgesamt etwa 60 Personen – wurden in Holzschuppen gebracht und mußten erneut warten, bis die Gruppe schließlich nach Helsingør verlegt wurde. Hier wurden die Flüchtlinge aus der Kirche in Gilleleje zusammen mit Hunderten weiterer, die in anderen Orten gefangengenommen worden waren, in Viehwagen gepfercht, die auf ein deutsches Schiff verladen und nachts nach Swinemünde gebracht wurden. Danach ging es auf der Schiene vier Tage lang mühselig weiter in die ehemalige Tschechoslowakei und das Konzentrationslager Theresienstadt.

Arne Kleven wanderte als einer der vier Dänen, die wegen des Versuchs verhaftet worden waren, Juden zur Flucht nach Schweden zu verhelfen, in Kopenhagen kurzfristig ins Gefängnis, ehe ein dänischer Richter ihn für dieses Verbrechen zu 30 Tagen Haft verurteilte – und ihm dann unverblümt erklärte, man würde seine Papiere ganz unten in einen sehr dicken Stapel Akten legen. Das Urteil wurde nie vollstreckt. Auch Henry Skjær kehrte in seine Heimatstadt zurück, doch in Gilleleje war das Rettungsunternehmen noch lange nicht abgeschlossen. Das unglückselige Mißgeschick mit der *Flyvbjerg* am Mittwoch nachmittag und die Tragödie, die sich in den frühen Morgenstunden des Donnerstag in der Kirche abgespielt hatte, spornten die Leute vielmehr an, nach besseren Möglichkeiten zu suchen, die Flüchtlinge zu verstecken und sie dann sicher an Bord der Fischerboote zu bringen.

Als die Anführer der Rettungsaktion sich am Donnerstag vormittag erneut im Haus des Automechanikers Peter Petersen trafen, gründeten sie ein offizielles Komitee, dem zehn Bürger der kleinen Stadt angehörten – das »Jüdische Komitee«, wie einige von ihnen es nannten –, das künftig alle Unternehmungen zur Rettung von Juden sorgfältig überwachen sollte. Dem Komitee fiel die Aufgabe zu, sich um Schiffe zu kümmern und die Gebühren für eine Überfahrt festzulegen, den Flüchtlingen ihre jeweiligen Verstecke zuzuweisen und die freiwilligen Helfer für bestimmte Aufgaben einzuteilen. Zudem sollte es sicherstellen, daß das Chaos und die mangelhafte Abstimmung untereinander, die während der vorangegangenen Tage geherrscht hatten, sich nicht wiederholten. Gillelejes guter Ruf und Menschenleben stünden auf dem Spiel, erklärte der Schulrat L. C. Jensen, der einwilligte, Vorsitzender des Komitees zu sein. Peter Petersen wurde damit beauftragt, Abkommen mit den Fischern zu schließen. Gilbert Lassen sollte die zeitweilige Unterbringung von Flüchtlingen organisieren, der Netzemacher E. K. Rasmussen die Einschiffung von den nahen Stränden aus. Dr. Hjalmar Vilstrup, Kay Fremmings Kollege, wurde zum Schatzmeister ernannt und damit betraut, sicherzustellen, daß alle Flüchtlinge mitfahren könnten, unabhängig davon, wieviel sie bezahlen konnten. Mit Sicherheit hätte auch Pastor Kjeldgaard Jensen sich dem Komitee angeschlossen, doch die Verhaftung der Juden in der Kirche und die Tatsache, daß es ihm nicht gelungen war, dies zu verhindern, hatten ihm einen entsetzlichen Schlag versetzt; er erkrankte und beteiligte sich in Zukunft nicht mehr an den Rettungsmaßnahmen.

Kein Mensch gab dem Pastor die Schuld an dem, was in der Kirche vorgefallen war, doch eines stand fest: Irgend jemand hatte der Gestapo den Hinweis geliefert, wo sie eine große Anzahl Juden finden könnte, die sich versteckt hatten, und irgend jemand war sogar so weit gegangen, das Losungswort zu verraten. Einer machte die kokette Tochter der mit den Nazis sympathisierenden Besitzer des Badehotels dafür verantwortlich, andere behaupteten, eine dänische Sekretärin des Nazikommandanten des Gefangenenlagers in Horserød habe am Mittwoch nachmittag die Kirche aufgesucht und dann merkwürdig selbstzufrieden gewirkt, als die Gefangenen am Donnerstag in das Lager gebracht wurden.

Die Kirche diente nie wieder als Versteck; außerdem wurden die Flüchtlinge nicht mehr in so großer Anzahl an einem einzigen Ort untergebracht. Doch letztendlich waren die von nun an sorgfältig geplanten und durchgeführten Unternehmungen, im Zusammenwirken mit der außergewöhnlichen Unterstützung praktisch aller 1700 Einwohner der kleinen Stadt, erstaunlich erfolgreich. Am Freitag abend lichtete die *Jan* drei Stunden nach Einbruch der Dunkelheit – und 48 Stunden, nachdem sie eigentlich nach Schweden hätte übersetzen sollen – in den Gewässern vor Smidstrup den Anker und brachte 123 jüdische Flüchtlinge über den Sund. Die Überfahrt, die erfreulicherweise ohne jegliche Zwischenfälle verlief, sowie der panikartige Aufbruch der *Flyvbjerg* am Mittwoch waren die beiden größten Einzeltransporte in der monatelang sich hinziehenden Reihe von unentdeckten und ungehinderten Überfahrten. Bei den weitaus meisten Fahrten befanden sich nur wenige Leute an Bord, doch als das Unternehmen Ende Oktober abgeschlossen und praktisch alle Juden aus Dänemark sicher ins Exil gebracht worden waren, empfanden die Einwohner von Gilleleje insgeheim Stolz auf das, was sie geleistet hatten. In einer kurzen Zeitspanne waren 1300 Juden, deren Namen sie nie erfuhren – Dänen wie auch staatenlose Einwanderer –, erfolgreich in die Freiheit gebracht worden, nachdem man sie vorher in den Häusern, Schuppen und Schiffen des abgelegenen Hafenstädtchens versteckt hatte – weit mehr als in irgendeinem anderen Dorf entlang Seelands Küste. Landesweit wurden im Herbst 1943 insgesamt 7906 Menschen sicher zu den verheißungsvollen Ufern Schwedens gebracht; lediglich

580 gelang es nicht zu entkommen; 464 von ihnen wurden wie Vieh nach Theresienstadt transportiert. Unter ihnen befanden sich auch die etwa 60 Leute, die vorübergehend in der Kirche von Gilleleje Zuflucht gesucht hatten.

Ein erstaunliches gemeinschaftliches Unternehmen, nicht zuletzt durch die Tatsache ermöglicht, daß nur die relativ kleine Zahl der Dänemark zugewiesenen Gestapo-Agenten von den deutschen Behörden herangezogen wurde, um es zu verhindern. Auch ohne die frühzeitige mutige Warnung Georg Duckwitz' hätte es keinen Erfolg gehabt, ebensowenig ohne das, wie er nach Kriegsende behauptete, stillschweigende Einverständnis des Generalbevollmächtigten Werner Best, der immer schnell mit irgendeiner Begründung zur Hand gewesen war, um sich trotz lautstarker Forderungen aus Berlin gegen den Einsatz von Heerestruppen für die Jagd auf Juden auszusprechen. Doch vor allem konnten Juden in so überwältigender Zahl aus Dänemark fliehen, weil die Bürger des Landes schlagartig und massenweise zu dem Schluß gekommen waren, daß sie entkommen sollten, daß sie ebensowenig eine Verfolgung verdienten wie sonst irgend jemand, daß der Naziterror in ihrer geliebten Heimat einfach nicht geduldet werden konnte.

1803–1812

MIT DER DRITTEN SYMPHONIE, DIE ER IN NUR VIER Monaten während des Sommers und Frühherbstes 1803 konzipierte und fertigstellte, löste Beethovens Stil sich endgültig von dem Haydns und Mozarts. Das Werk sollte um das alles menschliche Maß übersteigende Thema Heldentum kreisen – um den Triumph über Qual, innere Zerrissenheit und die Unausweichlichkeit des Todes –, und während der Niederschrift festigte sich in Beethoven die Absicht, dem Werk zu Ehren von Napoleons heldenhaftem unablässigem Bestreben, ein freies und völlig neues Europa zu schaffen, den Titel »Bonaparte« zu geben. Als Beethoven jedoch 1804 von seinem Freund und Klavierschüler Ferdinand Ries hörte, der General habe sich zum Kaiser von Frankreich ausrufen lassen, bekam er einen Wutanfall und zerriß die Titelseite des Autographs. »Ist er auch nichts anders, wie ein gewöhnlicher Mensch!« erklärte er empört, ja angewidert. Und fügte mit erstaunlicher Weitsicht hinzu: »Nun wird er auch alle Menschenrechte mit Füßen treten, nur seinem Ehrgeize frönen; er wird sich nun höher, wie alle Andern stellen, ein Tyrann werden!«

Er benannte die Symphonie in »Sinfonia eroica« um, jenes große Werk, das im Februar 1805 endlich aufgeführt wurde. Doch es war zu lang, zu neuartig, einfach zu groß, um anfangs den öffentlichen Beifall zu finden, auf den Beethoven gehofft hatte. »Diese lange, für die Ausführung äußerst schwierige Komposition ist eigentlich eine sehr weit ausgeführte kühne und wilde Phantasie«, hieß es in der *Allgemeinen Musikalischen Zeitung*. Als zwei Monate darauf Beethoven im Theater an der Wien selbst eine Aufführung dirigierte, teilte ein Korrespondent der Berliner Kunst- und Literaturzeitschrift *Der Freymüthige* das Publikum entsprechend der jeweiligen Reaktion in drei klar unterschiedene Lager ein: diejenigen, die sich sicher waren, es handle sich um ein Meisterwerk, das allerdings seiner Zeit wohl einige tausend Jahre voraus war; eine zweite Partei »spricht dieser Arbeit schlechterdings allen Kunstwerth ab und meint, darin sei ein ganz ungebändigtes Streben nach Auszeichnung und Sonderbarkeit sichtbar«; eine dritte, sehr kleine Gruppe schwankte mit ihrer Ansicht irgendwo zwischen diesen beiden Extremen.

Seine Enttäuschung, teilweise auch Abscheu, über die so unterschiedliche Aufnahme seiner Dritten – wie auch seiner anderen bahnbrechenden Werke – überwand Beethoven schnell. *Ihm* war der Wert seiner Musik klar, auch wenn nur wenige sich seiner Einschätzung anzuschließen vermochten, und es entsprach seinem Temperament weit eher, einfach gegen seine Kritiker zu wettern und sodann sich selbst mit Selbstzweifeln zu quälen. Allerdings war er finanziell mittlerweile so erfolgreich, daß sogar sein Lebensstil ihm beständig seine außergewöhnliche Begabung ins Gedächtnis rief: Er konnte sich erlesene Weine, Dienstboten, eine elegante Wohnung in Wien und Sommerurlaub auf dem Land leisten. Auf der Straße erkannten die Leute ihn und grüßten ihn freundlich, wenn sie an ihm vorbeigingen, und sogar solche, deren Lebensumstände es unwahrscheinlich machten, daß sie je die Aufführung einer Beethoven-Symphonie oder einer seiner großartigen Klaviersonaten erlebten, behandelten ihn mit einer Hochachtung und Ehrerbietung, wie sie einer bedeutenden Persönlichkeit vorbehalten war: jemandem, der wundersame Musikwerke schuf, einem Mann, der – kurz gesagt – genial war.

Beethoven ging es zu der Zeit zwar, trotz seiner anhaltenden körperlichen Beschwerden, recht gut, doch für seine Wahlheimat traf dies keineswegs zu. Bereits 1792 hatten die Franzosen der Habsburgerdynastie den Krieg erklärt, und ihre beständige Angriffslust und regelmäßigen Attacken hatten dazu geführt, daß das ausgedehnte, allmählich zerfallende Heilige Römische Reich mittlerweile nahezu am Ende seiner 1000jährigen Geschichte angelangt war. Unter der Herrschaft Kaiser Franz' II., der in der Tat äußerst beunruhigt war, daß möglicherweise auch Österreich und Ungarn ein von den Franzosen inspirierter Aufstand der Massen bevorstand, waren die einfachen Leute in den letzten Jahren zunehmend unterdrückt worden, und selbst die Aristokraten in Wien – die ansonsten vollauf mit aufwendigen Abendgesellschaften, Theater-, Opern- und Konzertbesuchen beschäftigt waren – mußten vorübergehend gewisse Entbehrungen und eine Unterbrechung ihrer gewohnten Lebensweise hinnehmen, als Napoleons Truppen im Jahre 1805 kurzfristig ihre Stadt besetzten; vier Jahre später kehrten sie dann zurück, um sie sich mit Waffengewalt zu unterwerfen.

Als Beethovens Oper *Fidelio* am 20. November 1805 – zu einem ausgesprochen unpassenden Zeitpunkt also – ihre Premiere erlebte, hatte Napoleon sich mittlerweile im Kaiserschloß Schönbrunn einquartiert, und seine militärischen Befehlshaber nahmen einige der ansonsten leergebliebenen Sitze im Theater an der Wien ein. Kurz vor der seit langem angesetzten Uraufführung der Oper, deren Fertigstellung aufgrund wiederholter Verzögerungen zwei Jahre gedauert hatte, erklärte der Theaterzensor das Werk als für eine öffentliche Aufführung ungeeignet. Das Libretto handelt von einem politischen Gefangenen im Spanien des 16. Jahrhunderts, den seine – als Mann verkleidete – Frau vor dem ihm von einem Tyrannen zugedachten Tod rettet: genau die Art von Geschichte, die, durchaus verständlich, einen Mann wie Beethoven von seinem Wesen her ungemein ansprechen mußte. Erst im allerletzten Augenblick traf eine schriftliche Erklärung des Hofrats Josef Sonnleithner beim Zensor ein, die Gemahlin des Kaisers sei von der Geschichte bezaubert gewesen – die Aufführung dürfe also stattfinden. Doch am Abend der Premiere bezeichneten Napoleons Militärs die Oper schlicht als entsetzlich langweilig; die übrigen Anwesenden hielten sie einfach für zu lang und mühselig sich hinschleppend. Viele der glühendsten Bewunderer Beethovens – darunter Karl Fürst Lichnowsky, einer seiner ersten Förderer –, die Beethoven von Anfang an bei diesem Unternehmen ermuntert und unterstützt hatten und vermutlich die Aufführung sehr genossen hätten, waren vor kurzem aus Ungewißheit, ob der Zorn Napoleons möglicherweise sie besonders träfe, aus der Stadt geflohen.

Nach nur drei Vorstellungen wurde *Fidelio* vom Spielplan abgesetzt. Allerdings wurde die Oper – nachdem Beethoven äußerst widerstrebend eingewilligt hatte, sie auf zwei Akte zu kürzen und umzugestalten – im Frühjahr 1806 noch zweimal aufgeführt; zu diesem Zeitpunkt waren seine Wohltäter und aufrichtigsten Bewunderer in die

Stadt zurückgekehrt. Diesmal war das Publikum begeistert – nicht so der Komponist –, und nach einer wütenden Auseinandersetzung mit dem Leiter des Theaters weigerte Beethoven sich, weitere Aufführungen zu genehmigen. Erst 1814 – nach weiteren einschneidenden Umarbeitungen: eine Schicksalsprüfung, so behauptete er, für die er die Märtyrerkrone verdient hätte – wurde seine, wie sich erweisen sollte, einzige vollständige Oper erneut der Öffentlichkeit präsentiert, diesmal im Kärntnertortheater und endlich mit großem Erfolg.

Seit er im Herbst 1802 aus der Abgeschiedenheit Heiligenstadts zurückgekehrt war – fest entschlossen, so erklärte er seinem Freund Franz Wegeler, nicht zuzulassen, daß seine stetig sich verschlimmernde Ertaubung ihn völlig breche und zermalme –, bis zu dem Zeitpunkt, als sich nun, zehn Jahre später, endlich die langersehnte, so vielversprechende Gelegenheit bot, den überragenden deutschen Dichter und Dramatiker Johann Wolfgang von Goethe persönlich kennenzulernen, hatte Beethoven eine erstaunliche Vielzahl von Werken komponiert. Und viele davon schienen dazu bestimmt, die 1000 Jahre zu überdauern, die ihnen von jenen prophezeit wurden, deren Ansicht nach bereits die Uraufführung der *Eroica* Unsterblichkeit hatte ahnen lassen. Obwohl es ihm im Lauf der Jahre immer schwerer gefallen war, einem Gespräch zu folgen, und obwohl er schrille Geräusche hörte, die sich wie Messer in seine Ohren bohrten, war er immer noch in der Lage, zumindest andeutungsweise und unter großen Anstrengungen die zahlreichen Werke, die er in jener Zeit schuf, zu hören: fünf Symphonien, darunter die temperamentvolle, wie von Sonnenlicht durchflutete Vierte, die hochdramatische, faszinierende und schicksalsschwere Fünfte; außerdem die Sechste, Beethovens *Pastorale*, ein glorreicher Ausdruck seiner lebenslangen Naturverbundenheit; dazu sieben Klaviersonaten, zwei Violinsonaten, fünf Klaviertrios, fünf Streichquartette, fünf Konzerte, ein Oratorium, eine Messe und noch vieles andere, darunter Ouvertüre und Schauspielmusik für eine Aufführung von Goethes Tragödie *Egmont* im Jahre 1810.

Seit seiner Jugend bewunderte Beethoven die Dramen und Gedichte Goethes ungemein, und wie die meisten seiner Zeitgenossen hielt er Goethe und dessen Freund Friedrich von Schiller für die herausragendsten Dichter der deutschsprachigen Welt. Goethe seinerseits neigte der Ansicht zu, Beethoven werde auf eine einzigartige Art und Weise, die anderen versagt bliebe, vom Licht des Genius geleitet, das seinen Geist wie ein Blitzstrahl erhelle, auch wenn die Werke des Komponisten für Goethes klassischen Geschmack oft einfach zu »neuartig« waren. Von ihm kam der Vorschlag – dem Beethoven begeistert zustimmte –, sich in den Sommerferien 1812 im böhmischen Kurort Teplitz zu treffen, und im Verlauf einer Woche sahen sie sich des öfteren. Allerdings war es merkwürdig bezeichnend für Beethovens sprunghaftes Temperament, daß er beleidigt war, als sein neuer Freund beim Anhören eines Klavierstücks, das er ihm vorspielte, sich lediglich Tränen aus den Augen wischte, anstatt ihm zu applaudieren. Woraufhin Beethoven ihn lautstark zurechtwies, bei ihm dulde er eine solche Reaktion nicht, und erklärte, 1796 seien bei einem ähnlichen Vortrag die Zuhörer immerhin so vornehm und kultiviert gewesen, daß sie mit vor Rührung naßgeweinten Taschentüchern auf ihn zu getaumelt seien. Allerdings hatte dies den ungehobelten Enthusiasten, als den er sich selbst bezeichnete, offenbar nicht sonderlich beeindruckt. Doch seiner Ansicht sollte gerade Goethe wissen, wie angenehm es ist, wenn einem jemand applaudiert, den man schätzt und achtet. Unwirsch begehrte er zu wissen, wenn Goethe ihn nicht als seinesgleichen erkenne und anerkenne, wer denn dann? An welches Pöbelpack solle er sich denn dann wenden, um auf Verständnis zu stoßen?

Schon seit geraumer Zeit war Goethe fasziniert von Beethovens Musik, auch wenn sie ihn oft einigermaßen ratlos machte, und als er jetzt den Komponisten persönlich kennenlernte, war er ebenso fasziniert von seiner Künstlernatur. Nie habe er einen unabhängigeren, kraftsprühenderen, aufrichtigeren Künstler getroffen als ihn, schrieb er aus Teplitz seiner Frau. Doch er hatte auch noch eine andere Seite, wie Goethe in einem kurz darauf an seinen Freund Carl Friedrich Zelter gerichteten Brief erklärte. Nicht nur hatte der Komponist ihn auf recht absonderliche Weise gescholten, weil er ihm nicht auf die Weise Beifall gezollt hatte, wie er es für angemessen hielt; er war zudem ungehobelt, barsch und grob. Taktgefühl und Zurückhaltung schienen ihn nicht zu kümmern, noch weniger sein Äußeres: Die Haare standen ihm in allen Richtungen vom Kopf ab, und er trug schlecht sitzende, verschmutzte Kleidung. »Sein Talent hat mich in Erstaunen gesetzt«, meinte Goethe; »allein er ist leider eine ganz ungebändigte Persönlichkeit, die zwar gar nicht unrecht hat, wenn sie die Welt detestabel findet, aber sie freilich dadurch weder für sich noch für andere genußreicher macht. Sehr zu entschuldigen ist er hingegen und sehr zu bedauern, da ihn sein Gehör verläßt, was vielleicht dem musikalischen Theil seines Wesens weniger als dem geselligen schadet.«

Schon in den Jahren, bevor sein Gehör ihn allmählich im Stich ließ, war Beethoven oft schweigsam, niedergeschlagen und schwermütig gewesen. Dennoch schlossen seine zunehmende Unfähigkeit, zu hören, was andere zu ihm sagten, und seine immer wortkargeren Antworten es keineswegs aus, romantische – oft seltsam unausgewogene – Beziehungen mit einer Reihe von Frauen anzuknüpfen, so wie er auch weiterhin die Hoffnung hegte, eines Tages zu heiraten.

Die Gräfin Giulietta Guicciardi war die zweite Frau in Wien gewesen, die er sich, zumindest eine Zeitlang, verzweifelt als Gefährtin gewünscht hatte. Zwei Jahre später und erneut aus dem Wunsch heraus, geliebt zu werden, freundete er sich mit Josephine Brunsvik an, der Tochter des ungarischen Adligen Anatol Graf Brunsvik und seiner Frau Anna, die er einige Jahre zuvor kennengelernt hatte. Bis zur Heirat Josephines mit Joseph Graf Deym hatten sie und ihre Schwester Therese bei Beethoven Klavierunterricht genommen; in der Folge hatte sie vier Kinder zur Welt gebracht, ehe 1804 unerwartet ihr Mann starb. Möglicherweise wollte Beethoven ihr ursprünglich lediglich das Mitgefühl und den Trost eines Freundes anbieten, doch bald war er maßlos verliebt in Josephine und legte ihr in einer Reihe von Briefen, die er über einen Zeitraum von drei Jahren hinweg an sie richtete, unverhohlen seine Gefühle dar; er versicherte ihr, sie sei seine einzige Geliebte, und komponierte für sie das Lied *An die Hoffnung* – in dem er dem Wunsch, sie möge endlich nachgeben und seine Zuneigung erwidern, Ausdruck verlieh. Doch obwohl Gräfin Deym Beethoven schätzte und seine flehentlichen Bitten durchaus eine gewisse Versuchung für sie darstellten, scheint es unwahrscheinlich, daß sie je eine Vertrautheit zuließ, die mehr als herzliche, aufrichtige Freundschaft war. Wie die Gräfin Guicciardi hätte auch sie über seine bescheidene gesellschaftliche Stellung hinwegsehen müssen, wenn sie ihre Beziehung hätte vertiefen wollen; eine Heirat mit Beethoven hätte sie außerdem ihren Adelstitel und ihr Vermögen gekostet. Zudem scheint sicher, daß seine völlige Hingabe an die Musik, seine nur allzu vorhersehbaren Stimmungsumschwünge, seine verschrobenen Gewohnheiten und sein Mangel an gesellschaftlicher Gewandtheit, ganz zu schweigen von seiner angegriffenen Gesundheit und dem stetig nachlassenden Hörvermögen, daß all dies zusammengenommen sie 1807 zu dem Schluß kommen ließ, eine Verbindung mit ihm wäre nicht gut für sie, ihre Kinder und möglicherweise auch für ihn nicht.

Er hoffte jedoch weiterhin, eines Tages die idyllische häusliche Zufriedenheit zu finden, nach der er sich seit Jahren unverhohlen sehnte; diese Möglichkeit schien sich erneut in seiner Beziehung zu Therese Malfatti zu bieten, einer Nichte des italienischen Arztes Giovanni Malfatti, der nach dem Tod Johann Schmidts im vorangegangenen Jahr Beethovens Hausarzt geworden war. Obwohl die erhaltenen Briefe, die der 40jährige Beethoven und die nur halb so alte Therese Malfatti wechselten, nicht auf die Art leidenschaftlicher Liebe schließen lassen, die er ein paar Jahre zuvor Josephine Deym gegenüber empfunden hatte, sprach Beethoven doch mit Freunden über seine Hoffnung, bald zu heiraten. Er ging sogar soweit, Wegeler in Bonn zu schreiben und ihn zu bitten, im städtischen Archiv seine Taufurkunde aufzustöbern, die er bräuchte, um eine Heiratserlaubnis zu erhalten. Doch die Beziehung kühlte ab und endete schließlich, noch ehe er die Bestätigung benötigte.

In der Folge machte Beethoven vermutlich nie wieder einer Frau einen Heiratsantrag, obwohl er sich nach wie vor von empfindsamen, künstlerisch veranlagten Frauen angezogen fühlte – und zwar um so mehr, wenn sie aus irgendwelchen Gründen unerreichbar waren; zumindest hatte es ganz diesen Anschein. Während seines Sommerurlaubs in Teplitz in den Jahren 1811 und 1812 knüpfte er eine lebhafte, spielerische Beziehung zu einer jungen

Opernsängerin namens Amalie Sebald an. Sie lebte jedoch im weit entfernten Berlin, und die beiden verbrachten lediglich diese zwei Sommer miteinander. Ungefähr um die gleiche Zeit freundete er sich zu Hause in Wien mit Antonie Brentano an, die mit dem Frankfurter Geschäftsmann Franz Brentano verheiratet war, dem Halbbruder von Beethovens Freundin Bettina Brentano.

1809 war Antonie Brentano mit ihren Kindern in ihre Heimatstadt Wien zurückgekehrt, um sich um ihren alten Vater zu kümmern; ihr Mann war in Frankfurt zurückgeblieben. 1811 war sie dann schwer erkrankt; Beethoven hatte Mitgefühl mit ihrem Leiden empfunden und sie regelmäßig besucht. Stundenlang hatte er sie mit seinem Klavierspiel getröstet und beruhigt. Es erscheint ziemlich sicher, daß Antonie bei Beethoven viel fand, das sie in ihrer Ehe in Frankfurt vermißt hatte, und daß er sich seinerseits in ihrer Gesellschaft ausgesprochen wohl fühlte. Möglicherweise war es Antonie, an die Beethoven Anfang Juli aus Teplitz schrieb; in einem leidenschaftlichen dreiteiligen Brief nannte er sie – oder welche Adressatin auch immer – seine »unsterbliche Geliebte«; zu Beginn brachte der Brief seine unumstößliche Entschlossenheit zum Ausdruck, irgendwie eine Möglichkeit zu finden, mit ihr zusammenzuleben, endete jedoch mit erheblichen Zweifeln. »Deine Liebe macht mich zum glücklichsten und zum unglücklichsten zugleich – in meinen Jahren jezt bedürfte ich einiger Einförmigkeit Gleichheit des Lebens – kann diese bey unserm Verhältniße bestehn? […] o liebe mich fort – verken nie das treuste Herz deines Geliebten.«

Wie der Brief, den Beethoven zehn Jahre zuvor aus Heiligenstadt seinen Brüdern geschrieben und in dem er ihnen seine sich verschlimmernde Taubheit gestanden hatte, wurde offenbar auch dieses Schreiben nie abgeschickt. »[…] und ich muß daher schließen, damit du den B. gleich erhältst«, schrieb er, doch man fand den Brief – ebenso wie den 1802 in Heiligenstadt verfaßten – nach seinem Tod unter seinen Habseligkeiten.

Beethovens Locke

Sotheby's versteigert eine Locke von Beethoven

AM VORMITTAG DES 5. MAI 1945 HÖRTEN DÄNEN, DIE ihr Radio auf die Frequenz der BBC eingestellt hatten, die schier unfaßbare Nachricht, die deutschen Truppen hätten kapituliert. Mittags wurde die Neuigkeit dann auch vom dänischen Rundfunk ausgestrahlt, und englische Truppen marschierten in Kopenhagen ein, um vereinzelte Schießereien von deutschen Soldaten, die selbst noch nichts von der Kapitulation wußten, zu unterbinden. Binnen 24 Stunden waren anscheinend sämtliche Dänen in die Hauptstadt geeilt, um zuzusehen, wie Angehörige der Dänischen Brigade, der Armee Dänemarks, durch den Fußgängerbereich Strøget im Zentrum paradierten – endlich hatten die Dänen die Herrschaft über ihr vom Meer umschlossenes Land wiedererlangt.

Anders als Deutschland war dem besetzten Dänemark die Zerstörung durch die Bombardierungen der Alliierten erspart geblieben, die dem Krieg schließlich ein Ende gesetzt hatten; fast alle Bürger des Landes – Juden wie Nichtjuden – waren wie durch ein Wunder am Leben geblieben, und den Menschen war jetzt regelrecht schwindlig vor unbändiger Freude darüber, daß die lange Besatzungszeit zu Ende war. Eine der letzten organisierten Unternehmungen der jungen dänischen Widerstandskämpfer war, darauf zu bestehen und schließlich mit gezückten Waffen dafür zu sorgen, daß die geschlagenen deutschen Soldaten sich unverzüglich auf den Weg zur Grenze machten. Bald darauf kehrten die dänischen Juden, die seit Oktober 1943 im Exil gelebt hatten, in ihre Heimat zurück. Dieses Mal überquerten sie den Øresund einfach auf fahrplanmäßigen Fähren und am hellichten Tag, und für die meisten war der Empfang, den ihre Landsleute ihnen bereiteten, fast ebenso außergewöhnlich wie deren Unterstützung damals bei ihrer heimlichen Flucht. In Kopenhagen, überhaupt im ganzen Land, fanden die Flüchtlinge, als sie zurückkamen, ihre Häuser unbeschädigt und sauber vor – in einigen Fällen sogar frisch gestrichen. Man hatte ihre Haustiere versorgt und sich um ihre Gärten gekümmert, Essen für sie eingekauft, und ihre Arbeitsplätze warteten nur auf ihre Rückkehr.

Zwar kehrten damals viele, die nach Schweden geflohen waren, nach Gilleleje und in die anderen Fischerdörfer zurück, doch zumindest vorläufig war für die meisten die Erinnerung an das Grauen der Flucht noch zu frisch, zu schmerzlich, um gleich zurückzukommen. Drei Familien – ihre Namen wurden selbst jetzt, in der allmählich heraufdämmernden Friedenszeit, nicht verzeichnet – statteten Gilleleje kurz nach der Befreiung allerdings sehr wohl einen Besuch ab, um ihre drei Kinder zu sich zurückzuholen, die sie in jenen Augenblicken der Verzweiflung vor eineinhalb Jahren gezwungenermaßen hatten zurücklassen müssen: »Mona«, die erst drei Monate alt gewesen war, als Margrethe Hansen sie bei sich aufgenommen hatte; den damals sieben Monate alten »Henning«, um den Edith Bæk Carlsen sich gekümmert hatte; und den zu jener Zeit ein Jahr alten »Tove«, der bei der Familie von Svend Andreasen Zuflucht gefunden hatte. Alle drei konnten mittlerweile gehen und sogar sprechen, als ihre Eltern, die sie nicht wiedererkannten, in den Ort kamen, um sie zu sich zurückzuholen. Ihr tränenreicher Abschied in jenem Mai war für die Einwohner Gillelejes ein eindeutiger Beweis, daß der Krieg wirklich zu Ende war.

Doch es dauerte nicht lange, bis andere Kinder, ebenfalls Opfer der Verwüstung, mit der der Krieg nahezu ganz Europa überzogen hatte, in das Fischerdorf kamen, lebende Mahnzeichen, daß sein Erbe noch sehr lange nachwirken sollte. Anfang 1946 traf unter der Schirmherrschaft des Dänischen Roten Kreuzes eine Gruppe von 30 französischen Waisenkindern in Dänemark ein, die in verschiedenen Städten in Nordseeland auf geeignete Adoptivfamilien verteilt wurden. In der Fünfergruppe, die nach Gilleleje geschickt wurde, befand sich ein sechsjähriges Mädchen aus dem Dorf Sannois in der Nähe von Paris. Die unterernährte winzige Michèle de Rybel, deren Augen jedoch vor Leben sprühten und die leidenschaftlich auf ihre Selbständigkeit bedacht war, hatte Hilfe zwar bitter nötig, war jedoch keine Waise. Ihr Vater Théophile, ein gebürtiger Belgier, arbeitete als Angestellter in einem Fahrradgeschäft und war Alkoholiker, dessen Zustand sich stetig verschlimmerte; ihre Mutter Marianne hatte mit Müh und Not für Michèle und ihre sieben anderen Kinder gesorgt, doch Michèle war die einzige, deren Zustand kritisch war, und sie war diejenige, die wegzuschicken den Eltern am schwersten fiel.

In den acht Tagen im Frühling dieses Jahres, die sie zusammen mit 60 anderen Kindern in der Nähe von Sannois in Quarantäne verbrachte, war Michèle verwirrt und verängstigt, wußte nicht, was ihr bevorstand. Auch als man sie in Paris in einen Zug mit Ziel Kopenhagen setzte, wußte sie nicht, wohin die Reise sie führen würde; sie hatte nichts weiter bei sich als einen einzigen kleinen Koffer, gefüllt mit den Erinnerungen an das Leben, das sie hinter sich ließ. Als sie feststellte, ihr Bestimmungsort lag am wunderschönen Meer, war sie entzückt, doch die Leute in Gilleleje redeten in einer Sprache, die ganz anders klang als alles, was sie bislang gehört hatte. Und das Schlimmste an ihrer neuen Heimat war, davon war sie binnen kurzem überzeugt, die Familie, der man sie zugewiesen hatte. Mittlerweile war es der kleinen Michèle klargeworden, daß ihre wirklichen Eltern sie für lange Zeit aus Frankreich weggeschickt hatten: Ihre Mutter hatte ihr versichert, wie lieb sie sie habe; sie wolle aber auch, daß Michèle im fernen Dänemark bleibe und dort wieder gesund werde. Der Bezirksverwalter und seine Frau, die erklärten, sie seien jetzt ihre neuen Eltern, kamen ihr jedoch merkwürdig und unnahbar, ja grausam vor. Da etliche Zimmer ihres Hauses immer zugesperrt blieben, konnte Michèle sich diese nie ansehen; nie durfte sie mit den Puppen spielen, die ihrer neuen Schwester gehörten, oder irgend etwas anfassen, das ihre Neugierde weckte. Und oft mußte Michèle, wenn die ganze Familie ausging, allein zurückbleiben und wurde in dem Haus wie in einem Gefängnis eingesperrt.

Nach drei Monaten in ihrem neuen Zuhause war Michèle schon ein Stückchen gewachsen, und es ging ihr gesundheitlich besser, doch sie hatte verzweifelte Sehnsucht nach zu Hause, sie haßte ihr neues Leben. Sie wußte, nie und nimmer würde sie es schaffen, allein nach Frankreich zurückzukehren, aber vielleicht gelänge es ihr ja, in Gilleleje andere Leute zu finden, die sie behandelten, als gehöre sie wirklich zu ihnen. Nicht alle Leute in dem Städtchen waren so böse und gemein, das war ihr mittlerweile klargeworden. Der Doktor und seine Frau, die Krankenschwester, zum Beispiel waren sehr freundlich zu ihr gewesen, als man sie zu ihnen in die Ambulanz geschickt hatte, um sich untersuchen zu lassen; und als Michèle ein Vierteljahr nach ihrer Ankunft feststellte, daß die beiden kinderlos waren, setzte sie sich eines Tages einfach vor das große ockergelbe Backsteinhaus, von dem aus man einen Blick auf die Vesterbrogade hatte, und wartete auf sie. Um dann, als Kay und Marta Fremming sie schließlich hier vorfanden, zu verkünden, sie wäre gern ihre Tochter.

Wie viele seiner Generation behielt auch Kay Alexander Fremming viel von dem, was ihm wichtig war, für sich – sprach nicht darüber, teilte es mit niemandem, enthüllte es nicht. Keiner von den alten Leuten in dem kleinen Städtchen am Meer, die sich heute noch an den blonden, blauäugigen, liebenswürdigen Arzt erinnern, behauptet von sich, mit ihm vertraut gewesen zu sein oder ihn auch nur gut gekannt zu haben; keiner kann sich erinnern, ihn je ausführlich über irgend etwas sprechen gehört zu haben. Zwar sind sich einige nach wie vor sicher, daß an den Gerüchten damals etwas Wahres war, im Herbst 1943 habe der Arzt von einem der anonymen Flüchtlinge, die auf dem Weg in die Freiheit durch ihre Stadt kamen, etwas Kostbares erhalten. Doch offenbar erwähnte Kay Fremming selbst in den folgenden zehn Jahren, in denen das Paar weiterhin in seinem ockerfarbenen Backsteinhaus in der Vesterbrogade 27, vier Blocks von dem kleinen Hafen entfernt, von wo nach wie vor eine kleine Flotte von Fischerbooten aufs Meer hinausfährt, das Geschenk, das man ihm gemacht hatte – oder an das in Ehren gehaltene Andenken, das zu verwahren er eingewilligt hatte –, nie jemandem anderen als seiner Frau gegenüber.

Die Eltern des im Juni 1905 in Kopenhagen geborenen Kay waren Lehrer gewesen, doch er und sein um drei Jahre jüngerer Bruder Kurt hatten schon früh davon geträumt, Arzt zu werden. Während Kurt von Anfang an vorgehabt hatte, sich zu spezialisieren – und als es soweit war, wurde er tatsächlich Psychiater –, hatte Kay sich, als er 1932 seine Ausbildung abschloß, zur Allgemeinmedizin hingezogen gefühlt. In den ersten vier Jahren seiner beruflichen Laufbahn war er im städtischen Krankenhaus in Århus in Jütland angestellt gewesen; kurz nach seiner Heirat mit Marta Maria Rasmussen – einer Krankenschwester, die er in der Klinik kennengelernt hatte und die ebenfalls gebürtige Kopenhagenerin war – im Jahre 1936 zog das Paar nach Seeland in die Hafenstadt Gilleleje. Bis zu ihrer Ankunft war der bislang einzige Arzt am Ort, Dr. Hjalmar Vilstrup, völlig überfordert gewesen.

Das neue Leben der Fremmings in Gilleleje hatte sich bald als genau das erwiesen, was sie sich erhofft hatten – geprägt von harter, aber allseits geschätzter Arbeit in einer Gemeinde, in der die Leute ihre Nachbarn kannten und Anteil an deren Leben nahmen. Gilleleje selbst war ein reizvolles Städtchen am Meer, in das in der herrlichen Sommerszeit zahllose Touristen und Städter strömten, ein Ort, wo die Sonne den Himmel fast bis Mitternacht erhellte. Im Winter schrumpfte die Bevölkerung auf ein kleines Grüppchen von Einwohnern zusammen, die meist zu Hause blieben, um sich vor den Sturmböen, dem Regen und dem Schnee zu schützen, außer wenn es an der Zeit war, mit den Booten auszulaufen. Die langen Winterabende verbrachten die Fremmings und ihre Nachbarn zu Hause, lasen die Zeitungen, die aus der Stadt hierhergeschickt wurden, und Bücher aus der städtischen Leihbibliothek, hörten Musik im dänischen Rundfunk oder ihre hoch in Ehren gehaltenen Schallplatten; einige wenige, wie eben Kay mit seiner Flöte und Marta auf ihrem Cello, musizierten selbst.

Zunächst hatten die Fremmings, solange das große Haus in der Vesterbrogade gebaut wurde, eine Wohnung gemietet und den ersten Stock über einem Bekleidungsgeschäft als Ambulanz eingerichtet. Doch nach dem ersten Jahr in Gilleleje legten sie Wohnung und Ambulanz zusammen – letztere diesmal im Erdgeschoß, die Privaträume im Stockwerk darüber –, und im Herbst 1943, sechs Jahre nach ihrer Ankunft in Gilleleje, hatten die Fremmings das Gefühl, dies werde wohl für lange Zeit ihr Zuhause bleiben. Noch waren sie kinderlos, und die Leute in der Stadt fingen schon an zu munkeln, sie könnten vielleicht keine Kinder bekommen, doch die Arztpraxis hatte die Zeit, die sie nicht ihren wenigen Freunden und ihrer Musik vorbehielten, voll und ganz in Anspruch genommen. Kurz nach Beginn des Krieges hatte Marta sich als freiwillige Mitarbeiterin dem Roten Kreuz angeschlossen; möglicherweise war dies der Grund, weshalb sie und ihr Mann von Anfang an diese wichtige Rolle bei dem improvisierten, aber leidenschaftlichen Unternehmen, Juden zur Flucht vor den Nazis zu verhelfen, übernommen hatten. Vielleicht hatte man sich jedoch auch deshalb an sie gewandt, weil beide zu der kleinen, aber eng zusammenarbeitenden Gruppe der medizinischen Praktiker des Landes gehörten.

Binnen weniger Stunden, nachdem der deutsche Marineattaché Georg Duckwitz sie heimlich von der geplanten Aktion der Nazis gegen die Juden in Dänemark unterrichtet hatte, übernahmen Ärzte, Krankenschwestern und andere im Gesundheitswesen Tätige Schlüsselrollen bei der Mobilisierung. In Kopenhagen – dort lebten die meisten Personen, die jetzt unmittelbar in Gefahr schwebten – hatten Ärzte binnen kurzem ihre jüdischen Patienten benachrichtigt und sie wissen lassen, daß sämtliche Krankenhäuser und Privatkliniken sichere Zufluchtsorte darstellten. In der ganzen Stadt waren Krankenhausstationen eiligst zu Notunterkünften umgewandelt worden; man drängte die Fahrer von Krankenwagen, ihre Fahrzeuge als provisorisches öffentliches Verkehrsmittel zur Verfügung zu stellen, und in zwei Dutzend Fischerdörfern entlang der Küste wurden verängstigte Flüchtlinge ebenfalls in Kliniken und Hospitälern untergebracht, damit sie dort so lange warteten, bis ihre Schiffe auslaufen konnten.

Zwar sind die Hinweise spärlich, dennoch scheint sicher, daß auch die Fremmings Teil dieses ad hoc gegründeten medizinischen Netzwerks waren und Anfang Oktober für mehrere Tage Flüchtlinge in ihrer Ambulanz und der Wohnung darüber unterbrachten und, zumindest eine Zeitlang, auf ihrem Speicher im zweiten Stock versteckten. Marta hatte außerdem am frühen Abend des 6. Oktober mitgeholfen, Flüchtlinge in die Kirche von Gilleleje zu bringen, und ihr Mann war irgendwann vor Anbruch der Dämmerung am nächsten Morgen dorthin gegangen, um einen Kranken zu versorgen. Doch abgesehen von diesen wenigen Tatsachen, die feststehen – und dem ganz konkreten Beweis eines schlichten schwarzen Medaillons mit einer Haarlocke –, wird man wohl kaum je mehr darüber erfahren, wie es kam, daß der Arzt in den Besitz eines Stücks vom Körper des unvergleichlichen Ludwig van Beethoven gelangte; die ungewöhnlichen Umstände der Übergabe des Geschenks werden wahrscheinlich für immer in Dunkel gehüllt bleiben, einfach aufgrund der Verschlossenheit, der liebenswürdigen Bescheidenheit Kays und der Ansicht, der er offenbar war, daß nämlich weder sein Verhalten noch das irgendeines anderen bei der Rettung der Flüchtlinge in jenen Tagen einzigartig gewesen sei und mit Sicherheit nicht als heldenhaft bezeichnet werden sollte.

Die 60 Personen, die man vom Dachboden der Kirche heruntergeholt hatte – einer von ihnen möglicherweise der Übergeber des Geschenks –, alles »Volljuden«, für die die wahnwitzigen Nazis nichts als äußerste Verachtung übrig hatten, waren Mitte Oktober zusammen mit 400 weiteren, die anderswo im Land aufgegriffen worden waren, nach Theresienstadt gebracht worden, dem als Zwischenstation dienenden Konzentrationslager der Nazis in der besetzten Tschechoslowakei, nicht weit von der deutschen Grenze. Dort waren sie mit nicht weniger als 80000 anderen Gefangenen aus ganz Westeuropa zusammengesperrt worden, von denen man die meisten binnen kurzem zu den Baracken des Todeslagers in der Nähe der Stadt Auschwitz in Südpolen gebracht, deren Platz jedoch sogleich annähernd die gleiche Anzahl Neuankömmlinge eingenommen hatte. Infolge des von dänischen Behörden in Kopenhagen auf den Gestapo-Führer Heinrich Himmler massiv und damals beständig ausgeübten Drucks – wie auch aufgrund der seltsam anmutenden Unterstützung durch den Generalbevollmächtigten der Nazis in Dänemark, Werner Best – war jedoch keiner der Dänen je gezwungen worden, diese letzte Reise anzutreten, von der es keine Wiederkehr gab.

Den dänischen Gefangenen war sogar erlaubt worden, Briefe und gelegentlich auch Nahrungsmittel- und Kleiderpakete von zu Hause zu empfangen, und am 23. Juni 1944, sieben Monate nach ihrer Ankunft, war eine Delegation eingetroffen, der Mitglieder des Dänischen Roten Kreuzes sowie des dänischen Außenministeriums angehörten, um das Lager zu inspizieren und sich davon zu überzeugen, daß die Grundbedürfnisse der Gefangenen erfüllt wurden. Doch das Leben in Theresienstadt war – selbst für die »bevorzugt behandelten« Dänen – bestenfalls grausam gewesen. Die völlig am Boden zerstörten, ihrer menschlichen Würde beraubten Gefangenen hatten monatelang nichts als gräuliche Schleimsuppe und gelegentlich ein Stück Brot zu essen bekommen; tagtäglich waren sie, trotz ihrer ungeheuren Geschwächtheit, zu zermürbender Knochenarbeit gezwungen worden. Das wohl Schlimmste war jedoch gewesen, daß man einen »Ältestenrat« der Gefangenen gezwungen hatte, diejenigen ihrer Glaubensgenossen auszusuchen, die jede Woche in Transporten von 5000 bis 10 000 nach Auschwitz gebracht wurden, und sie eigenhändig in die Viehwaggons zu zwängen, die sie in den Tod fuhren.

Ausdrücklich zur Abendunterhaltung der Wachen und Kommandanten des Lagers hatte man eine Gruppe von 40 Gefangenen, ehemaligen Musikern, zu einer Art Orchester zusammengestellt, die jeden Abend um sechs Uhr, wenn sie endlich ihre körperliche Tagesfron hinter sich hatten, aufspielen mußten. Alle zehn dänischen Mitglieder des Ensembles waren Mitglieder des berühmten Amsterdamer Concertgebouw Orkest gewesen, ehe sie von den Nazis gefangengenommen worden waren; drei weitere waren ebenfalls von Beruf Musiker gewesen, und ein vierter, der 14jährige Paul Rabinowitz, ein früh gereiftes Trompetertalent, der so gut spielte, daß er dem Orchester zugeteilt wurde, hatte sich unter den Menschen auf dem Dachboden der Kirche von Gilleleje befunden. Gelegentlich hatten sich ehemalige Sänger und Schauspieler dem Orchester angeschlossen und zur Unterhaltung ihrer Peiniger gesungen – geistliche Chormusik, deutsche Volkslieder und sogar von den gefangenen Musikern selbst komponierte Lieder, deren Texte, wie im *Lied an die Musik*, zu hintergründig waren, um den Zorn der Nazis heraufzubeschwören:

»Jeden Tag spielt sie auf, die Musik in Theresienstadt.
Wir spielen adagio, andante, allegro,
Becken und Trommel tönen:
bum-bum-tsching-bum-tsching.
Begeistert das Publikum Beifall klatscht.
Doch hört ihr nicht? Da weint ein Kind,
und die Musik spielt so fröhlich dazu.

Musik schenkt uns Freude und Träume,
weit weg sie driften über die Stacheldrahtzäune,
Becken und Trommel tönen:
bum-bum-tsching-bum-tsching.
Begeistert das Publikum Beifall klatscht.
Doch hört ihr nicht? Da weint ein Kind,
und die Musik spielt so fröhlich dazu.

Und die Reisenden, sie fahren. Wohin? So ratet doch!
Und wenn sie dort sind, an ihrem Ziel,
Haben sie nichts mehr bei sich
als die Musik, die Musik, die Musik ...«

Unmittelbar nach der Aufführung von Giuseppe Verdis *Requiem* im Oktober 1944, beinahe ein Jahr nach Eintreffen der dänischen Gefangenen, waren praktisch alle, die irgendwie an der Aufführung beteiligt waren – das Orchester, die Solisten und alle Mitglieder des ad hoc zusammengestellten Chors –, angewiesen worden, sich für den unmittelbar bevorstehenden Abtransport nach Auschwitz fertig zu machen. Lediglich die vier Musiker aus Dänemark, unter ihnen der kleine Trompeter, durften bleiben; die anderen waren – jetzt wurde es endlich allen völlig klar – gezwungen worden, zum sadistischen Ergötzen der Nazis die Totenmesse für sich selbst zu intonieren.
Ein halbes Jahr später, am 13. April 1945, mehr als 19 Mo-

nate nach ihrer Ankunft in Theresienstadt, hatte man den 418 überlebenden dänischen Gefangenen ebenfalls befohlen, sich auf ihre Abreise vorzubereiten. Doch ihr Ziel war nicht Polen, wie sie bald erfuhren, sondern – wie ein Wunder kam es ihnen vor – das sichere Schweden. Wieder einmal waren die Bemühungen führender Persönlichkeiten in Dänemark von Erfolg gekrönt gewesen, die Nazis zu überzeugen, daß es keinen Sinn ergäbe, in Theresienstadt »ständige« Gefangene festzuhalten, vor allem, da doch Schweden sich einverstanden erkläre, diese besonderen Gefangenen von den Deutschen zu übernehmen.

Zwei Tage später war ein Konvoi weißer Busse, auf deren Dach ein riesiges rotes Kreuz gemalt war und auf denen in kühn geschwungenen Lettern »Dänemark« stand, im Lager angekommen und eilig wieder abgefahren. An den beiden nun folgenden Tagen hatte der Konvoi mit geretteten Juden, von denen manche dem Tod näher waren als dem Leben, sich mühsam durch von Bomben zerstörte Städte und Dörfer in Deutschland quälen müssen – in jenem Land, das sich in weniger als einem Monat bedingungslos den Alliierten ergeben würde –, hatte dann rasch die Insel Seeland in Dänemark überquert, ehe die Insassen auf Schiffe gebracht wurden, deren Ziel Schweden war. Als an jenem Aprilmorgen die einzelnen Busse abgefahren waren, hatten die nichtdänischen Mitglieder eines neu zusammengestellten Orchesters dicht daneben gestanden; anfangs hatten sie fröhliche Marschmusik gespielt, dann altvertraute Lieder, denen schließlich eine triumphierende, dennoch herzzerreißende Abschiedsmelodie folgte – die aufwühlende *Ode an die Freude* aus der neunten Symphonie Beethovens, die jenen Gefangenen, die losfuhren, von denen, die keine andere Wahl hatten, als zu bleiben, zum Abschied mit auf den Weg gegeben wurde.

In den sechs Jahren, in denen erst Europa, dann die ganze Welt sich im Krieg befunden hatte, waren der Geist und die Musik Ludwig van Beethovens von Parteigängern beider Seiten in dem grauenhaften Flächenbrand für sich in Anspruch genommen worden. Viele frühe Anhänger des Nationalsozialismus hatten Beethoven und seine Musik sogleich als Beweis für die Überlegenheit der arischen Rasse und die besondere musikalische Genialität der Deutschen aufgefaßt; Adolf Hitler hatte in den dreißiger Jahren des öfteren betont, die Kompositionen von Beethoven, Wagner und anderen Meistern seien der edelste Ausdruck der deutschen Seele. In den Jahren des Dritten Reichs hatte man die Aufführung von Orchesterwerken gefördert; Musikern, Dirigenten und Komponisten war seit 1933 immer wieder versichert worden, ihr Streben sei ein wesentlicher Bestandteil der Kriegsanstrengungen; deutsche Soldaten hatten Taschenausgaben von Wagners Novelle *Eine Pilgerfahrt zu Beethoven* mit in die Schlacht genommen, und Wilhelm Furtwängler, der Dirigent der Berliner Philharmoniker, hatte zur Feier des 53. Geburtstags des Führers am 19. April 1942 in Berlin Beethovens neunte Symphonie aufgeführt, seine Hymne an die Brüderlichkeit.

Andererseits hatte jede heimliche Sendung der Deutschen Welle der BBC mit dem allgemein bekannten Eröffnungsmotiv der fünften Symphonie des großen Komponisten begonnen. Die kurzen Musiksendungen und Nachrichten in deutscher Sprache waren 1938 zum ersten Mal und dann den ganzen Krieg hindurch auf den Kontinent ausgestrahlt worden – und schätzungsweise 15 Millionen Deutsche hatten tagtäglich diese Frequenz eingestellt, obwohl jedem, der beim Hören von Feindsendern ertappt wurde, die Todesstrafe gedroht hätte. Das »Schicksalsmotiv« hatte zufällig auch dem Morsezeichen – dreimal kurz, einmal lang – für den Buchstaben V entsprochen, der überall als das Symbol der Alliierten für »victory«, den Sieg, bekannt wurde. Für Millionen Zuhörer in den besetzten Ländern Westeuropas wie auch in England und Nordamerika war Beethovens großartige Musik ein schmerzhafter Beweis für die Tragödie, die über das deutsche Volk hereingebrochen war. Doch selbst in der Hölle von Theresienstadt hatten eines Tages einige der verzweifeltsten Opfer der Nazis gerade *die* Musik, die einst zu Ehren des obersten Architekten des Wahnsinns gespielt worden war, ausgewählt, um einen Hoffnungsstrahl auszusenden.

So unwahrscheinlich es auch klingen mag, das Angebot, das die kleine Michèle de Rybel im Sommer 1946 Kay und Marta Fremming machte, wurde angenommen. Der Arzt und seine Frau besprachen miteinander ihren kühnen Vorschlag; anschließend redeten sie mit ihren derzeitigen Adoptiveltern, die, wie der Zufall es wollte, zugaben, der Kleinen nur ein ganz klein wenig mehr Zuneigung entgegenzubringen als sie ihnen. Allerdings machten sie Kay und Marta darauf aufmerksam, daß das winzige Ding ein ziemlicher Quälgeist sei, ehe sie eifrig verkündeten, ja, sie gehöre ihnen, wenn sie sie wollten. Und so hatte das Mädchen aus Sannois schon wieder ein neues Zuhause, und diesmal ging es – obwohl die drei nicht unbedingt auf Anhieb zusammenpaßten – mit Michèle gesundheitlich wie auch seelisch rasch aufwärts. Ohne große Mühe lernte sie Dänisch, sperrte sich nur ein wenig, als sie Musikstunden nehmen sollte, durchstreifte hingegen mit großem Vergnügen die Stadt auf dem Fahrrad, das ihre neuen Adoptiveltern ihr nach kurzer Zeit schenkten, und erkundete sie. Es stimmt, gelegentlich vergrub sie Haustürschlüssel im Garten – die Furcht, eingesperrt zu werden, verfolgte sie immer noch –, doch es dauerte nicht lange, bis Kay und Marta und ihre französische Tochter Michèle den Bürgern von Gilleleje wie eine richtige Familie vorkamen.

Es lief sogar so gut, daß Michèles jüngere Schwester Rolande zweimal kam, eigentlich mit dem Vorsatz, bei ihnen zu bleiben – beim ersten Mal verbrachte sie die drei herrlichen Sommermonate bei ihnen, dann hielt sie sich ein ganzes Jahr dort auf. Doch schließlich brachte Rolande es, obwohl sie einräumte, nirgends glücklicher zu sein als in Gilleleje, nicht über sich, für immer ihre Familie in Frankreich zu verlassen. Michèles Gefühle schienen genau gegenteiliger Art: Sie genoß die drei Besuche, die sie als Kind ihrer Heimat abstattete – einen davon in Begleitung von Kay und Marta –, in vollen Zügen; das Städtchen Sannois und die Pracht des nahen Paris waren im Vergleich zu dem Außenposten Gilleleje wundervoll weltläufig. Außerdem verband sie und ihre Mutter etwas, das sich nicht in Worte fassen ließ, etwas, das bei der gelegentlich recht schweigsamen Marta fehlte. Doch irgendwie war Dänemark ihre wahre Heimat geworden, und Michèle blieb gern in Gilleleje. Sie wuchs in dem großen Backsteinhaus im Herzen der Stadt heran; mittlerweile spielte sie Geige und bestritt mit ihren Eltern gelegentlich improvisierte kleine Konzerte; sie half auch in der kleinen Apotheke der Ambulanz mit, bis plötzlich und völlig unerwartet Kays Tage als Arzt von Gilleleje gezählt waren.

Anfangs hatte es den Anschein gehabt, als sei es nur eine kleine Verletzung, als er 1953 beim Hochheben seiner schweren Arzttasche einen Rückenmuskel gezerrt hatte; zumindest hatte er dies geglaubt. Die Schmerzen waren jedoch so schlimm geworden, daß er binnen kurzem fast gelähmt war, und als er schließlich, wenn auch ungern, medizinische Hilfe in Anspruch genommen hatte, lautete die niederschmetternde Diagnose: Bandscheibenriß, der wahrscheinlich nur durch eine Operation zu beheben gewesen wäre. Als Kay nach einiger Zeit beschloß, sich keiner Operation zu unterziehen, da sie das Risiko einer völligen Lähmung barg, schien eine zweite Konsequenz unausweichlich: Er konnte nicht mehr als Landarzt arbeiten.

16 Jahre lang war er ein treues Mitglied der Gemeinde Gilleleje gewesen, hatte die Krankheiten und Verletzungen von nahezu 1000 Nachbarn behandelt und sich ihre Sorgen angehört. Und hatte seine Arbeit geliebt. Zwar war er nie gesellig gewesen, und man hatte ihn immer als etwas abseits stehend empfunden – wenn auch vielleicht aus keinem anderen Grund als dem, daß Ärzte in jener Zeit einfach einer besonderen Klasse anzugehören schienen. Dennoch war Kay Fremming in Nordseeland für seine medizinischen Fähigkeiten, seine Liebenswürdigkeit wie auch für ein Einfühlungsvermögen bekannt, das bei einem Mann – selbst bei einem Arzt – ungewöhnlich war.

Doch nun hatte Kay selbst schwere, entkräftende, anhaltende Schmerzen kennengelernt, und da er sich bewußt war, auf wie vielfältige Weise dies seine Arbeit beeinträchtigen würde, beschloß er einfach, sie aufzugeben. Im Januar 1954 zogen Kay, Marta und die mittlerweile 15jährige Michèle ins nicht weit entfernte Naerum, wo Kay eine Teilzeitstelle im Øresund-Krankenhaus antreten konnte, und schließlich im Mai 1955 nach Holte, 30 Kilometer südlich von Gilleleje, wo er ohne große Schwierigkeiten die Arbeit in der Tuberkuloseabteilung des nahe gelegenen Krankenhauses von Hillerød bewältigte, die ihn zudem auf ihre Weise befriedigte.

50 Jahre war er erst alt, doch seine Wirbelsäulenverletzung hatte ihn zu einer Lebensweise gezwungen, die eher für jemand Älteren paßte – die Zeit, in der er arbeiten

Ludwig van Beethoven (1770–1827)
*Lithographie von Th. Neu, nach einer Zeichnung
von August von Kloeber von 1818*

Beethovens Geburtshaus in Bonn
Bleistiftzeichnung von R. Beißel, 1889

rechts:
Ferdinand Ernst Graf Waldstein (1762–1823),
der den jungen Beethoven förderte.
*Silhouette mit seinem Abschiedsschreiben in Beethovens
Stammbuch vor dessen Abreise nach Wien 1792*

Lieber Beethoven!

Sie reisen itzt nach Wien zur Erfüllung ihrer so lange bestrittenen Wünsche. Mozart's Genius trauert noch und beweinet den Tod seines Zöglinges. Bey dem unerschöpflichem Haydn fand er Zuflucht, aber keine Beschäftigung; durch ihn wünscht er noch einmal mit jemanden vereinigt zu werden. Durch ununterbrochenen Fleiß erhalten Sie: Mozart's Geist aus Haydens Händen.

Bonn d 29t Oct. 792.   Ihr wahrer Freund Waldstein.

von links nach rechts:
Franz Gerhard Wegeler (1765–1848),
Jugendfreund und ärztlicher Ratgeber.

Andreas Ignaz Wawruch (1782–1842),
der letzte Arzt, den Beethoven konsultierte.
Lithographie von F. Wolf

Ferdinand (von) Hiller (1811–1885),
der am 27. März 1827 eine Locke
von Beethovens Haar abschnitt.

Johann Nepomuk Hummel (1778–1837),
Hillers Lehrer.
*Punktierstich von Franz Heinrich Müller
um 1840, nach einer Zeichnung von 1822*

rechts unten:
Beethovens Locke im Glasmedaillon

Beethovens Notenhandschrift, hier der Anfang des
Kyrie aus der »Missa solemnis«. Darüber schrieb Beethoven:
»Von Herzen – möge es wieder – zu Herzen gehen.«

Der Anfang des Kyrie aus der »Missa solemnis« aus einer modernen Taschenpartitur.

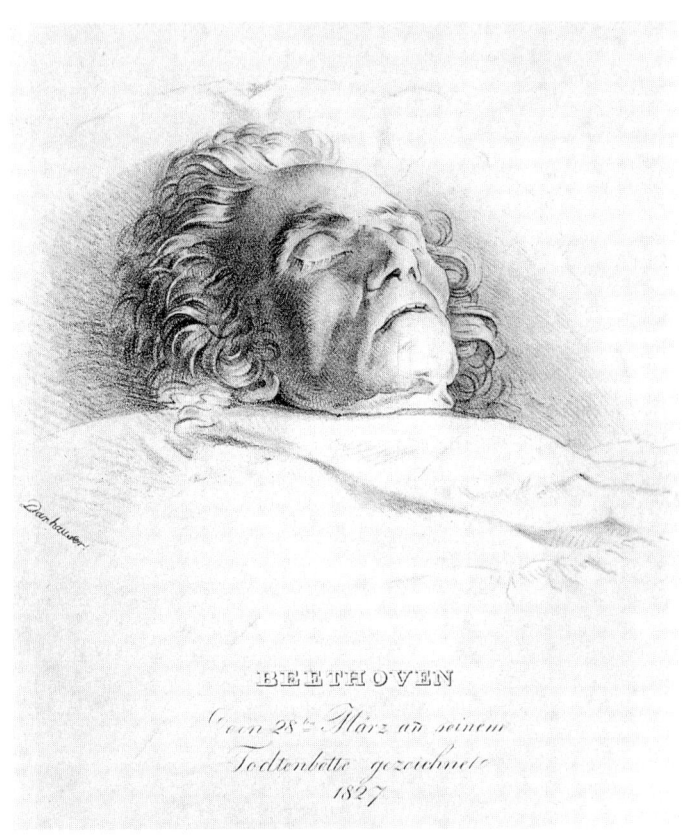

Beethoven auf seinem Totenbett
*Lithographie von Josef Danhauser,
Zeichnung vom 28. März 1827*

konnte, war begrenzt und von Schmerzen geprägt, sein Reise- und schließlich selbst sein Gehvermögen waren drastisch eingeschränkt. Und so füllte er seine Freizeit zum überwiegenden Teil mit seiner Mitwirkung als Flötist in dem kleinen Orchester des Bezirks sowie seiner Sammlung von mehr als 200 klassischen Schallplatten mit Musik von Bach, Haydn und Beethoven aus. Noch 14 Jahre lang lebten Kay und Marta in Hillerød; in dieser Zeit adoptierten sie Michèle endlich auch vor dem Gesetz. Das Mädchen schloß die Schule ab, heiratete dann und gründete schließlich eine eigene Familie. Weiterhin lebte sie ganz in der Nähe und hielt ununterbrochen die Verbindung zu ihren dänischen Eltern aufrecht. Kay war entzückt, als er Großvater ihrer beiden Söhne Carsten und Thomas wurde. Doch dann brach er an einem stürmischen Tag im September 1969 zusammen – in einem Zug, der ihn von Kopenhagen, wo er hingefahren war, um neue Schallplatten für seine Sammlung zu kaufen, nach Hause bringen sollte. Andere Fahrgäste und der Schaffner bemühten sich, ihm zu helfen, und an der nächsten Haltestelle wartete ein Krankenwagen, doch die Wiederbelebungsversuche in dem nahe gelegenen Krankenhaus waren vergeblich. Kay Fremming war im Alter von 64 Jahren einem plötzlichen schweren Herzanfall erlegen.

Irgendwann in jenen traurigen und leer erscheinenden ersten Tagen nach dem Tod ihres Vaters hörte die Frau, die jetzt Michele Wassard Larsen hieß, zum erstenmal von der kostbaren Locke Beethovens, die ihrem Adoptivvater gehört hatte. Drei Jahrzehnte lang, seit sie in die Familie Fremming aufgenommen worden war, hatte er sie mit keinem Wort erwähnt; die Locke in dem schwarzen Medaillon hatte einfach in einer Schublade im Schreibtisch des

Arztes gelegen. Marta erklärte ihr, ein jüdischer Flüchtling, dem er vor langer Zeit geholfen habe, hätte sie ihm gegeben. Den Namen jener Person, die darauf bestanden hatte, daß der Arzt das Medaillon an sich nahm, konnte sie ihr nicht nennen – es war eine gefährliche Zeit gewesen, damals, als Tausende Juden, die gezwungenermaßen ihre Namen geheimhielten, durch Gilleleje gekommen waren –, doch sie konnte mit Sicherheit bestätigen, daß ihr Mann dieses Andenken immer sehr geschätzt hatte. Aber warum hatte er es nie jemandem gezeigt, und warum, um alles in der Welt, hatte er es nicht einmal sie sehen lassen?

Kay Fremming sei immer ein bescheidener Mensch gewesen, rief Marta ihrer Tochter in Erinnerung. Oder könne sie sich etwa erinnern, daß er je Aufhebens von irgend etwas gemacht habe, das ihm gehörte oder das er erreicht hatte? In den 19 Monaten zwischen dem Zeitpunkt, als das Medaillon in seinen Besitz übergegangen war, und dem Ende des Krieges wäre es tollkühn gewesen, auch nur ein Wort darüber zu verlieren, erklärte Marta. In Gilleleje hielt jedermann aus Angst vor irgendeiner Art Vergeltungsmaßnahme die Einzelheiten ihres Unternehmens zur Rettung der Juden geheim; schließlich war Dänemark nach wie vor von den Nazis besetzt gewesen, und Angehörige der Gestapo hatten sich stets mit ihrem guten Gedächtnis gebrüstet. Und nach dem Krieg hatten die Menschen einfach ihr normales Leben wiederaufgenommen; keiner der an der Rettungsaktion Beteiligten glaubte, er oder sie hätte irgend etwas getan, das man besonders rühmen oder dessen man stets gedenken sollte. Selbst als es nicht mehr gefährlich war, davon zu erzählen, hätte es ihrem Mann ganz und gar nicht gleichgesehen, über die Locke zu sprechen oder sie jemandem zu zeigen. Denn das hätte bedeutet – zumindest seiner Ansicht nach, wenn auch vielleicht nicht in den Augen anderer –, daß er das

Geschenk irgendwie verdient oder sich auf irgendeine Weise heldenhafter als andere verhalten hätte.

Nach diesem Gespräch an jenem Tag im Jahre 1969, als die beiden Kays Hinterlassenschaft durchsahen, wurden die Locke sowie die Umstände, unter denen sie in Kays Besitz gelangt war, weder von Mutter noch Tochter je wieder erwähnt, und das 150 Jahre alte Medaillon lag weitere zehn Jahre ungestört und selten betrachtet in einer Schublade in Martas Haus in Holte. Erst Ende der siebziger Jahre, als Marta sich entschloß, die Locke ihrer Tochter zu schenken, unternahm das weit herumgekommene Andenken noch einmal eine, diesmal kurze, Reise zu Micheles Zuhause in Søllerød, wo es zum ersten Mal seit mehr als 30 Jahren in Dänemark das Tageslicht erblickte – Michele hängte es an eine Wand ihres Wohnzimmers, wo sie es sehen konnte, sooft sie wollte.

Im Alter von 25 Jahren hatte Michèle 1964 auf einem Tennisplatz in Holte eine Marineoffizier aus Vanløse, einer Stadt in Westseeland, kennengelernt und sich sofort zu ihm hingezogen gefühlt. Er war dort auf einem der beiden noch eingesetzten Unterseebooten Dänemarks stationiert. Kurz darauf hatten Michèle und Ole Wassard Larsen, ebenfalls 25 Jahre alt, geheiratet; 1965 wurde ihr Sohn Carsten geboren. Ihr zweiter Sohn Thomas war neun Monate vor dem Tod Kay Fremmings 1969 zur Welt gekommen; Ole hatte mittlerweile den Dienst bei der Marine quittiert und eine Stellung als Ingenieur bei der dänischen Niederlassung von IBM angenommen. Michele hatte in Søllerød nicht nur ihre Söhne großgezogen, sondern bis zur Geburt Thomas' auch in einer Apotheke ganz in der Nähe gearbeitet – nach wie vor kam ihr zugute, was sie damals in Gilleleje gelernt hatte –, und 1976 war Ole der für ganz Dänemark zuständige Direktor der Technikabteilung von IBM geworden; er rechnete damit, daß das riesige multinationale Unternehmen wohl für den Rest seines Arbeitslebens sein Arbeitgeber bleiben würde. Weder er noch seine Familie konnten ahnen, daß seiner beruflichen Laufbahn wie auch seinem Leben ein baldiges Ende bestimmt war. Anfang Dezember jenes Jahres waren Marta, Michele und die beiden Jungen zu einem Urlaub auf die Kanarischen Inseln gefahren; Ole blieb in Søllerød zurück. Er hatte vor, sich ein paar Tage später seiner Familie anzuschließen, doch nur wenige Stunden nach ihrer Abreise erlitt Ole, erst 38 Jahre alt, plötzlich einen Herzanfall – auf ganz ähnliche Weise wie sein Schwiegervater Kay Fremming sieben Jahre zuvor. Fast 24 Stunden hatte Ole noch gelebt, war jedoch gestorben, ehe seine Familie es geschafft hatte, an sein Sterbebett zu kommen.

Michele, noch keine 40 und bereits verwitwet, hatte hart gekämpft, um sich und ihre Söhne durchzubringen. In der Bibliothek im nahe gelegenen Holte hatte sie eine Stelle angenommen, und sie und ihre Söhne hatten sich durchgeschlagen, so gut sie konnten. Als Marta im Alter von fast 86 Jahren im Oktober 1994 in ein Pflegeheim kam – sie war schwach und gebrechlich geworden, ihr Denken wurde zunehmend zusammenhanglos, und ihr Erinnerungsvermögen war ganz geschwunden –, hatte Michele es geschafft, daß ihre Söhne die Schule abgeschlossen hatten. Jetzt waren sie bereits erwachsen, und Michele besprach mit Thomas – die beiden standen einander seit jeher besonders nahe – zum erstenmal die Möglichkeit, die Locke zu verkaufen.

Ende der siebziger Jahre hatte ihre Mutter in der Kopenhagener Zweigstelle des internationalen Auktionshauses Christie's Erkundigungen eingezogen. Dort hatte man ihr erklärt, selbst wenn ihr zweifelhaftes Andenken echt wäre, sei es doch kaum von materiellem Wert. Michele und Thomas vermuteten jedoch, man habe Marta schlicht falsch oder unzureichend informiert. Die deutsche Inschrift auf der Rückseite des Medaillons machte seine Echtheit durchaus wahrscheinlich; angenommen, es handelte sich tatsächlich um das, was es angeblich war, dann wären Haare vom Haupt des überragenden Komponisten Beethoven doch bestimmt eine Menge wert. Wäre es darüber hinaus nicht auch sinnvoll, wenn die Locke in den Besitz einer Person gelangte, die ihr eine Ehrerbietung entgegenbrächte, die Michele nicht empfand? Natürlich, das schwarz gerahmte Medaillon mit der Locke war ein Andenken an ihren Vater und erinnerte sie an die Zeit, als er und seine Nachbarn sich geweigert hatten, zuzulassen, daß die Nazis ihren antisemitischen Wahn auch in Dänemark auslebten. Doch selbst wenn Micheles Mutter Marta gewußt hatte, welche Rolle genau die Locke bei diesen Geschehnissen gespielt hatte, so machte ihre Altersdebilität es ihr jetzt unmöglich, sich daran zu erinnern oder sie zu beschreiben. Erst kürzlich hatte Michele etwas anderes aus der Hinterlassenschaft ihres Vaters – drei brüchige Blätter einer Handschrift mit geistlicher Musik aus dem 12. Jahrhundert – der nahe gelegenen Abtei Esrum geschenkt, einem 800 Jahre alten Zisterzienserkloster, das in ein Heimatmuseum umgewandelt worden war; vielleicht gab es ja irgendein anderes Museum in Dänemark, das gern ein paar von Beethovens Haaren hätte. Kurz nachdem Michele erneut umgezogen war, diesmal nach Hillerød, um näher bei ihren Söhnen und ihrer zunehmend gebrechlichen Mutter zu sein, kamen Thomas und sie zu dem Schluß, wenn die Locke tatsächlich von materiellem Wert sei, wäre es am besten, sie zu verkaufen. Zumindest beschlossen die beiden, diesbezüglich Erkundigungen einzuziehen. Und das taten sie dann im April 1994.

Im Kopenhagener Büro von Sotheby's nahm die Abteilungsleiterin Anne Lehmann den Anruf von Michele Larsen entgegen, die einen Termin vereinbaren wollte. Und am 19. April begrüßte sie die zurückhaltende kleine Frau mit den kurzgeschnittenen silbergrauen Haaren und ihren großgewachsenen, beeindruckend gutaussehenden Sohn, als die beiden in die im Stadtzentrum gelegene Bred Gade 6 kamen. Für das Museum war es durchaus nichts Ungewöhnliches, daß Leute sich erkundigten, ob das Auktionshaus möglicherweise Interesse an angeblich seltenen, kostbaren Dingen hätte. Mit schöner Regelmäßigkeit brachte man Gemälde von van Gogh, Renoir, sogar Rembrandt zu ihnen, die sich allerdings in den meisten Fällen schnell als plumpe Fälschungen erwiesen. Sowohl Lehmann als auch die Leiterin der Zweigstelle, Hanne Wedell-Wedellsborg, waren daher anfangs ziemlich skeptisch gewesen, wie wohl eine Bibliotheksangestellte aus Hillerød in den Besitz einer Reliquie des großen Komponisten gelangt sein mochte. Und überhaupt, wie sollte man deren Echtheit nachweisen? Michele lieferte ihnen jedoch, wenn auch ziemlich aufgeregt, eine einfache und recht einleuchtende Erklärung, wie sie in den Besitz der Locke gekommen war: Ein Jude auf der Flucht vor den Nazis hatte sie im Oktober 1943 – mit Sicherheit der herausragendste Monat in der Geschichte Dänemarks im 20. Jahrhundert – ihrem Vater gegeben, der zu jener Zeit Arzt in Gilleleje war. Diese Erklärung, zusammen mit Paul Hillers unmißverständlicher Inschrift auf der Rückseite des Medaillons – ebenso wie irgend etwas nicht in Worte zu Fassendes an dem, wie das Medaillon aussah und sich anfühlte –, räumten rasch die berufsmäßigen Zweifel der beiden Angestellten von Sotheby's aus. Die Locke mache in der Tat den Eindruck, echt zu sein, erklärte Wedell-Wedellsborg, doch zuerst müßten Experten in der

Londoner Niederlassung des Unternehmens sie untersuchen, um sicherzugehen. Wären die Larsens damit einverstanden, daß sie die Locke dorthin schickte, um sie prüfen zu lassen und binnen kurzem Gewißheit zu haben?

Nach gut einer Woche erhielt Michele Larsen einen Anruf von Anne Lehmann, die ihr die erfreuliche Mitteilung machte, Stephen Roe, Leiter der Buch- und Handschriftenabteilung bei Sotheby's, sei überzeugt, die fragliche Locke stamme tatsächlich vom Haupt Ludwig van Beethovens; das Unternehmen wäre gerne bereit, sie in ihrem Auftrag auf seiner nächsten, für Dezember angesetzten Versteigerung von »Musikalien und Büchern vom Kontinent« zu verkaufen. Roe hatte sich aus verschiedenen Gründen einverstanden erklärt, für die Echtheit der Haare zu bürgen: Der Holzrahmen des Medaillons stimmte mit jenen überein, die im Deutschland des frühen 19. Jahrhunderts gebräuchlich waren; die papierne Rückwandverkleidung wie auch die Inschrift machten den Eindruck, daß niemand sich daran zu schaffen gemacht hatte; Ferdinand Hiller hatte in der Tat einen Sohn namens Paul Hiller gehabt, der am 1. Mai 1883 30 Jahre alt gewesen wäre, wie die Notiz behauptete; den entscheidenden Ausschlag gab jedoch die Tatsache, daß die verschiedenen Besuche Hillers senior am Sterbebett des Komponisten in Begleitung seines Mentors Johann Nepomuk Hummel sowie sein Aufenthalt in Wien bis nach Beethovens Tod in der Beethoven-Literatur eindeutig dokumentiert waren.

Am 26. Mai 1994 unterzeichnete Michele einen einfachen Vertrag, mit dem sie dem Londoner Unternehmen die Genehmigung erteilte, ihr unter der Bestandsnummer H151492 registriertes Eigentum auf einer Auktion zu verkaufen: »1 Haarlocke (gerahmt) von Beethoven. Paul Hiller zum Geschenk gemacht, dessen Vater die Locke am 27. März 1827 abschnitt.« Den Wert der Reliquie schätzte das Unternehmen auf 2000 bis 3000 Pfund Sterling; dafür stimmte Michele ihrerseits zu, daß die Locke nicht für weniger als 1800 Pfund verkauft werden sollte. Außer einer Kommissionsgebühr in Höhe von zehn Prozent würde sie die Kosten für den Transport von Kopenhagen nach London, die Versicherungsgebühr vom Datum des Vertragsabschlusses bis zum Tag des Verkaufs und die Kosten für die Photographie übernehmen, die in dem in Kürze erscheinenden Bücher- und Musikalienkatalog der Firma abgedruckt werden sollte.

Als gegen Ende des Sommers ein Exemplar des Katalogs in Hillerød eintraf, waren Michele und Thomas Wassard Larsen beeindruckt, an welch hervorgehobener Stelle die Locke abgebildet war: Oben auf Seite 22 des eindrucksvollen Katalogs waren die Photographie, die sie bezahlt hatte, und darunter eine nüchterne Beschreibung der Locke abgedruckt:

»33 BEETHOVEN (LUDWIG VAN) LOCKE VON BEETHOVENS HAUPT mit einer handschriftlichen Beglaubigung, unterzeichnet von Paul Hiller, dem Sohn Ferdinand Hillers, der die Locke abschnitt (›Diese Haare hat mein Vater Dr. Ferdinand v. Hiller am Tage nach Ludwig van Beethovens Tode, d. i. am 27. März 1827, von Beethovens Leiche abgeschnitten und mir am 1. Mai 1883 als Geburtstagsgeschenk übergeben. Cöln, am 1. Mai 1883. Paul Hiller.‹), gerahmt und poliert, oval, ca. 10,5×9,5 cm.

Der 15jährige Ferdinand Hiller war von Hummel zu Beethoven mitgenommen worden; er hielt seinen Besuch fest in ›Aus dem Tonleben unserer Zeit‹ (1871; siehe Thayer, S. 1044ff.).

£ 2000–3000«

Der Katalog – der Hunderte von Briefen, antiquarischen Büchern und Musikhandschriften, doch sicherlich keine weiteren menschlichen Überreste aufführte – war an Buch- und Musikalienhändler sowie prominente Sammler auf der ganzen Welt verschickt und die Auktion für den 1. Dezember zehn Uhr vormittags in den Verkaufsräumen von Sotheby's in der New Bond Street in London angesetzt worden; jetzt blieb der etwas nervösen Besitzerin der Locke nichts weiter übrig als abzuwarten. Sollte sie den dänischen Gegenwert von 1800 Pfund oder mehr erzielen, wäre Micheles Anteil am Erlös äußerst willkommen und ungemein hilfreich. Falls andererseits niemandem auf der ganzen Welt so viel daran läge, daß er diese Summe für die Reliquie bezahlen wollte, die so lange Zeit in Nordseeland aufbewahrt worden war, nun, dann hätte Michele nichts dagegen, sie wieder bei sich zu Hause zu haben.

In London konzentrierte sich am verregneten Vormittag des 1. Dezember 1994 Richard Macnutt, Agent und Händler für musikalische Raritäten, der bei den halbjährlichen Buch- und Musikalienversteigerungen von Sotheby's mehr oder weniger zum lebenden Inventar gehörte, ganz besonders, als die Nummer 33 an die Reihe kam. Der gewandte Auktionator mit seinem unauffälligen Hämmerchen eröffnete das kurze Bieten bei 2000 Pfund, und nach wenigen Augenblicken konnte Macnutt – mit beträchtlicher Genugtuung, die er sich jedoch keineswegs anmerken ließ – die Nummer 33 in seinem Katalog symbolisch abhaken und den Preis von 3600 Pfund notieren, für den er sich Beethovens Locke im Auftrag von amerikanischen Klienten, deren Namen unerwähnt blieben, gesichert hatte.

Am darauffolgenden Morgen wurde aus der New Bond Street ein Brief an Michele Wassard Larsen abgesandt, in dem man ihr den erfolgreichen Verkauf mitteilte, und seltsamerweise erschien zwei Tage später ein kurzer Artikel in *Politiken*, Kopenhagens führender Tageszeitung. »BEETHOVENS LOCKE« lautete die Überschrift; Michele vermutete, daß eine der beiden Damen im Kopenhagener Büro des Unternehmens der Zeitung einen Tip hinsichtlich des historischen Verkaufs – denn zumindest für sie war er wahrhaft bedeutungsvoll – gegeben hatte. »Vor kurzem marschierte eine kleine alte Dame in Sotheby's dänisches Büro in der Bred Gade«, begann der Artikel, und Michele war so verärgert über diese Beschreibung ihrer Person, daß sie nicht sicher war, ob sie wirklich weiterlesen wollte. Doch vielleicht war eine solch unzutreffende Charakterisierung der Preis, den man für einen Augenblick des Ruhms bezahlen mußte, sagte sie sich nachdenklich, eines kurzen Ruhms, den sie – vielleicht unvermeidlich – an jenem Tag vor 48 Jahren heraufbeschworen hatte, als sie sich auf die Türschwelle des Hauses aus ockergelbem Backstein in Gilleleje gesetzt hatte, in dem, wie sie gehofft hatte, ihre neuen Eltern wohnten, des Hauses, in dem auch eine weitgereiste Locke vom Haupt Ludwig van Beethovens auf so seltsame Weise zu Hause gewesen war.

1813–1824

TROTZ SEINES UNGEMEIN ERFÜLLTEN LEBENS HATTE Ludwig van Beethoven sich immer nach einem beständigen, wohltuenden Familienleben gesehnt, wie er es als Kind nie erlebt hatte. Er hatte sich mit der Absicht getragen zu heiraten, doch noch mehr als dies hatte der schroffe, linkische und oft rücksichtslose Mann sich gewünscht, zu lieben und seinerseits geliebt zu werden. Wiederholt hatte er versucht – und jedesmal war es fehlgeschlagen –, ein fürsorglicher Ehemann zu werden. Doch dann, im Jahre 1815, kam er auf die seltsame, verstörende Idee, ein De-facto-Vater zu werden.

Sein Bruder Caspar Carl hatte wenige Tage, ehe er im November des Jahres an Schwindsucht starb, sein Testament geändert und Beethoven zum alleinigen Vormund seines neunjährigen Sohnes Karl bestimmt. In einem späteren Zusatz hatte Caspar Carl allerdings seine Frau Johanna als »Nebenvormund« benannt. In dem Testamentsnachtrag hieß es, »daß ich durchaus nicht will, daß mein Sohn Karl von seiner Mutter entfernt werde, sondern daß derselbe immerhin […] bei seiner Mutter zu verbleiben habe, daher denn dieselbe so gut wie mein Bruder die Vormundschaft über meinen Sohn Karl zu führen hat. Nur durch Einigkeit kann der Zweck, den ich bei Aufstellung meines Bruders zum Vormunde über meinen Sohn gehabt habe, erreicht werden, daher empfehle ich zum Wohl meines Kindes meiner Gattin *Nachgiebigkeit* meinem Bruder aber mehr *Mäßigung*.«

Caspar Carl war sehr wohl klar gewesen, daß seine Frau und sein Bruder Ludwig in den Jahren, seit er Johanna geheiratet und sie ihr einziges Kind zur Welt gebracht hatte, ständig zerstritten gewesen waren. Seine Sorge, wie sie es wohl schaffen würden, sich gemeinsam um den Jungen zu kümmern, erwies sich als völlig berechtigt. Schon wenige Tage nach dem Tod seines Bruders hatte Beethoven das Königlich-Kaiserliche Hofgericht angerufen, es solle ihn zum einzigen Vormund des kleinen Karl bestellen; zur Bekräftigung seines Anspruchs hatte er sich auf die Tatsache berufen, daß Johanna vor vier Jahren angeklagt und wegen Unterschlagung zu einer Haftstrafe verurteilt worden war. Im Januar 1816 entschied das Gericht zugunsten Beethovens, und man nahm Karl seiner Mutter weg.

Wie Beethoven schon bald klar wurde, war er in keiner Weise darauf vorbereitet, sich um die täglichen Bedürfnisse eines Kindes zu kümmern; dennoch war er höchst erfreut über den Schiedsspruch, den er bei Gericht erzielt hatte, und rühmte sich in einem Brief an Antonie Brentano – die mittlerweile zu ihrem Mann nach Frankfurt zurückgekehrt war –, »derweil habe ich gefochten um ein armes unglückliches Kind einer unwürdigen Mutter zu entreißen, und Es ist gelungen […] macht mir viele jedoch *Süße Sorgen*«. In den nun folgenden Monaten weigerte Beethoven sich schlichtweg, auf die zunehmend verzweifelten Erkundigungen Johannas nach dem Aufenthaltsort und dem Wohlergehen ihres Sohnes zu antworten; er redete sich selbst ein, ihr nicht gerade makelloser, ja anstößiger Ruf beweise in der Tat, daß diese »Königin der Nacht« eine Diebin und Prostituierte sei, daß sie sogar ihren Ehemann vergiftet habe.

Zwei Jahre lang sah Johanna van Beethoven ihren kleinen Sohn nur zu den seltenen Gelegenheiten, wenn ihr Schwager ihr einen kurzen Besuch gestattete – obwohl er sie gelegentlich beschuldigte, sie fahre heimlich zu der Schule, die Karl besuchte. Diese Vorstellung machte ihm so zu schaffen, daß er im Januar 1818 den Jungen wieder zu sich holte und ihn anwies, dies seiner Mutter nicht zu verraten. Zweimal stellte Johanna in diesem Jahr bei Gericht vergeblich den Antrag, ihr zumindest ein begrenztes Besuchsrecht bei ihrem Sohn einzuräumen. Doch als Karl im Dezember aus Beethovens Wohnung davonlief und bei seiner Mutter Zuflucht suchte, konnte sie erneut vor Gericht gehen und diesmal als Gründe für eine erneute Prüfung des Falles anführen, daß er unglücklich und in schlechter körperlicher Verfassung und sein Onkel tyrannisch und herrisch sei.

Als Beethoven im Dezember 1818 dem Gericht seine Sicht der Dinge darstellte, erklärte er beiläufig hinsichtlich Karls, wäre dieser von vornehmer Abstammung, sähe die Sache anders aus; offenbar übersah er dabei völlig die Tatsache, wenn denn sein Neffe nicht adelig war, konnte er dies auch für sich nicht beanspruchen. Zu Beethovens ungeheurem Verdruß wurde der Fall sofort dem Wiener Magistrat übergeben, dem Gericht für Bürgerliche. Diesmal gestand man Johanna ein zeitweises Sorgerecht zu. Noch ein Jahr lang ging das juristische Geplänkel weiter; sowohl die Mutter als auch Beethoven weigerten sich nachzugeben, bis sie sich schließlich im April 1820 ein letztes Mal vor dem Appellationsgericht gegenüberstanden. Der

Magistrat hatte Johanna für weitere eineinhalb Jahre das Sorgerecht für Karl zugesprochen, und dieser erklärte, er sei froh, wieder bei ihr zu sein. Doch nun brachte Beethoven einige einflußreiche Freunde ins Spiel – einschließlich seines früheren Klavierschülers Erzherzog Rudolf, des Kaisers Sohn; sie sollten alles tun, was in ihrer Macht stand, um Einfluß auf die Entscheidung der Vorsitzenden des Appellationsgerichts zu nehmen. Diese erließen eine endgültige Verfügung, die Beethoven und Karl Peters, dem Lehrer des mittlerweile 13jährigen Karl, das gemeinsame Sorgerecht zusprach, das Johanna für immer entzogen wurde. In der Zeit dieser lange sich hinziehenden Auseinandersetzung hatte Beethoven sich nur gelegentlich der Musik gewidmet; sein Gesundheitszustand hatte sich dramatisch verschlechtert – Anfälle von Magen-Darm-Erkrankungen und Infektionen der Atemwege plagten ihn jetzt nahezu ständig –, und im Namen liebevoller Aufopferung hatte er Karl völlig unnötig seiner Mutter entrissen und von diesem verlangt, ihm die Art von Liebe entgegenzubringen, die er selbst seinem Vater gegenüber nie hatte empfinden können.

Im Jahr vor dem Tod seines Bruders Caspar Carl hatte Beethovens Erfolg beim breiten Publikum seinen Höhepunkt erreicht. Anfang 1814 war die siebte Symphonie von der Kritik begeistert aufgenommen worden. Die Achte hatte im Februar ihre Uraufführung erlebt; zu diesem Anlaß hatte man infolge der allgemeinen Nachfrage noch einmal *Wellingtons Sieg* gespielt, ein Werk, das Beethoven zum Gedenken an den Sieg des Herzogs von Wellington über die Franzosen im Jahr vor der Schlacht bei Vitoria komponiert hatte – eine sensationelle Gelegenheitskomposition für Orchester mit allem Drum und Dran: mit patriotischen Fanfaren, Kanonendonner und sogar der Nationalhymne *God Save the King* in Fugenform. Im Mai war *Fidelio* wiederaufgeführt worden, und als im Sommer der Wiener Kongreß zusammengetreten war – mit dem reichlich hochgesteckten Ziel, in der Folge von Napoleons verheerender Niederlage Europa neu aufzuteilen –, hatte Beethoven zur Feier dieses glorreichen Augenblicks etliche Chöre komponiert – bei weitem nicht seine besten Werke, die ihn aber ebenfalls ungeheuer beliebt und populär machten.

Im selben Jahr 1814 war Beethoven jedoch gezwungen gewesen, nach einem letzten Konzert auf weitere öffentliche Auftritte als Pianist zu verzichten, so sehr hatte sein Hörvermögen nachgelassen. Und das war nicht alles: Auf die Hochstimmung nach dem Krieg folgte nur allzu schnell eine massive wirtschaftliche Depression, die die finanzielle Situation Beethovens und praktisch aller Wiener äußerst prekär machte. Der Palast seines langjährigen Gönners Andreas Fürst Rasumowsky – Schauplatz zahlreicher triumphaler Aufführungen von Beethovens Werken – war im Dezember bis auf die Grundmauern niedergebrannt, und wider Erwarten und nicht so recht nachvollziehbar war der Fürst, da mittlerweile die Wirtschaft völlig darniederlag, zu arm, um ihn wiederaufzubauen. In jenem Jahr war zudem sein ihm sehr nahestehender Freund und Wohltäter Karl Fürst Lichnowsky gestorben, im darauffolgenden sein Bruder der Schwindsucht erlegen. Sein treuer Gönner Josef Franz Fürst von Lobkowitz hatte 1816 das Zeitliche gesegnet. Im Verlauf des langen, beschwerlichen Kampfes um die Vormundschaft für Karl hatte Beethoven fast nichts komponiert; außerdem hatte er eingestanden, sich nie wirklich gesund zu fühlen. In den letzten Wochen hatte ein lange sich hinziehendes Fieber ihn geplagt, und allmählich hatte er sich gefragt, ob er wohl als nächster sterben müsse.

Die Verherrlichung, je fast Heldenverehrung, mit der die Musikkenner in Wien noch wenige Jahre zuvor Beethoven verwöhnt hatten, war mittlerweile nahezu vergessen. Jetzt pries man die Opern des italienischen Komponisten Gioachino Rossini; Beethoven seinerseits äußerte sich mit zunehmender Verachtung über die Stadt, in der er sein halbes Leben lang zu Hause gewesen war. Seiner Ansicht nach waren die Wiener von Kopf bis Fuß niederträchtig und geizig geworden und jeder einzelne ein Schuft. Nur noch wenige schätzten die Kunst, erklärte er angewidert. Außerdem war Beethoven nun – obwohl er ein Hörrohr verwendete und sich einen Bleistift zwischen die Zähne klemmte und auf das Klavier preßte, um so dessen Schwingungen besser zu spüren – gezwungen zu komponieren, ohne zu hören, was er schrieb. Mittlerweile war er vollständig ertaubt und hörte nur noch, was er sich vorstellte.

Die Entstehung zweier von Beethovens wahrhaft unsterblichen Werken fiel ebenfalls in jene Zeit häßlicher familiärer Streitigkeiten, ständiger Gerichtsverhandlungen und einer ihn zunehmend einhüllenden Stille. Im Juni 1817 hatte die Londoner Philharmonic Society ihn eingeladen, für ein ansehnliches Honorar zwei neue Symphonien zu komponieren und zur Uraufführung in ihrem Konzertsaal während der Wintersaison 1818 nach England zu kommen. Schon seit geraumer Zeit stieß die republikanische Staatsform der Franzosen Beethoven ab; jetzt fand er viel Bewundernswertes an der parlamentarischen Demokratie Großbritanniens; er empfand, nach eigenem Bekunden, ganz besondere Hochachtung und Neigung für die englische Nation, und obwohl es für ihn völlig aussichtslos war, den Termin für London einzuhalten, und er die Einladung, dorthin zu reisen, unter Hinweis auf seinen schlechten Gesundheitszustand ablehnte, hatte er in letzter Zeit den Entwurf der ersten der geplanten Symphonien in Angriff genommen.

Doch zunächst hatte er mit etwas begonnen, das mehr mit seiner Wahlheimat zu tun hatte und zu dem ihn zusätzlich ein noch dringlicherer Fertigstellungstermin anspornte, etwas, dem er außerdem größte Bedeutung beimaß: mit einer neuen Messe. Erzherzog Rudolf, der 18 Jahre jünger war als er, hatte bei Beethoven Klavier- und Kompositionsunterricht gehabt und war ihm seit langem ein aufrichtiger Freund; ihm hatte Beethoven das vierte und das fünfte Klavierkonzert, eine Violinsonate, das *Erzherzogtrio*, die *Hammerklaviersonate* und die Sonate gewidmet, die als *Les Adieux* bekannt wurde; der Anlaß für diese Sonate war die Flucht des Erzherzogs aus Wien während der französischen Besatzung. Anfang 1819 hatte Beethoven erfahren, daß die Kirche dem Erzherzog – einem der wenigen Gönner, mit denen er nie ernsthaft gestritten hatte – geistliche Würden verleihen wollte; er sollte zum Kardinal und dann, am 9. März 1820, offiziell zum Erzbischof von Olmütz ernannt werden.

Beethoven hatte weder einen Auftrag erhalten, noch hatte ihn jemand ermuntert, zu diesem Anlaß eine Messe zu komponieren, dennoch hatte er sich an die Arbeit gemacht, ohne zu bedenken, welch großes Vorhaben dies war und wieviel Zeit er mit den Rechtsstreitigkeiten verlor. Neun Monate später, als der Erzherzog termingerecht als Erzbischof investiert wurde, war die Messe noch längst nicht fertig. Weitere zwei Jahre sollte es dauern, ehe die *Missa solemnis* abgeschlossen war – zu dem Zeitpunkt war das Werk, das er kühn-selbstbewußt für sein bestes hielt, mehr als drei Jahre in ihm gereift.

Zum ersten Mal hatte Beethoven in seiner Jugend, noch in Bonn, mit dem Gedanken gespielt, Friedrich von Schillers Gedicht *An die Freude* zu vertonen, eine um die Vorstellung kreisende Hymne, ein liebender Vater throne über einer weltlichen Bruderschaft, die alle Völker einschließe. Doch nahezu vier Jahrzehnte verstrichen, ehe es ihm in den Sinn kam, die gewaltige neue Symphonie, die er mittlerweile für die London Philharmonic Society zu skizzieren begonnen hatte, mit einem Chor zu beenden, der Schillers Worte und Empfindungen glorreich zum Klingen bringen sollte. Noch nie hatte ein Komponist in einer herkömmlichen Symphonie auf diese Weise Singstimmen eingesetzt, doch die Idee, etwas noch nie Dagewesenes zu wagen, schreckte Beethoven mit Sicherheit nicht ab. Und sobald die *Missa solemnis* endlich fertig war, machte er sich mit einem Eifer und einer Leidenschaft, die an seine produktivste Zeit erinnerten, an das Werk: seine neunte Symphonie.

Ein Jahrzehnt war vergangen, seit das musikgierige Wien die Uraufführung eines großen Orchesterwerks von Beethoven erlebt hatte. Und vor vier Jahren hatte er zum letztenmal auf einem Konzertpodium gestanden – damals hatte er ein Wohltätigkeitskonzert mit der siebten Symphonie dirigiert, die er jedoch kaum gehört hatte. *Fidelio* war 1822 in einer äußerst erfolgreichen Aufführung wiederaufgenommen worden, doch ansonsten war die Musik des Mannes, den man mittlerweile als so etwas wie einen alten Meister betrachtete, aus der Mode gekommen. Daher zögerte Beethoven, die Uraufführung der *Missa solemnis* wie auch der neuen Chorsymphonie in seiner Heimatstadt stattfinden zu lassen. Die Wirtschaftskrise, die vor einigen Jahren Wien erschüttert hatte, war immer noch nicht ganz abgeklungen; daher hatte Beethoven mit seinen Verlegern kämpfen – und ein wenig taktieren – müssen, um weiterhin so komfortabel leben zu können, wie er es gewohnt war. Er hatte ein recht kluges, doch letztlich beunruhigendes Vorgehen ausgeheckt, nämlich »Subskriptionen« seiner Messe – in Form von Abschriften des Autographs – an etliche gekrönte Häupter in Europa zu verkaufen. Gleichzeitig hatte er die Erstveröffentlichungsrechte nicht weniger als sieben Verlegern angeboten, was er zunächst verheimlicht, dann jedoch ausgenutzt hatte, um ihre Angebote gegeneinander auszuspielen, bis er zu dem Schluß kam, ein Verleger, dem er traute – die Firma Schott & Söhne in Mainz –, würde ihm einen angemessenen Preis für die Messe und die neue Symphonie zahlen.

Außerdem zog er in Berlin Erkundigungen ein, ob Uraufführungen der beiden neuen Werke dort ein Publikums- wie auch ein finanzieller Erfolg werden könnten. Als Anfang 1824 diese Nachricht zu prominenten Musikfreunden in Wien drang, reagierten diese jedoch, indem sie Beethoven einen außergewöhnlichen, von 30 Gönnern und Musikern unterzeichneten Aufruf schickten, in dem sie in äußerst blumigen Worten zugaben, daß zwar »Beethovens Name und seine Schöpfungen der gesammten Mitwelt und jedem Lande angehören, wo der Kunst ein fühlendes Gemüth sich öffne, darf Oestreich ihn doch zunächst den Seinigen nennen«.

Dieser Aufruf rührte den Empfänger und freute ihn ungemein – obwohl er vor Zorn außer sich geriet, als kurzfristig das Gerücht die Runde machte, er selbst habe die Abfassung des Briefes veranlaßt –, und schließlich stimmte er der Anberaumung eines Galakonzerts im Kärntnertortheater zu, bei dem die Ouvertüre, die er zwei Jahre zuvor zur Einweihung des Theaters in der Josephstadt komponiert hatte, das Kyrie, das Credo und das Agnus Dei aus der *Missa solemnis* sowie zum Abschluß, laut Ankündigung, eine »Große Symphonie, mit im Finale eintretenden Solo- und Chor-Stimmen, auf Schillers Lied, an die Freude« aufgeführt werden sollten.

Die Reaktion des Wiener Publikums an jenem herzerfrischenden Frühlingsabend des 7. Mai 1824 war, gelinde gesagt, begeistert. Die kaiserliche Loge war zwar leer geblieben, doch ansonsten war der Konzertsaal bis auf den letzten Platz gefüllt. Obwohl Erzherzog Rudolf – mittlerweile Erzbischof im fernen Olmütz – nicht anwesend sein konnte, waren Beethovens langjährige Freunde und Gönner in großer Zahl erschienen. Unter ihnen befand sich auch der eigentlich ans Bett gefesselte kranke Baron Nikolaus Zmeskall, der in einer Sänfte zu seinem Platz getragen wurde. Für die erste Geige hatte Beethoven den berühmten Ignaz Schuppanzigh ausgewählt, und Michael Umlauff, der 1814 den *Fidelio* aufgeführt hatte, stand am Dirigentenpult. Beethoven selbst – ein prachtvoller Anblick in seinem dunkelgrünen Gehrock mit weißem Halstuch und Weste, den schwarzseidenen Kniehosen und Strümpfen sowie Schuhen mit Messingschnallen, das ergraute Haar zu diesem Anlaß sorgsam unter eine Kappe gesteckt – stand dicht neben ihm und gab die Tempi für die einzelnen Sätze an.

Die Ouvertüre und die »drey großen Hymnen« der Messe wurden von dem ungewöhnlich aufmerksamen Publikum äußerst wohlwollend aufgenommen. Doch dann, bei der neuen Symphonie, ließ das Publikum seiner Begeisterung freien Lauf. Als im zweiten Satz die Pauken dröhnten, applaudierten die Zuhörer spontan; noch viermal geschah dies, bis schließlich der Polizeichef brüllte: »Ruhe!« Eine gewaltige, aufrüttelnde Fanfare beschloß den vierten Satz, ehe eine einzelne Baßstimme ertönte: »O Freunde, nicht diese Töne! Sondern laßt uns angenehmere anstimmen und freudenvollere!« Und dann nahm der gesamte Chor wie als Antwort auf diese Aufforderung das

Thema auf und sang die Ode an Freude, Hoffnung, Brüderlichkeit: »Seid umschlungen, Millionen! Diesen Kuß der ganzen Welt!«

Als schließlich die Singstimmen und die Instrumente schwiegen, brach donnernder Applaus los. Jubelrufe schallten durch den Konzertsaal, doch Beethoven, der dies nicht hören konnte, stand einfach vor dem Notenpult und klappte seine Partitur zu. Schließlich faßte die Altsolistin ihn am Arm und drehte ihn zum Saal herum, damit er die leidenschaftliche Reaktion der Menschen zumindest sehen konnte, die seine Symphonie, seine Hymne an die Freude, in solche Begeisterung versetzt hatte. Sein Gesicht blieb ausdruckslos, als er zu ihnen hinsah, doch schließlich verbeugte er sich leicht – es sollte das letzte Mal sein, daß er auf einer Bühne stand und die Lobpreisungen des Publikums entgegennahm: Der Beifall und die Jubelrufe schwollen erneut an, Hunderte weißer Taschentücher wehten wie Fahnen, Hunderte Hüte flogen in die Luft.

Beethovens Locke

Che Guevaras Locke

IM VERLAUF DER ERSTEN ZEHN JAHRE IN ARIZONA hatte Ira Brilliant, ein begeisterter Verehrer Beethovens, sich notwendigerweise auf seine Familie und sein neu gegründetes Unternehmen konzentriert, doch die Faszination, die die Gestalt Beethovens auf ihn ausübte, hatte sich nie ganz gelegt. Der Tod seiner einzigen Tochter vor elf Jahren und die ungeheuer langwierige und nur ganz allmähliche Erholung von diesem furchtbaren Schicksalsschlag hatten ihn noch mehr darüber staunen lassen, was der Komponist geschaffen, was er der Welt vermacht hatte, obwohl er ebenfalls mit persönlichen Tragödien zu kämpfen gehabt hatte.

Mittlerweile war Beethoven für Brilliant nicht nur die ungemein lebensvolle Verkörperung der Macht der Musik als solcher – er war ihm auch eine Art Mentor, ein barscher Führer durch die Anfechtungen des Lebens geworden. Und immer dringlicher sehnte er sich danach, etwas zu besitzen, das der Komponist selbst in Händen gehalten hatte – einen Brief, ein Skizzenblatt, eine hingekritzelte

Notiz. Anfang 1975 war dieses Verlangen so groß geworden, daß er glaubte, jetzt einfach handeln zu müssen. Sein Interesse richtete sich auf einen Brief, den Beethoven 1824 geschrieben hatte. Darin hatte er Ferdinand Fürst von Trauttmannsdorff ersucht, ihm einen Konzertsaal für die Uraufführung seiner neunten Symphonie zur Verfügung zu stellen. Den Text hatte Beethoven in seiner ausholenden, schwungvollen, schlicht wunderschönen Schrift unterzeichnet. Aber fast ein Jahr lang hielt der Preis für den Brief, 7500 Dollar, ihn von einem Kauf ab. Doch am 1. Dezember 1975 rief er den Händler ein zweites Mal an und erfuhr zu seiner Erleichterung und Freude, daß der Brief noch zu haben sei. Einen letzten – eher schwachen – Versuch unternahm er zwar, ob der Händler ihm beim Preis nicht ein wenig entgegenkommen könnte, doch als dies fehlschlug, brach sich seine Leidenschaft Bahn, und er hörte sich selbst verkünden: »Na schön, dann kaufe ich diesen Beethoven-Brief, und Sie verkaufen ihn mir.«

Ein paar Tage darauf saß er an seinem Schreibtisch und hatte das Päckchen mit dem Brief vor sich liegen. Brilliant ließ sich Zeit mit dem Auspacken, wollte den Augenblick voll auskosten – eine halbe Stunde dauerte es, bis er unendlich behutsam das Päckchen und die Schutzhülle des Briefes geöffnet hatte. Doch nun lag es endlich vor ihm: vor Alter brüchiges und zu einem fahlen Ocker vergilbtes Papier; auf den ersten Blick war es schwierig, sich einen Reim auf die ungemein präzise deutsch geschriebenen Wörter zu machen, doch die kühn ausholende, mit der Feder hingeworfene Unterschrift Beethovens schien ihn regelrecht anzufunkeln. Vor 152 Jahren hatte jener große Mann auf ebendieses Papier geschrieben; er hatte es mit seinem Namen unterzeichnet, und endlich hielt Brilliant – der, wie er ohne weiteres zugegeben hätte, beim Kauf des

Briefes einem unwiderstehlichen Impuls gefolgt war – es jetzt in Händen.

Ursprünglich, in seiner Jugend in Brooklyn, hatte vor allem die Musik von Johannes Brahms ihn angezogen. Doch es dauerte nicht lange, ehe sein eigentliches Interesse, seine Hingabe sich verlagerten, und nun rührten Beethovens Kompositionen immer stärker an irgend etwas tief in seinem Inneren. Seit jeher hatte er sich besonders zu der mit *Les Adieux* überschriebenen Sonate hingezogen gefühlt – zu der Art und Weise, wie sie so tiefgründig den Verlust eines geliebten Menschen in Töne faßte –, und das *Erzherzogtrio* war in seinen Augen seit jeher eine einfach vollkommene Komposition. Ihn hatten vor allem bestimmte Passagen, einzelne Sätze berührt, nicht so sehr die Werke als ganze. Und zunehmend hatte auch die vielschichtige Gestalt des Komponisten selbst ihn fasziniert.

Sein Vater Harry Brilliant (der amerikanisierte Familienname leitete sich von dem russischen Wort für »Diamant« ab) war 1906 nur wenige Tage, ehe man ihn zur zaristischen Armee eingezogen hätte, in die Vereinigten Staaten ausgewandert. Nach einiger Zeit hatte er die in Vermont geborene Anna Silverman geheiratet, die ihm drei Söhne schenkte, und ein erfolgreiches Unternehmen aufgebaut, das aus Stoffresten Putzlappen herstellte. Der mittlere Sohn Ira war in den zwei Jahren, die er am Brooklyn College studierte, und den beiden folgenden Jahren am Lowell Textile Institute in Massachusetts dazu ausgebildet worden, die technische Leitung des Familienbetriebs zu übernehmen. Doch ehe er sich nach dem frühzeitigen Tod seines Vaters dieser Aufgabe widmen konnte, hatte er drei Jahre bei der Armee gedient und im Zweiten Weltkrieg als Techniker für chemische Kriegführung in Nordirland und Frankreich gearbeitet, bis die Achsenmächte schließlich kapituliert und er wie auch drei Millionen weitere Amerikaner nach Hause zurückkehren und ihr Leben dort wiederaufnehmen konnten.

In den ersten Nachkriegsjahren war seine Liebe zur klassischen Musik zwar nie versiegt, hatte jedoch auch nicht im Mittelpunkt seines Lebens gestanden. Er mußte sich um das Familienunternehmen kümmern, und während eines Ferienaufenthalts in Florida im März 1947 hatte er die ebenfalls aus New York gebürtige Irma Maizel kennen und lieben gelernt. Ein halbes Jahr später hatten sie geheiratet, und im September 1952 war ihre Tochter Maxine zur Welt gekommen. Zwar hatte sie an einer Entwicklungsstörung gelitten, konnte jedoch im Alter von zehn Jahren bereits Klavier spielen – und legte eine offenbar schier unheimliche musikalische Begabung an den Tag –, doch dann war sie plötzlich und völlig unerwartet gestorben.

Der Kummer, den es den Eltern bereitete, daß ihre Tochter mit einem Mal nicht mehr bei ihnen war, die schreckliche Leere, die, so hatte es den Anschein, nie wieder ausgefüllt werden könnte, hatten ihr einst so behagliches Zuhause – und ganz Long Island – in einen Ort verwandelt, von dem sie verzweifelt weg wollten, und um seiner Frau über ihren Schmerz hinwegzuhelfen, hatte Ira Brilliant ihr versprochen, sobald es ihm gelänge, den Familienbetrieb zu verkaufen und die unzähligen damit verbundenen Formalitäten zu erledigen, würden sie New York verlassen und weit weg ziehen.

Im Sommer 1963 war der Verkauf des Unternehmens abgeschlossen; der Erlös stellte einen ansehnlichen Spargroschen dar und ermöglichte den Brilliants auf Monate hinaus ein sorgenfreies finanzielles Auskommen. Ihre wichtigsten Habseligkeiten und einige Kostbarkeiten, an denen sie besonders hingen – darunter ihren sieben Jahre alten Sohn Robert –, hatten sie in einen Pontiac-Kombi gepackt und sich auf den Weg in ein neues Leben in Arizona gemacht. Brilliant hatte sich auf den Verkauf von Grundstücken verlegt – beziehungsweise dies zumindest versucht –, und nachdem es anfangs nur sehr schleppend vorangegangen war, hatten er und sein Partner nach einem nicht sonderlich erfolgreichen Jahr dennoch das Gefühl gehabt, jetzt sei der richtige Zeitpunkt gekommen, ihr eigenes Unternehmen zu gründen. Sie wollten sich auf das aufstrebende Geschäftszentrum in dem kleinen Ferienort Scottsdale konzentrieren, nur einige Kilometer östlich von Brilliants Zuhause gelegen. In den zehn nun folgenden Jahren war er dann so erfolgreich gewesen, wie er es sich nie hätte träumen lassen, so erfolgreich sogar, daß er allmählich die vorher undenkbare Möglichkeit in Betracht gezogen hatte, etwas zu erwerben, das einst dem großen Beethoven gehört hatte.

Anders als Ira Brilliant, der der Generation angehörte, die während der Weltwirtschaftskrise großgeworden und die ersten Jahre ihres Erwachsenenlebens auf dem Schlachtfeld verbracht hatte, gehörte der junge Mann, dem man einige Jahre zuvor den Spitznamen »Che Guevara« gegeben hatte, der darauffolgenden Generation von Amerikanern an, die ab den sechziger Jahren den lateinamerikanischen Arzt und Freiheitskämpfer gleichen Namens zu einer seltsamen Art Volksheld gemacht hatte. *Dieser* Che Guevara – der an der University of Texas Medical School in Galveston studierte – hatte sich eigentlich nie so ganz der Gegenkultur angeschlossen, die im nun folgenden Jahrzehnt so ansteckend wirkte, dennoch hatte es ihm Spaß gemacht, dem Namen nach mit dem berühmten Revolutionär in Verbindung gebracht zu werden.

Alfredo Guevara jun. war in Laredo in Texas aufgewachsen, auf der amerikanischen Seite des breiten, seichten Flusses, der die Grenze zu Mexiko bildet. Seine Mutter stammte aus dem mexikanischen Bundesstaat Nuevo León; sein Vater war als Leiter einer Reihe von Tankstellen in den Barrios, den Elendsvierteln Laredos, tätig gewesen, in denen auch sein nach ihm benannter Sohn gearbeitet hatte. Der Junge war in dem nur aus einem Raum bestehenden kleinen Blockhaus, das seine Familie eigenhändig erbaut hatte – und das jetzt das Zuhause seiner Eltern und dreier Geschwister des kleinen Alfredo war –, in einer spanisch sprechenden Umgebung großgeworden. In der Schule hatte er jedoch ohne große Mühe Englisch gelernt und sich bald als aufgeweckter, eifriger Schüler erwiesen. Als er in die High School wechselte, hatte »Alfredito« bereits sämtliche Bände der *World-Book*-Enzyklopädie von der ersten bis zur letzten Seite gelesen – die Bandbreite der darin abgehandelten Themen hatte ihm einfach Spaß gemacht. In den Abschlußklassen an der High School hatte er sich dann ganz einem wissenschaftlichen Projekt gewidmet, das ihm Preise bei nationalen wie auch internationalen Wissenschaftswettbewerben eingebracht und überdies die Northwestern University in der Nähe von Chicago auf ihn aufmerksam gemacht hatte.

Und dort hatte 1970 ein Zimmergenosse ihm gleich am Tag seiner Ankunft den Spitznamen »Che« Guevara gegeben; dort war er auch zum ersten Mal in den Bann klassischer Musik geraten. Zwar hatte er sich stets an jene lange zurückliegende Zeit erinnert, als ein Freund in Laredo ihm auf einer 78er-Schallplatte Beethovens fünfte Symphonie vorgespielt hatte; wie ein unwiderstehlicher Traum war die Musik in seinem Kopf stets dagewesen, doch ansonsten war der Studienanfänger mit der bronzefarben getönten Haut ein unbeschriebenes Blatt, was die Welt der Musik betraf. Obwohl stets ein leidenschaftlicher Anhänger der Beatles, hatte es nicht lange gedauert, bis er am liebsten Beethoven hörte. Dessen einzigartige, einmalige Kompositionen schienen sich in die Brust, in den Kopf des jungen Mannes einzuschleichen, und seine Musik war ihm wie ein Ausdruck der vielschichtigen Lebenserfahrungen des Komponisten vorgekommen, die dieser in eine strenge musikalische Sprache übersetzt hatte. Und als Guevara 1975 nach Texas zurückkehrte, um dort Medizin zu studieren, war er überzeugt, daß dies die Sprache war, der er für immer lauschen wollte.

Wenn Ira Brilliant weiterhin Beethoven-Briefe kaufen wollte, mußte er über weit mehr Geld verfügen, als dies zur Zeit der Fall war. Für einzigartige Beethoveniana – Briefe, Notizen, Entwürfe, Notenmanuskripte – mußte man Mitte der siebziger Jahre beträchtliche Summen hinblättern; ohnehin standen weltweit nur sehr wenige zum Verkauf. Doch der Erwerb dieses ersten Briefes – in der geheimnisvollen kleinen Welt der Beethoven-Wissenschaft als »Anderson 1272« bekannt – hatte in ihm sogleich den Wunsch keimen lassen, noch mehr originales Material zu erwerben, sich, so gut er konnte, mit Spuren von Beethovens Leben und Werk zu umgeben. Und wie der Zufall es wollte, gab es in der Tat etwas für seine Sammlerleidenschaft, das er sich auch leisten konnte: Erstausgaben von Beethovens unzähligen Kompositionen – zu seinen Lebzeiten und in fast allen Fällen mit Billigung des Komponisten veröffentlicht –, die auf dem musikantiquarischen Markt vergleichsweise günstig zu haben waren, obwohl es nicht allzu viele davon gab und sie oft von größerem Wert für die Musikgeschichte waren als die Briefe. Allmählich stellte Brilliant sich vor, wenn es ihm gelänge, genügend

Erst- und frühe Ausgaben zu sammeln, könnten diese eines Tages möglicherweise den Grundstock eines wissenschaftlichen Vermächtnisses irgendeiner Art bilden.

Als sein Plan für weitere Erwerbungen feststand, begann Brilliant, der weiterhin als Immobilienmakler tätig war – einzig sein geschäftlicher Erfolg in Scottsdale lieferte ihm die Mittel zur Finanzierung seiner neuen Berufung –, Kontakt mit den wenigen europäischen und amerikanischen Musikalienantiquaren aufzunehmen: Hermann Baron, Richard Macnutt und Albi Rosenthal in England, Hans Schneider in Deutschland sowie Mary Benjamin in Harper bei New York; sie alle lernten in den nun folgenden Jahren jenen Mann recht gut kennen, dessen große Leidenschaft Beethoven war. Rosenthal »wickelte seine Geschäfte wie alle anderen ab, umgeben von seinem Vorrat: ein Regal neben dem anderen in einem großen Raum mit einem offenen Kamin«, schrieb Brilliant 1990. »Wir besuchten ihn, tauschten Neuigkeiten aus, und ich bemühte mich sorgsam, einen kleinen Stapel Noten nicht weiter zu beachten, der auf einem kleinen Tisch neben uns lag. Nach einem angemessenen Zeitraum forderte er mich dann beiläufig auf, den Stapel durchzusehen und eine Auswahl zu treffen. Diese Noten hatte er für mich beiseite gelegt.«

1983 besaß Brilliant bereits eine Sammlung von über 70 Erstausgaben von Kompositionen Beethovens – jede hatte einen bestimmten Marktwert, doch die Sammlung als ganze war weit wertvoller als die Summe ihrer einzelnen Bestandteile –, und er gelangte zu der Überzeugung, nun sei es an der Zeit, die Sammlung sozusagen arbeiten zu lassen, sie nicht nur auf einem Bücherbord in seinem Haus zu horten. Doch als er und seine Frau Irma sich an den Dekan der Fakultät der Schönen Künste und den Direktor der School of Music an der Arizona State University im nahe gelegenen Tempe wandten, erhielten sie kurz und bündig eine Abfuhr: Die Institution war schlicht nicht daran interessiert. Wie das Schicksal es wollte, reisten die Brilliants jedoch einige Wochen später im Anschluß an ein Treffen der Manuscript Society in San Francisco nach San Jose in Kalifornien, um David Shapiro, einem Freund und früheren Professor für Wirtschaftswissenschaften an der San Jose State University, einen Besuch abzustatten. Shapiro fragte seine Gäste, die ein paar Tage bei ihm blieben, ob es ihnen recht wäre, wenn er das Thema einer entsprechenden Schenkung gegenüber einem ihm geeignet erscheinenden Dekan an dem College, an dem er jetzt unterrichtete, anschneide. Brilliant erklärte sich einverstanden – und dies sollte binnen Tagen sein Leben auf dramatische Weise verändern.

Am Heldengedenktag, dem 30. Mai 1983, rief Shapiro Arlene Okerlund, Dekanin der School of Humanities and the Art an der San Jose State University, zu Hause an und machte sie binnen weniger Minuten so neugierig, daß sie für den nächsten Tag um neun Uhr ein Treffen mit ihm und den Brilliants vorschlug. Nach dieser ersten Begegnung war Okerlund beinahe schwindlig vor Aufregung über die Aussicht, ein richtiges Beethoven-Forschungszentrum aufzubauen, dessen Kern die Brilliant-Sammlung bilden sollte, und noch vor Ende der Woche flogen sie und die Universitätsbibliothekarin Barbara Jeskalian nach Phoenix, um sich die Kollektion anzusehen. Und in weniger als zwei Wochen erhielt Brilliant einen Brief, der eine ähnliche Wirkung auf ihn ausübte wie der Empfang von »Anderson 1272« acht Jahre zuvor – nur handelte es sich diesmal um ein zeitgenössisches Schreiben der Direktorin der San Jose State University und nicht um eines des schon lange toten Komponisten.

»Im Namen der Fakultät und der Studenten der San

Jose State University«, schrieb Rektorin Gail Fullerton, »möchte ich Ihnen für Ihr Interesse an unserer Universität als einem möglichen Zuhause für Ihre Sammlung an Beethoven-Materialien danken. Wir verfügen über eine hervorragende Musikabteilung, und uns liegt sehr daran, unsere Forschungsquellen auszubauen; darüber hinaus teilt die hiesige Gemeinde unsere Wertschätzung Beethovens. Ich bin in der Tat überzeugt, wenn wir zusammenarbeiten, könnte es uns gelingen, unser gemeinsames Ideal der Schaffung *des* großen Zentrums für Beethoven-Forschung in Amerika zu verwirklichen.« Des weiteren, so führte sie in dem Brief näher aus, würde die Universität – falls die Brilliants zustimmten, das Projekt weiterzuverfolgen – ihnen vertraglich zusichern, daß ihre Sammlung nie verkauft oder aufgeteilt würde, daß sie jederzeit Zugang zu ihr hätten, daß für das Zentrum ein angemessener Raum mit Klimaanlage in einer Bibliothek auf dem Universitätsgelände oder in der Musikabteilung bereitgestellt und ein Kurator wie auch ein Musikologe, beide auf Beethoven spezialisiert, angestellt würden, um es zu leiten und dazu beizutragen, Beethovens Werk einem immer größeren Kreis von Studenten, Wissenschaftlern und Bürgern verfügbar zu machen.

Fullerton schlug also genau die Art allgemein zugänglicher Forschungsinstitution vor, von der Brilliant seit fast einem Jahrzehnt träumte; natürlich antwortete er umgehend – und begeistert. Am 7. September 1983 waren die Verhandlungen zwischen den Brilliants und der Universität abgeschlossen, und es wurde ein Vertrag unterzeichnet, der die Gründung und auf Dauer angelegte Existenz des – auf dieser Bezeichnung bestanden Okerlund und Fullerton – Ira F. Brilliant Center for Beethoven Studies absicherte, das in der westlichen Hemisphäre einzigartig wäre. Der an der San Jose State University lehrende Historiker Professor Thomas Wendel, selbst ein begeisterter Beethoven-Verehrer, wurde zum Übergangspräsidenten ernannt; im fünften Stock der auf dem Universitätsgelände gelegenen Wahlquist-Bibliothek wurde provisorisch ein Raum zur Verfügung gestellt; man begann, sich weltweit nach einem ständigen Leiter des Zentrums umzusehen. Und natürlich machte sich eine stetig anwachsende Sammlung von Beethoven-Erstausgaben – 77 waren es insgesamt im Herbst 1983 – auf die Reise nach San Jose.

Mittlerweile besaß Brilliant außerdem vier wichtige und äußerst begehrte Briefe Beethovens; den letzten, »Anderson 758«, hatte der Antiquar Richard Macnutt für ihn erstanden. Beethoven hatte ihn an Franz Brentano geschrieben, den Mann jener Frau, von der viele Gelehrte glauben, sie sei seine heimliche »unsterbliche Geliebte« gewesen und ihr Sohn Karl Josef möglicherweise von Beethoven gezeugt worden. Falls Antonie Brentano tatsächlich Beethovens Geliebte und Mutter seines Kindes war, stellt der Brief, in dem Beethoven großherzig seiner Hoffnung Ausdruck verleiht, ihr Gemahl, das Oberhaupt der großen, wunderbaren Familie, möge lange leben, in der Tat ein bemerkenswertes Zeugnis dar. Brilliant hatte den Brief – jetzt das Kronjuwel seiner Sammlung – erst einen Monat vor Unterzeichnung des Gründungsvertrags des Zentrums erworben. Kurz darauf änderte er sein Testament, um sicherzustellen, daß nach seinem Tod dieser und auch die anderen Beethoven-Briefe ebenfalls in den Besitz des Zentrums übergingen. Bis dahin wollte er sie jedoch in einem Banktresor in der Nähe seines Hauses in Phoenix aufbewahren, da es ihm einfach so großes Vergnügen bereitete, zwei-, dreimal im Jahr einen Blick auf sie zu werfen oder sie gelegentlich seinen von ehrfürchtiger Scheu ergriffenen Freunden zu zeigen. Zwar steckte jeder Brief in einer durchsichtigen, säurefreien Schutzhülle aus Plastik, dennoch war es eine einzigartige Geste, ein Geschenk, das er mit Freuden einigen wenigen Leuten machte, die dessen ungeheure Bedeutung zu würdigen wußten – die Gelegenheit, etwas, das der große Beethoven selbst in der Hand gehalten hatte, ebenfalls zu berühren, in Händen zu halten.

In den vier Jahren, in denen Che Guevara an der Medical School in Galveston, Texas, studierte, wie auch in den anschließenden sechs anstrengenden Jahren als Assistenzarzt für Chirurgie und Urologie an der University of Arizona hatte Beethovens Musik ihm immer wieder neuen Auftrieb und Mut verliehen. Ende 1981 lernte er eine Grundschullehrerin namens Renée Baffert kennen, die er kurz darauf heiratete; sie lebte 60 Kilometer südlich von Tucson in ihrer Heimatstadt Nogales, wo ein hoher Stahlzaun, der die Vereinigten Staaten von Mexiko trennt, sich über die abwechslungsreichen Hügel um die kleine Stadt zieht. Der junge Arzt kam zu dem Schluß, Nogales sei genau der richtige Ort für ihn, um eine Praxis zu gründen; in der Gegend brauchte man einen Urologen, vor allem einen, der Spanisch ebenso gut wie Englisch sprach. Und so verfügte Alfredo Guevara jun. zum erstenmal, seit er vor 13 Jahren aus der Tankstelle seines Vaters ausgeschieden war, endlich wieder über ein eigenes Einkommen.

Es dauerte eine Weile, die Art von Praxis aufzubauen, auf die er lange gehofft hatte, und obwohl sein Leben durch die Geburt dreier Kinder in den achtziger Jahren bereichert wurde, war er noch ziemlich weit von seinem Ziel entfernt: der wohlhabende Arzt zu werden, wie er es sich erträumt hatte, seit er fünf Jahre alt und fast immer hungrig gewesen war. Doch allmählich ging es aufwärts, und 1989 hatte er endlich eine ansehnliche Ambulanz, an deren Tür sein Name stand, und ein wenig Geld auf der Bank.

Und nun beschloß Guevara, das neue Haus sei genau der geeignete Platz, um eine Geburtstagsfeier zu Ehren des großen Beethoven zu veranstalten. Er verschickte Einladungen an seine Kollegen in Nogales sowie an Freunde und Angehörige nah und fern. An jenem Abend wartete er dann mit einem erlesenen mexikanischen Buffet sowie musikalischer Unterhaltung auf, für die Musiker in wunderschöner mexikanischer Tracht, Mariachis, sorgten. Ein farbenprächtiges Banner war rund um das Wartezimmer drapiert; darauf stand: HAPPY BIRTHDAY, LUDWIG VAN BEETHOVEN. Die Feier war ein so großer Erfolg – das gesellschaftliche Ereignis des Jahres, behaupteten die Leute –, daß sie von nun an jedes Jahr stattfand. Und jedes Jahr wurden die Gästelisten länger – und die nicht unbeträchtlichen Kosten höher. Ende November 1993 lud Guevara dann telephonisch Professor Wayne Senner von der Arizona State University ein, dessen Abhandlung über die zwiespältige Aufnahme von Beethovens Kompositionen zu seinen Lebzeiten Guevara in einer Universitätspublikation gelesen hatte. Senner fühlte sich geschmeichelt von der großzügigen Geste. Gleichzeitig war er neugierig auf den Unbekannten, der ihn zu diesem Fest eingeladen hatte. Allerdings teilte er dem Arzt in Nogales mit, falls er beabsichtigt habe, den größten Beethoven-Verehrer in Arizona einzuladen – der es hinsichtlich seiner Begeisterung für den Komponisten mit Guevara aufnehmen könne oder ihn darin vielleicht sogar überträfe –, dann sollte er auch den Namen Ira Brilliant in seine Gästeliste aufnehmen. Sogleich war Guevaras Interesse geweckt, und er versicherte Senner, es wäre ihm eine große Freude, beide Männer nebst ihren Frauen willkommen zu heißen. Sie sollten alle seine Gäste sein; er würde sie in einem nahe gelegenen Ferienhotel unterbringen. Und er freue sich ungemein darauf, sie am Abend des 16. Dezember kennenzulernen, wenn sie gemeinsam voller Begeisterung den Geburtstag jenes Mannes feierten, der ihnen allen so viel bedeutete.

Als Ira Brilliant mit seiner Frau Irma Mitte Dezember in Nogales ankam, stellte er ungemein erleichtert fest, daß Beethoven nicht zum musikalischen Repertoire der Mariachis gehörte. Allerdings bereitete es ihm großes Vergnügen, an der Feier teilzunehmen, und Che Guevara gefiel ihm auf Anhieb. Im Verlauf der Geburtstagsfeier und späterer Treffen stellten die beiden Männer fest, daß sie zwar grundverschieden waren, doch einander voll und ganz verstanden, sobald es um ihre bedingungslose Verehrung Beethovens und seiner Musik ging. Im Verlauf der nun folgenden Monate lernten die beiden einander näher kennen und fühlten sich bald durch aufrichtige Freundschaft verbunden, und Guevara interessierte sich zunehmend für Brilliants Sammlertätigkeit. Ihn faszinierte, was er im Lauf der Zeit über die winzige, aber zielstrebige Gemeinschaft von Sammlern auf der ganzen Welt erfuhr, ebenso die offenbar nahezu sakramentale Verbindung zwischen Dingen, die man sammeln konnte, und den großen Persönlichkeiten, denen sie einst gehört hatten. Außerdem reizten ihn die finanziellen Aspekte des Unternehmens: Versuche, etwas zu einem möglichst günstigen Preis zu erstehen, das hektische Bieten bei Auktionen, all das erschien ihm als eine Art berauschender, wenn auch nervenaufreibender Sport. Vor allem nahm ihn jedoch die Art und Weise ein, wie es Brilliant gelungen war, Beethoven tatsächlich wieder zum Leben zu erwecken – zumindest in seinem Inneren –, indem er verstreute Andenken und Erinnerungen aus jener längst vergangenen Zeit sammelte, als der Meister seine Musik komponiert hatte.

Doch noch hatte Guevara keineswegs vor, selbst Sammler zu werden – schließlich mußte er zumindest seine drei Kinder und deren Ausbildung im Auge behalten –, und er bezweifelte, ob die Anforderungen seiner Praxis ihm die Zeit ließen, die er bräuchte, um mit einigem Erfolg die raffinierten Tricks dieses Handels zu erlernen. Sammeln war eine potentielle neue Leidenschaft, auf die er schlicht verzichtete. Dennoch hätte er nur zu gern irgend etwas gehabt, eine Winzigkeit, ein kleines Erinnerungsstück an Beethoven oder seine Zeit; zuerst gestand er dies nur sich selbst, dann auch seinem neuen Freund ein. Brilliant hatte kürzlich eine gedruckte Einladung zu Beethovens Begräbnis erstanden – eine kleine Karte, auf der das Hinscheiden des Komponisten sowie Zeit und Ort des privaten Trauergottesdienstes in der Kirche in der Alsergasse, vor der sich viele tausend Wiener eingefunden hatten, um ihm die letzte Ehre zu erweisen, bekanntgegeben wurden. Genau so etwas wie diese Einladung zum Trauergottesdienst, erklärte Guevara, würde er gern eines Tages besitzen; und Brilliant versprach ihm, die Augen offenzuhalten. Es könnte eine Zeitlang dauern, und das Andenken könnte ein paar tausend Dollar kosten, aber ja doch, er könnte bestimmt etwas aus Beethovens Zeit erwerben, an dem Guevara sein Leben lang Freude hätte.

In den zehn Jahren seit seiner Gründung hatte das Zentrum für Beethoven-Forschung, das Ira Brilliants Namen trug, große Fortschritte gemacht und war auf bestem Wege, sich zu genau der Art von Institution zu entwickeln, die er, seine Frau Irma und die begeisterten Universitätsangestellten in San Jose sich erhofft hatten. Im August 1985 war Thomas Wendel, der Geschichtsprofessor, der sich von allem Anfang an um das heranwachsende Zentrum gekümmert hatte, zum Vorstandsvorsitzenden gewählt worden und hatte die laufende Verwaltungsarbeit dem 31jährigen William Meredith überlassen, der Anfang des Monats an der University of North Carolina in Chapel Hill in Musikwissenschaft promoviert worden war. Von San Jose bis nach Westeuropa hatte man sich nach einem ständigen Direktor umgesehen, und mehrere anerkannte Beethoven-Spezialisten hatten sich bereits um die Stellung beworben. Doch Meredith verfügte eindeutig nicht nur über das erforderliche Wissen zu Beethoven; seine Jugend, seine Tatkraft und selbstlose Zurückstellung der eigenen Person waren zudem genau die Eigenschaften, die nach Ansicht des Vorstands unabdingbare Voraussetzungen für einen erfolgreichen Direktor wären.

Die Einweihung des Zentrums war schon seit langem auf den 15. September festgesetzt, und im Verlauf der Vorbereitungen spendete Brilliant 50000 Dollar, um eine Kampagne in Gang zu setzen, bei der eine Summe von 1,5 Millionen Dollar als Stiftungskapital gesammelt werden sollte. Zudem hatten er und seine Frau bei den Instrumentenbauern Paul und Janine Poletti in Oakdale, Kalifornien, einen Flügel in Auftrag gegeben, der dem Instrument, auf dem Beethoven als junger Mann gespielt und komponiert hatte, sehr ähnlich sein sollte. Er wäre kleiner, leiser und empfindlicher als ein heutiges Klavier, doch die stabile Holzkonstruktion und der leichte Anschlag ergäben genau die Art von Klang, mit der der Komponist und seine Zuhörer vertraut gewesen waren. Es wäre eine exakte Nachbildung des Instruments, das 1795 Johann Dulcken in München angefertigt und für das dieser genaue Entwürfe skizziert hatte, und es sollte als Geschenk der Brilliants zum Gedenken an ihre Tochter im Forschungszentrum aufgestellt werden.

Kurze Zeit nachdem das Zentrum seine Arbeit aufgenommen hatte, war die American Beethoven Society gegründet worden, eine gemeinnützige Vereinigung von Beethoven-Verehrern, die es sich zum Ziel gesetzt hatte, die Bestrebungen des Forschungszentrums zu unterstützen. Patricia Stroh, die einen Hochschulabschluß sowohl in Musikgeschichte als auch in Bibliothekswissenschaften hatte, war als Kuratorin benannt worden. In den nun folgenden Jahren hatte es mit Hilfe von Stipendien und Schenkungen des National Endowment for the Humanities, der California State Library und zahlreicher privater Stiftungen rasch und auf beeindruckende Weise an Größe und Bedeutung gewonnen.

Als Brilliant an einem frühwinterlichen Dezembertag im Jahre 1993 seinem neuen Freund Che Guevara vorschlug, sich der Beethoven-Gesellschaft anzuschließen und sie bei ihren unzähligen Aufgaben zu unterstützen, war das Zentrum bereits im Besitz von fast 300 Erstausgaben von Beethoven-Werken sowie mehr als 1600 frühen Ausgaben, die noch zu Lebzeiten des Komponisten erschienen waren. Zudem verfügte es über eine Bibliothek mit annähernd 3400 Büchern und wissenschaftlichen Abhandlungen zum Leben und Werk des Komponisten. Man hatte einen alljährlichen Klavierwettbewerb für außergewöhnlich vielversprechende High-School-Musiker eingerichtet, ebenso das Programm »Beethoven geht in die Schulen« sowie zahlreiche Beethoven-Festivals, die von der San Jose Symphony mitunterstützt wurden. Das halbjährlich erscheinende, von Meredith herausgegebene *Beethoven Journal* hatte mittlerweile Artikel, Briefe und Kommentare praktisch jedes berühmten Beethoven-Forschers auf der ganzen Welt veröffentlicht.

Mehr als alles andere trugen Brilliants Gespräche und seine Zusammenarbeit mit diesen Persönlichkeiten – wissenschaftlichen Größen wie Joseph Kerman, Lewis Lockwood und Maynard Solomon in den Vereinigten Staaten, William Kinderman in Kanada, Sieghard Brandenburg und Hans-Werner Küthen vom berühmten und äußerst einflußreichen Beethoven-Archiv in Bonn – dazu bei, ihm zu beweisen, daß sein Traum endlich und unbestreitbar Wirklichkeit wurde. Schließlich und endlich war er nichts weiter als ein einfacher Grundstücksmakler; viele Jahre lang war er ein Beethoven-Laie gewesen, so etwas wie ein bloßer Fußsoldat, doch seine bereits lange währende Beschäftigung und Hingabe hatten jetzt, als er Anfang 70 war, zu sich vertiefenden Freundschaften mit den führenden Autoritäten für Beethovens Leben und Werk geführt. Sie nannten ihn beim Vornamen, wie er stolz feststellte, und mittlerweile nannte auch er sie bei ihren Vornamen; sie schätzten sein umfassendes Wissen und erkannten an, zu welch wichtiger Institution das von ihm gegründete Zentrum geworden war. Und was seine Person betraf, so waren sie einfach von seiner tiefen, ganz eigenen Leidenschaft fasziniert.

In all seinen Sammlerjahren war es Brilliant jedoch nicht gelungen, eine schöne Erstausgabe von Beethovens Opus 1 zu erstehen, den Klaviertrios Nr. 1 bis 3, die 1795, drei Jahre nach dem Umzug des Komponisten von Bonn nach Wien, veröffentlicht worden waren. In jener frühen Zeit war Beethoven noch keineswegs weithin berühmt gewesen, folglich existierte nur noch eine Handvoll Erstausgaben der Trios. Zudem waren diese Erstausgaben nicht nur selten; vielmehr verlieh die Opusnummer dem Werk auch noch einen besonderen Wert, und die Belegschaft des Zentrums war sehr darauf bedacht, ein Exemplar aufzustöbern und zu kaufen, falls die Kosten nicht zu hoch wären. Im November 1994 schließlich schien wieder einmal das Glück mit der Post zu kommen. Im Katalog der halbjährlichen Buch- und Musikalienauktion von Sotheby's entdeckte Brilliant genau das, was er suchte, unter der Nummer 27: Eine Erstausgabe des Opus 1 sollte am 1. Dezember in London versteigert werden. Sotheby's Schätzwert von 1500 bis 2000 Pfund wirkte zwar ein wenig abschreckend, doch Brilliant entschloß sich schnell, zu tun, was er konnte, um sich die Ausgabe zu sichern. Er würde so viel Geld stiften, wie ihm möglich war, und andere wichtige Freunde des Zentrums würden es ihm wahrscheinlich gleichtun; gemeinsam könnten sie bestimmt dem englischen Agenten Richard Macnutt ausreichende finanzielle Mittel zur Verfügung stellen, um die Erstausgabe zu ersteigern.

Doch in dem Katalog war auch noch etwas anderes aufgeführt, das seine Aufmerksamkeit erregte. In den zwei Jahrzehnten, seit er Sammler war, hatte er noch nie menschliche Überreste irgendeiner Art bei einer Auktion angeboten gesehen, doch da stand es, unmißverständlich: Nummer 33, Schätzwert 2000 bis 3000 Pfund – eine Locke von Beethovens Haupt, deren Echtheit unwiderlegbar schien. Als er Meredith und Wendel gegenüber die Möglichkeit erwähnte, die Locke zu kaufen, waren beide sofort hellauf begeistert. Und jetzt erinnerte Brilliant sich an seinen Freund in Nogales.

Es gelang ihm, Guevara gegen Abend in seiner Ambulanz zu erreichen; als erstes erinnerte Brilliant seinen Freund daran, daß dieser ihn gebeten hätte, irgendwann einmal ein passendes Andenken an Beethoven für ihn aufzutreiben. Ja, selbstverständlich erinnerte der Arzt sich. Nun, in diesem Fall – jetzt konnte er kaum noch seine Aufregung verhehlen und stellte ihm folgende Frage: Wäre Che zufällig am Kauf eines kleinen Teils von Beethovens Haar interessiert? Eine außergewöhnliche Vorstellung – eine Locke vom Haupt des Meisters, die er eines Tages vielleicht in Händen halten könnte, Beethoven neu zum Leben erwacht oder zumindest unwiderlegbar unter den Lebenden weilend –, und Guevara bestätigte begeistert, er wolle 5000 Dollar für den Erwerb zur Verfügung stellen. Brilliant dankte ihm für seine Großzügigkeit und seine rasche Entscheidung, warnte ihn jedoch, es könnte, ausgehend von den Schätzungen Sotheby's, durchaus doppelt soviel kosten, die Locke zu ersteigern. Doch er – wie bestimmt auch noch einige andere Mitglieder der Beethoven Society – wolle auch dazu beisteuern. Er würde alles in seiner Macht Stehende tun, um ein kleines Konsortium von Käufern zusammenzustellen, die gemeinsam ihr Möglichstes versuchen würden, um diese unglaubliche, doch ungeheuer faszinierende Reliquie in die Vereinigten Staaten zu bringen. Stell dir nur vor, spornten die beiden einander an: eine Locke von Beethovens Haupt!

Am wichtigsten war es zunächst, die finanziellen Mittel zur Verfügung zu stellen, die notwendig wären, um beides zu erstehen, Opus 1 und die Locke. In den folgenden Tagen legte der Präsident der Amerikanischen Beethoven-Gesellschaft begeistert 500 Dollar drauf, ebenso Caroline Crummey, die seit langem das Zentrum förderte; dann waren da natürlich die 5000 Dollar von Che Guevara; Ira Brilliant seinerseits konnte zusätzlich zu der Summe, die er für Opus 1 bestimmt hatte, etwa 2000 Dollar beisteuern; und als er die einzelnen Beiträge zusammenrechnete, kam er zu dem Schluß, er könne guten Gewissens seinen Agenten Richard Macnutt ermächtigen, bis zu 4200 Pfund zu bieten. Mit dieser Summe erstünden sie *vielleicht* die Reliquie, aber wer konnte das schon sagen? Bei dem Posten, der zum Verkauf stand, handelte es sich genaugenommen um Beethoven selbst; es schien daher durchaus möglich, daß irgend jemand irgendwo auf der Welt willens wäre, eine fürstliche Summe auszugeben, um ihn für sich zu bekommen. Als Brilliant ein paar Tage vor der Versteigerung Macnutt seine endgültigen Anweisungen faxte, legte er klar und eindeutig fest, der Agent solle, falls es ihm nicht gelänge, das unter der Nummer 27 aufgeführte Opus 1 zu ersteigern, alles daransetzen, ihnen zwei andere, nicht so wertvolle Erstausgaben von Beethoven-Werken zu sichern, die ebenfalls zum Verkauf standen. Wenn sie Opus 1 nicht haben könnten – und er hoffte sehr, dies würde nicht passieren –, sollte Macnutt seine Anstrengungen auf die beiden anderen Erstausgaben und auf jene verführerische Locke richten, die, in einem kleinen schwarzen Medaillon verschlossen, unter der Nummer 33 aufgeführt war.

Als er am Morgen des 2. Dezember 1994 aufstand, wartete bereits ein Fax aus London auf Brilliant; Macnutts Nachrichten waren sowohl gut als auch schlecht. Opus 1 war für 6500 Pfund verkauft worden, mehr als dreimal soviel, wie man bei Sotheby's geschätzt hatte, und fast doppelt soviel, wie er zu bieten ermächtigt gewesen war. Andererseits war es Macnutt gelungen, Erstausgaben des *Abschiedsgesangs* sowie der Serenade für Flöte und Klavier zu ersteigern; außerdem hatte er für Brilliant Beethovens Locke gekauft. Niemand hatte Macnutts 3600 Pfund für die Nummer 33 überboten. Zwar wäre er bereit gewesen, noch ein gutes Stück höher zu gehen, doch der Hammer war gefallen, ehe er sich dazu gezwungen gesehen hatte. Das bedeutete, Guevara, Brilliant und ihre Partner müßten – einschließlich der Gebühr für Sotheby's, Macnutts Provision und Versandkosten – 7300 Dollar zahlen. Macnutt berichtete seinem Klienten, zu Beginn sei zwar für die

Locke sehr rasch immer höher geboten, die Obergrenze jedoch bald erreicht worden; angesichts dessen, was sie möglicherweise hätten zahlen müssen, sei der Preis, so Macnutt, »gewissermaßen recht günstig gewesen«.

Seine Haare. Brilliant und seine Partner besaßen nun wirklich und tatsächlich einige Haare von Beethoven. Möglicherweise würde nie wieder etwas Derartiges angeboten, wurde ihm plötzlich klar, ehe ein anderer Gedanke ihn beinahe umwarf: Er und Irma und Guevara und ihre Freunde in San Jose könnten bald etwas in ihren zitternden Händen halten, das ein Teil des großen Mannes selber war. Das war wahrhaftig außergewöhnlich, doch er versuchte erst, sich etwas zu beruhigen, ehe er einen Eilanruf nach Nogales durchstellen ließ.

»Hast du deinen Kamm zur Hand?« fragte er, als er Guevaras Stimme hörte.

Irma Brilliant war reichlich unbehaglich zumute, wenn sie das Päckchen ansah, das seit drei Tagen ungeöffnet auf dem Schreibtisch ihres Mannes lag. Den Umständen nach kam ihr das Ganze nicht viel anders vor, als besäßen sie jetzt die eingeäscherten Überreste eines Fremden, obwohl es sich dabei um eine Person handelte, die sie stets sehr geschätzt hatten. Schließlich war Ira Brilliant jedoch soweit, das Päckchen zu öffnen; es hatte ihm zunehmend Vergnügen bereitet, es unbeachtet zu lassen, wohl wissend, was darin war; doch er hatte versucht, die Vorfreude nicht überhandnehmen zu lassen, und dann verbrachte er – fast so wie damals, als er vor 20 Jahren seinen ersten Beethoven-Brief erstanden hatte – fast eine Stunde damit, ungemein sorgfältig und behutsam die Verpackung von Sotheby's zu entfernen, bis er schließlich das schwarzgerahmte Medaillon in Händen hielt und voller Staunen die

Haare betrachtete, die auf dem Kopf des großen Mannes gewachsen waren, jenes Mannes, den er mehr verehrte als irgend jemanden sonst.

Als Guevara und Brilliant sich ein paar Tage später in Tucson trafen, reagierte Che auf ganz ähnliche Weise, als er zum ersten Mal einen Blick auf diesen unwahrscheinlichen Fang warf. Einen Augenblick lang sagte keiner der beiden ein Wort, als Brilliant das Medaillon aus dem kleinen Kästchen nahm, in dem er es von Phoenix hierhergebracht hatte, und ihr Schweigen verriet, was sie beide empfanden. Nach diesen Haaren, dieser bemerkenswerten Reliquie Beethovens, hatte keiner von beiden sich jahrelang gesehnt; tatsächlich hatte keiner sechs Wochen vorher auch nur etwas von ihrer Existenz geahnt, doch die erstaunliche Schnelligkeit, mit der sie in ihren Besitz gelangt war, schmälerte keineswegs die Erregung, als sie sie zum erstenmal gemeinsam betrachteten.

Allerdings kam es bei ebendiesem Treffen zu einer beträchtlichen Unstimmigkeit zwischen den beiden. Zwar hatten sie vor der Auktion abgesprochen, die Haare untereinander aufzuteilen, wenn sie denn ihr Eigentum würden, doch dies war so unsicher gewesen, daß sie sich nie näher über die Einzelheiten unterhalten hatten. Jetzt, da die Locke ihnen gehörte, mußte diese Frage jedoch geklärt werden, und Guevara machte unmißverständlich klar, er habe das Gefühl, die Haare sollten entsprechend dem Anteil, den jeder investiert hatte, aufgeteilt werden. Seiner Ansicht nach stünden ihm, da er von den 7300 Dollar, die sie insgesamt bezahlt hatten, 5000 Dollar aufgebracht hatte, zwei Drittel der Haare zu. Doch Brilliant widersprach hastig. So wie er das Ganze sah, hatte Guevara zwar den höchsten Betrag zum Erwerb der Locke beigesteuert, das wohl, aber andererseits war er es gewesen, der von dem bevorstehenden Verkauf erfahren, der seinen englischen Agenten eingeschaltet sowie die Gesamtkosten für die beiden Erstausgaben übernommen hatte und durchaus willens gewesen wäre, noch einmal 1300 Dollar für den Kauf der Haare draufzulegen, falls es sich als notwendig erwiesen hätte. Brilliant machte selbst keinen Vorschlag, wie die Haare aufgeteilt werden sollten – er hatte sich schlicht noch nicht überlegt, wie es am gerechtesten wäre –, doch er brachte deutlich zum Ausdruck, er hoffe sehr, ein Großteil der Haare würde letztlich für immer ins Beethoven Center in San Jose gelangen.

Die beiden kamen überein, sich das Ganze noch einmal durch den Kopf gehen zu lassen. Ob es wohl sinnvoll wäre, fragte Dr. Guevara, einen Teil der Haare gerichtsmedizinisch untersuchen zu lassen? Wäre es unter Umständen möglich, mittels einer solchen Untersuchung der Haare, die vor ihnen auf dem Tisch lagen, etwas Endgültiges über die letzten Tage in Beethovens Leben zu erfahren? Könnte man auf diese Weise vielleicht herausfinden, welche Medikamente er eingenommen hatte? Könnte man anhand eines solchen Tests möglicherweise die Ursachen für seine chronischen Magen-Darm-Beschwerden oder sogar seine Taubheit klären?

Eine erregende Vorstellung: Hatte nicht Beethoven selbst in seinem *Heiligenstädter Testament*, das er vor nahezu 200 Jahren verfaßt hatte, der Hoffnung Ausdruck verliehen, eines Tages würde man die Gründe für seinen Hörverlust feststellen und öffentlich bekanntmachen? Und nun wären sie beide möglicherweise in der Lage, diesen so dringlichen Wunsch des Komponisten zu erfüllen. War dies der Grund, so fragten sie sich, warum die Haare durch eine derart glückliche Fügung in ihren Besitz gekommen waren?

Unter normalen Umständen entspricht es der Politik des Hauses Sotheby's, die Identität der Verkäufer der Gegenstände, die sie versteigern, nicht preiszugeben. Doch in diesem Fall – und auf die Bitte Ira Brilliants und Che Guevaras hin und natürlich auch aufgrund der Berühmtheit des Mannes, dessen Haar das Medaillon barg – willigte Stephen Roe, Leiter der Buch- und Handschriftenabteilung bei Sotheby's, ein, Verbindung mit dem vorherigen Besitzer der Haare aufzunehmen und ihm zu erklären, die jetzigen Eigentümer hofften, Näheres über ihre besondere, geheimnisumwitterte Herkunft zu erfahren. In seinem Brief an Michele Wassard Larsen in Dänemark machte Roe eindeutig klar, sie sei keineswegs verpflichtet, ihre Anonymität aufzugeben und zu berichten, wie sie in den Besitz der Haare gekommen sei, doch wie es der Zufall wollte, war sie dazu sehr gern bereit. Zwei Monate nach dem Eintreffen von Beethovens Locke in Amerika folgte ein an das Beethoven Center in San Jose gerichteter Brief aus Hillerød. »Hallo!« begann das getippte Schreiben:

»Mein Name ist Thomas Wassard Larsen, und ich schreibe an Sie über eine Locke von Beethoven, die bei einer Sotheby's-Auktion in London verkauft wurde. Ich hoffe, Sie verstehen, was ich sagen will in diesem Brief, denn ich kann nicht sehr gut englisch schreiben.

Die Locke gehörte meiner Mutter, die sie aufgrund ihrer wirtschaftlichen Lage verkaufen mußte. Meine Mutter Michele wurde ein paar Jahre vor dem Zweiten Weltkrieg in Frankreich geboren. Während des Zweiten Weltkriegs hatte meine Großmutter acht kleine Kinder, einschließlich meine Mutter, und sie konnte sie nicht alle füttern, deshalb wurde meine Mutter von einer netten Familie in Dänemark adoptiert. Sie war jetzt acht Jahre alt.

Die neuen Eltern meiner Mutter waren ein Arzt und eine Krankenschwester, die in einer kleinen Stadt in

Nordseeland namens Gilleleje lebten. Diese kleine Stadt ist eine der am nächsten gelegenen zu Schweden, in das während des Zweiten Weltkriegs viele Juden flohen. Viele dieser Juden waren sehr arm, und einige hatten schreckliche Krankheiten.

Der neue Vater meiner Mutter war ein Arzt, der vielen von diesen Juden half, anfangs nur mit Medizin, aber später arbeitete er mit den örtlichen Fischern zusammen, um nachts Juden nach Schweden zu schmuggeln. Einer dieser Juden gab ihm Beethovens Locke, weil er ihm geholfen hatte. Mein Großvater behielt dieses Medaillon bis zu seinem Tod 1969, demselben Jahr, in dem ich geboren wurde.«

Thomas Larsen erklärte, die jetzigen Eigentümer sollten wissen, wie sehr er und seine Mutter sich freuten, daß Beethovens Locke nun im Besitz von Leuten sei, die sie zu schätzen wüßten und sie immer in Ehren hielten, so wie sie selbst dies getan hätten. Und er würde sehr wohl einen weiteren Austausch begrüßen und ihnen, soweit es in seiner Macht stünde, gern helfen, die Geschichte des Medaillons zu enträtseln. Larsen wußte, daß sein Großvater in der Tat ein Menschenfreund gewesen war, doch der junge Mann wollte außerdem gern mehr darüber erfahren, wer diese Juden gewesen seien und wie sein Großvater ihnen geholfen habe zu überleben. Hatten sie ebenfalls Hiller geheißen, war ihr Name der gleiche gewesen wie der auf dem Medaillon verzeichnete? Hatten sie sich, wie er hoffte, nach Schweden in Sicherheit bringen können? Und was war anschließend aus ihnen geworden?

Larsens Brief enthielt verblüffende neue Informationen: Anscheinend hatte Ludwig van Beethoven – völlig ohne sein Wissen und weit über ein Jahrhundert nach seinem Tod – eine kleine, aber dennoch bedeutsame Rolle dabei gespielt, Juden bei der Flucht vor der Tötungsmaschinerie der Deutschen zu helfen. Neuigkeiten, die insbesondere Ira Brilliant erschütterten – er hatte gegen die Nazis gekämpft, war selbst Jude –, und kurz nach dem Empfang des Briefes beschloß er, zu versuchen, die Fragen des jungen Dänen zu beantworten, zu versuchen, die Rätsel zu lösen, die ihm mit einemmal genauso wichtig waren wie eine mögliche Erklärung für Beethovens Krankheiten, die Gerichtsmediziner eines Tages vielleicht lieferten. Wie Larsen hofften nun auch Brilliant, Guevara und alle anderen in Amerika, die irgendwie mit der Locke zu tun hatten, es könnte ihnen vielleicht gelingen, die Nachfahren Paul Hillers und seines Vaters Ferdinand Hiller ausfindig zu machen, jenes Mannes, der den überragenden Beethoven kennengelernt und heimlich eine Locke von ihm beiseite geschafft hatte. Waren in jener chaotischen Zeit nach dem Zweiten Weltkrieg Angehörige der Familie Hiller nach England, in die Vereinigten Staaten oder in den allmählich Gestalt annehmenden neuen Staat in Palästina ausgewandert? War es ihnen gelungen, sich in den Jahrzehnten seit dem Krieg ein neues Leben aufzubauen? Hatten sie – wie der große Komponist selbst – schließlich eine Möglichkeit gefunden, mit einem grauenhaften Schicksal fertig zu werden?

In den Monaten nach dem Erwerb der Locke Beethovens hatten Ira Brilliant, Che Guevara und die Mitarbeiter des Zentrums sich allmählich eingehender mit der Möglichkeit befaßt, die Haare wissenschaftlich untersuchen zu lassen, und erste Vorgespräche mit Wissenschaftlern geführt, die teilweise weit entfernt – etwa am Massachusetts Institute for Technology –, teils ganz in der Nähe – beispielsweise in den Lawrence-Livermore Nuclear Laboratories, kaum eine Autostunde vom Beethoven Center in San Jose entfernt –

tätig waren. Doch ehe man mit einer Analyse beginnen könnte, mußte erst einmal die Frage geklärt werden, wem die Haare gehörten und wie sie aufgeteilt werden sollten. Im Frühsommer 1995 hatte Brilliant Guevara eine mögliche Lösung vorgeschlagen: Der Großteil der Haare, genauer gesagt, 73 Prozent, sollten in den Besitz des Beethoven Center übergehen, wo sie auf immer bleiben und wo sie möglicherweise irgendwann in ferner Zukunft für eine Untersuchung mittels medizinischer Verfahren, die zur Zeit noch nicht entwickelt waren, zur Verfügung stehen sollten. In Anerkennung der Schlüsselrolle, die der Arzt bei ihrem Kauf gespielt hatte, und seines großherzigen Geschenks an das Zentrum würde man sie als »Guevaras Beethoven-Locke« etikettieren. Die übrigen Haare wären Guevaras alleiniges Eigentum, und er könne damit tun und lassen, was er wolle, unter der Voraussetzung, daß dem Zentrum das Vorkaufsrecht zustünde, falls sie je zum Verkauf angeboten würden. Bei jeglicher kommender Untersuchung würde man Haare dieses Teils der Locke verwenden, und Guevara selbst würde letztlich entscheiden, welche Untersuchungen von wem durchgeführt werden sollten.

Auf Brilliants Drängen hin und ehe er sich endgültig entschied, war Guevara in diesem Sommer nach San Jose gefahren, um zum erstenmal dem Zentrum einen Besuch abzustatten und sich selbst ein Bild von dessen Aufgaben und Verdiensten zu machen, aber auch, um an dem alljährlichen »Beethoven Bash« teilzunehmen, einem Fest zu Ehren Beethovens, das die American Beethoven Society finanzierte. Bei dieser Gelegenheit hatte er spontan für ihre Sache geworben, mit dem Erfolg, daß schließlich die noch fehlende Summe für den Erwerb eines Drucks des berühmten Beethoven-Stichs von Blasius Höfel nach Louis Letronne aus dem Jahre 1814 zusammenkam. Brilliant war daher in der Hoffnung von ihrem gemeinsamen Besuch in Kalifornien nach Hause zurückgekehrt, der Arzt würde sich letztlich der Meinung anschließen, San Jose sei der Ort, wo der Großteil der Haare am besten aufgehoben wäre. Kurz darauf war Guevara in der Tat zu genau diesem Schluß gekommen; er habe sein Herz und seinen Verstand befragt, erklärte er seinem Freund, und er stimme Brilliants Vorschlag zu, wo die Locke, die seinen Namen trüge, in Zukunft aufbewahrt werden sollte.

Etliche Monate vergingen, ehe die Verträge, in denen die Einzelheiten der Vereinbarung festgelegt wurden, unterschriftsreif vorlagen und ehe es Guevara gelungen war, eine Gruppe Kollegen aus Medizin und Wissenschaft zusammenzustellen, die den ersten Schritt in einem gerichtsmedizinischen Verfahren unternehmen sollten, das sich wahrscheinlich mehrere Jahre hinzöge. Doch schließlich, am 12. Dezember 1995, waren alle notwendigen Vorbereitungen getroffen, und ein erlesener Kreis interessierter Personen war soweit, im University of Arizona Medical Center zusammenzukommen, um die Dokumente zu unterzeichnen. Dann endlich sollte das Medaillon geöffnet werden, in dem die kostbaren Haare aufbewahrt waren – seit der Rahmenmacher Hermann Großhennig in Köln vor genau 84 Jahren das Medaillon restauriert hatte, wäre dies das erste Mal, daß sein Inhalt gezeigt würde. Am Vormittag sollte Dr. Guevara höchstpersönlich eine Art Operation an dem Medaillon vornehmen. Die Konservatorin Nancy Odegaard, Dr. George Drach, Professor für Urologie, dem Guevara sich sehr verbunden fühlte und den er sehr mochte, sowie der Gerichtsanthropologe Dr. Walter Birkby, alle von der University of Arizona, sollten ihm dabei zusehen und ihr fachmännisches Urteil beisteuern. Außerdem wären der Gerichtspathologe Dr. Richard Froede, ehemals Amtsarzt und Leichenbeschauer im County Pima, sowie selbstverständlich Ira und Irma Brilliant anwesend. Und auch noch andere würden dem Ganzen zusehen: Nachrichtenteams der regionalen Fernsehstationen sowie Zeitungsreporter und Amy Stevens vom *Wall Street Journal*; ein Team der British Broadcasting Company wollte das Ereignis als Teil eines Dokumentarfilms über Beethovens Leben und Werk aufnehmen.

Es versprach ein aufregender Tag zu werden, und Ira Brilliant war rechtzeitig losgefahren, ehe der Verkehr an diesem Dienstag zu dicht wurde. Natürlich war er aufgeregt, doch er war auch seltsam gedankenverloren, als er den Wagen durch den Autopulk auf der Interstate 10 steuerte. Das alles war so ungeheuer unwahrscheinlich, oder etwa nicht? Als durchlebe er eine Art Traum. Und in der Tat waren all diese unwahrscheinlichen Umstände kaum zu glauben: Auf dem Rücksitz des Buick, der nach Tucson unterwegs war, lag ein unauffälliges kleines Kästchen, in dem sich die Che-Guevara-Locke befand – sorgfältig zusammengerollte Haare, die wirklich und tatsächlich und wundersamerweise ein Teil von Ludwig van Beethoven selbst waren.

1824–1826

SEIT MITTE DER ZWANZIGER JAHRE BEDURFTE BEEThoven regelmäßiger Hilfe, nicht nur in musikalischen und finanziellen Angelegenheiten, sondern auch hinsichtlich der eher banalen häuslichen Erfordernisse. In den 32 Jahren, seit er in Wien lebte, hatte er sich nie ein Haus gekauft – obwohl er längst genügend Geld gehabt hätte, um sich eines leisten zu können. Der hauptsächliche Grund dafür war, daß irgend etwas in ihm nach einem ständigen Wechsel der Umgebung verlangte; doch es lag auch daran, daß er und die Vermieter meist schnell irgendwelche Gründe für einen Streit fanden. Bei jedem seiner mehr als 40 Umzüge hatte Beethoven seine Freunde dazu gebracht, ihm zu helfen. Ihnen allen war durchaus klar gewesen, die gleiche Bitte würde er spätestens nach etwa einem halben Jahr erneut an sie richten. Wenn er mit Musikverlegern den Preis für ein neues Stück aushandelte, konnte er zwar sehr gewitzt sein, aber wenn es um Haushaltsausgaben ging, tat er sich ausgesprochen schwer. Einmal war er nach langwierigem Nachdenken und Rechnen zu dem Schluß gekommen, die Summe von elf Halben müsse eigentlich zehneinhalb betragen. Und sobald er Dienstboten in seinen Haushalt aufgenommen hatte, mußte man ihm sogar sagen, wie er mit ihnen umgehen sollte. Bei einem Freund erkundigte er sich, was man seinen zwei Dienern mittags und abends zu essen geben solle – in welcher Menge und von welcher Qualität. Ebensowenig wußte er, wieviel Lohn der Haushälterin und dem Dienstmädchen zustand. Auch was seine Wäsche betraf, hatte er keine Vorstellung, wie er sich verhalten sollte. Und völlig ratlos schien er, als er überlegte, auf wieviel Wein und Bier die Bediensteten wohl Anspruch hätten, ob er ihnen diese Getränke persönlich geben müsse und, falls ja, wann. Auch ob ihnen ein Frühstück zustand, war ihm anscheinend ein unergründliches Rätsel.

In den Jahren, seit er sich welche leisten konnte, waren Dienstboten bei ihm fortwährend gekommen und gegangen. Die meisten warf er nach spätestens zwei Monaten hinaus; ein paar verschwanden bereits nach einem einzigen Tag, an dem sie die wüsten Schimpfkanonaden und ungestümen Forderungen des Tauben über sich hatten ergehen lassen müssen. Mittlerweile versuchte sein Neffe Karl so oft bei seinem Onkel zu sein, wie sein Studium an der Universität es ihm erlaubte. Und nachdem Anton Schindler sich wegen der Beschuldigungen Beethovens, er habe ihm Einnahmen von dem Galakonzert gestohlen, bei dem seine neunte Symphonie uraufgeführt worden war, von ihm getrennt hatte, nahm Karl Holz, ebenfalls Geiger, dessen – nach wie vor unbezahlte – Stelle ein; allerdings erwies er sich in dieser Hinsicht als begabter. Beethoven schloß ihn in dem Jahr, ehe Holz' Heirat die Zeit und Hilfe, die er Beethoven zur Verfügung stellen konnte, beträchtlich einschränkte, regelrecht ins Herz. Und so wie eigentlich seit eh und je besuchten Beethovens Gönner und

Freunde – die sich natürlich aufgrund der Musik, die er komponierte, aber auch, weil der reizbare alte Kerl auf seltsame Weise etwas Liebes, ja Liebenswertes an sich hatte, zu ihm hingezogen fühlten – ihn nach wie vor regelmäßig. Stets erkundigten sie sich nach seinem Wohlergehen und genossen an den Tagen, wenn er guter Dinge war, seine Gesellschaft.

Daß er guter Laune war, wurde jedoch aufgrund immer häufigerer Erkrankungen zunehmend selten. Als seine ständigen Magen-Darm-Beschwerden und wieder einmal ein nicht nachlassendes Fieber ihn im Frühjahr 1826 erneut ans Bett fesselten, verschrieb Dr. Anton Braunhofer, ein angesehener Universitätsprofessor, ihm eine strenge Diät ohne Kaffee, Wein, sonstigen Alkohol oder Gewürze irgendwelcher Art, eine Diät, die dem Patienten, der nur wenige Annehmlichkeiten kannte, eher grausam denn möglicherweise lindernd vorkam. Doch allmählich ging das Fieber so weit zurück, daß Beethoven in der Lage war, im Mai in den nahe gelegenen Kurort Baden zu reisen, wo, wie der Arzt hoffte, tägliche Mineralienbäder sich ebenfalls als wirksam erweisen könnten. Doch anfangs besserte Beethovens Zustand sich keineswegs. »[…] wir stecken in keiner guten Haut. – noch immer sehr schwach, Aufstoßen *etc*«, berichtete er in einem Brief an Braunhofer, »ich glaube, daß endlich stärkende Medizin nöthig ist, die jedoch nicht stopft – weißen wein mit wasser sollte ich schon trinken dörfen, denn das Mephitische Bier kann mir nur zuwider seyn – mein katharalischer Zustand äußert sich hier folgender Maßen, nemlich: ich speie ziemlich viel Blut aus, wahrscheinlich nur aus der Luftröhre, aus der Nase strömmt es aber öfter, welches auch der Fall diesen winter öfters war Daß aber der Magen schrecklich geschwächt ist u. überhaupt meine ganze Natur […]« Dennoch war er nach wie vor gelegentlich zu Scherzen aufgelegt und beschloß den Brief mit den Noten für einen 16taktigen Kanon, dessen zwei Zeilen in einem spielerischen Satz feststellten: »Doktor sperrt das Thor dem Todt, Note hilft auch aus der Noth«, und den Text dann wiederholten.

Trotz dieser ständigen Belastung durch Krankheit hatte Beethovens Fähigkeit zu komponieren sich keineswegs auf humorvolle Liedchen beschränkt. Zwar hatte er seit 1810 kein Streichquartett mehr geschrieben, dennoch reizte ihn das Angebot, das der russische Fürst Nikolaus Galitzin ihm drei Jahre zuvor gemacht hatte, nämlich in seinem Auftrag drei Quartette zu komponieren, die nach vorheriger Absprache ihm gewidmet werden sollten. Der Fürst hatte es Beethoven überlassen, den Preis zu bestimmen. Dafür hatte der Komponist ihm seinerseits versichert, das erste Quartett binnen kurzem fertigstellen zu können. Doch die Anforderungen, die die *Missa solemnis* und die neunte Symphonie an ihn stellten, hatten die Fertigstellung des Quartetts dann doch bis Februar 1825 verzögert. Komponieren hatte für Beethoven immer etwas ungeheuer Heilsames – die einzige Medizin, auf die er sich wirklich verlassen konnte –, und diesmal bereitete es ihm besonderes Vergnügen, eine Form wieder aufzugreifen, die er lange Zeit vernachlässigt hatte. Er weilte nach wie vor in Baden, wo die täglichen Mineralienbäder ihm ebenfalls endlich zu helfen schienen, als er das zweite Quartett in Angriff nahm und rasch fertigstellte. Das Molto adagio des dritten Satzes war, wie er in die Partitur schrieb, ein »Heiliger Dankgesang eines Genesenen an die Gottheit in der lidischen Tonart«; über den folgenden rascheren Satzteil, Andante, schrieb er: »Neue Kraft fühlend«.

Er fühlte sich sogar kräftig genug, um mit der Arbeit am dritten und letzten Galitzin-Quartett zu beginnen, solange er sich noch auf dem Land aufhielt. Ende des Jahres stellte er es dann in Wien fertig, fühlte sich jedoch weiterhin gedrängt zu komponieren. Ein neuerliches Magen-Darm-Leiden – diesmal begleitet von schmerzenden Gelenken sowie einer quälenden Rückkehr der Schmerzen in den Augen – unterbrach im Winter die Arbeit an einem vierten Quartett, aber im Juni 1826 war es praktisch fertig. Doch dann traf ihn mit ungeheurer Wucht eine entsetzliche, schier unfaßbare Nachricht.

»Ganz verstört begegnete er meiner Mutter auf dem Glacis«, erinnerte sich Gerhard von Breuning, der Sohn Stephan von Breunings, seines Jugendfreunds aus Bonn, der viele Jahre zuvor zusammen mit seiner Familie nach Wien gezogen war. »›Wissen Sie, was mir geschehen ist? Mein *Karl* hat sich erschossen!‹ ›Und ist er todt?‹ ›Nein, er hat sich nur gestreift, er lebt noch, es ist Hoffnung vorhanden, ihn retten zu können; – aber die Schande, die er mir angetan; ich habe ihn doch so sehr geliebt!‹« Es war bezeichnend für die Art von Beziehung, die er zu seinem Neffen hatte, daß Beethoven die Auswirkungen der schrecklichen Tat auf seinen Ruf ebenso schnell in Betracht zog, wie er sich Sorgen machte, ob der Junge überlebte. Doch ohne jeden Zweifel erschütterte der versuchte Selbstmord ihn zutiefst. »Der Schmerz, den er über dieß Ereignis empfand, war unbeschreiblich«, erinnerte sich Breuning, »er war niedergeschlagen wie ein Vater, der seinen vielgeliebten Sohn verloren.«

Dem mittlerweile 19 Jahre alten Karl, immer darauf bedacht, es seinem Onkel recht zu machen, hatten dessen Ansprüche, sein besitzergreifendes Wesen, die ständigen Verdächtigungen und seine ungeheure Reizbarkeit immer mehr zugesetzt. Beethoven mochte Karls Freunde nicht und war stets mißtrauisch hinsichtlich ihrer Motive; er beklagte sich, der Junge sei faul und ein Verschwender. Und als er herausgefunden hatte, daß Karl sich weiterhin heimlich mit seiner Mutter traf, war er außer sich geraten vor Zorn. Karl seinerseits hatte vor dem Selbstmordversuch Karl Holz, dem Assistenten seines Onkels, anvertraut, er sei einfach des Lebens müde, da er sich darunter etwas anderes vorstelle als das, was sein Onkel gutheiße. »Ich bin schlechter geworden, weil mich mein Onkel besser haben wollte«, erklärte er anschließend der Polizei gegenüber. Am 29. Juli hatte Karl daher seine Taschenuhr verpfändet, sich zwei neue Pistolen gekauft, war nach Baden gefahren und zu einem der liebsten Ausflugsziele seines Onkels hoch oben auf einem Hügel gegangen; dort hatte er sich, ernstlich in der Absicht, seinem Leben ein Ende zu setzen, beide Waffen an die Schläfen gesetzt.

Eine Kugel hatte Karl ganz verfehlt, die andere war, schier unglaublich, nicht in seinen Schädel eingedrungen. Fast bewußtlos hatte man ihn aufgefunden und eiligst nach Wien zurückgebracht, zuerst zur Wohnung seiner Mutter, dann in ein nahe gelegenes Krankenhaus. Wie schon im Sommer des vorangegangenen Jahres in Baden hielt man auch diesmal Beethoven für einen Bauern, als er in das Krankenhaus kam, um nach seinem verwundeten Neffen zu sehen. Doch als ein Assistenzarzt schließlich seinem Drängen nachgab und erklärte, er glaube ihm ja, daß er der berühmte Komponist sei, zog der heruntergekommen wirkende alte Mann ihn sogleich ins Vertrauen und sprach: »Ich wollte ihn eigentlich nicht besuchen, denn er verdient es nicht, er hat mir zu viel Verdruß gemacht, aber ...«; und dann schilderte er ausführlich die Missetaten des Jungen, ehe er schließlich darum bat, zu ihm gebracht zu werden.

Erst Ende September wurde Karl aus dem Krankenhaus entlassen; mittlerweile hatte Beethoven sich endlich mit der Tatsache auseinandergesetzt, daß möglicherweise sein Verhalten seinem Neffen gegenüber ebenfalls eine Rolle dabei gespielt hatte, diesen in den Selbstmordversuch zu treiben. Zwar brachte er es nicht über sich, dies offen einzugestehen, doch er willigte nun ein, daß Karl – wie dieser seit langem wünschte – sich der Armee anschließen durfte. Darüber hinaus machte Beethoven so etwas wie einen letzten verzweifelten Versuch, seine auseinandergebrochene Familie wieder zusammenzukitten. Er versuchte zwar nicht, direkt mit Karls Mutter Verbindung aufzunehmen, gestand jedoch immerhin endlich zu, daß Karl wenigstens eine gewisse Zeit bei ihr verbringen sollte, ehe er den Militärdienst antrat. Er ging sogar soweit, Johanna zu schreiben und ihr von jetzt an die Hälfte der Karl zustehenden Pension ihres Mannes anzubieten; er fügte hinzu, »sollte ich später vermögend seyn, ihnen eine *Summe* überhaupt zur verbesserung ihrer Umstände aus meiner Kasse zu geben im stande seyn, so wird es gewiß geschehen«. Abschließend wünschte er ihr »alles erdenkliche Gute«. Offenbar wollte er damals mit allen ins reine kommen, die den Namen Beethoven trugen; so gab er endlich den Bitten seines Bruders Johann nach, zusammen mit Karl, der sich nach wie vor erholen mußte, den restlichen Herbst bei ihm auf seinem kleinen Gut in der Nähe der Ortschaft Gneixendorf zu verbringen.

Schon seit langem verachtete Beethoven Johanns Frau, da er – nicht zu Unrecht – annahm, sie habe seinem Bruder des öfteren Hörner aufgesetzt. Doch Johann, von Beruf Apotheker, versicherte ihm, er würde seine Frau kaum zu Gesicht bekommen. Und so fühlte der mit einem Mal seltsam versonnene, fast wehmütige Beethoven sich nicht nur sehr bald äußerst wohl im Heim seines Bruders, sondern ließ sich auch von der lieblichen, weit sich zur Donau und den fernen steirischen Bergen hin erstreckenden Landschaft in Bann schlagen. »Die Gegenden, worin ich mich jetzt aufhalte«, schrieb er an seinen Musikverleger in Mainz, »erinnern mich einigermaßen an die *Rhein*gegenden, die ich so sehnlich wieder zu sehn wünsche, da ich sie schon in meiner Jugend verlassen habe.«

Allerdings blieb er, wie man es jedoch schon seit langem bei ihm gewohnt war, oft ganz für sich und war gelegentlich fürchterlich niedergeschlagen. Und trotz der Tatsache, daß er nach wie vor mit beängstigender Regelmäßigkeit krank war, fühlte er sich in Gneixendorf so wohl, daß es ihm gelang, sich wieder der Arbeit an einem fünften Quartett zuzuwenden, mit dem er im Juli ein paar Tage vor Karls Selbstmordversuch begonnen hatte. Zwar war es von seinem Anspruch her bescheidener als die vier vorherigen, dennoch hatte die Komposition etwas an sich, das in ungekannte Richtungen wies. Was er jetzt komponiere, gleiche in nichts dem, was er bislang geschrieben habe. Irgendwie sei es besser, erklärte er; neue Herausforderungen beflügelten ihn nach wie vor. Den letzten Satz überschrieb er mit »Der schwer gefaßte Entschluß«, ein unbeabsichtigt ironischer Titel, denn er konnte ja nicht wissen, daß dies das letzte Stück war, das er je fertig komponieren sollte; die Arbeit daran schloß er im Dezember ab, ehe ein schrecklicher Streit mit seinem Bruder und beängstigende neue gesundheitliche Probleme ihn bewogen, nach Wien zurückzukehren.

Beethovens Locke

Modernste Wissenschaft und Beethovens Locke

ES IST IN DER TAT UNGEWÖHNLICH, DEN EIGENEN Namen als den des Verfassers eines Artikels zu lesen, der in einer Sprache geschrieben ist, die man nicht beherrscht; dennoch waren die beiden in der Septemberausgabe 1995 von *Jødisk Orientering*, dem monatlichen Mitteilungsblatt des Kopenhagener »Mosaik«, der dortigen jüdischen Gemeinde, genannt worden. »Letzten Dezember erstanden ein Freund, ebenfalls ein Beethoven-Verehrer, und ich in London eine als echt beglaubigte Locke Beethovens«, hatte Ira Brilliant seinen Bericht begonnen, der von Birte Kont, dem Herausgeber des Mitteilungsblatts, übersetzt worden war. »Wir erfuhren, daß sie von einer Dame in Dänemark dorthin geschickt worden war. Ihr Sohn nahm Verbindung mit uns auf und erklärte, sie habe die Locke von ihrem Vater erhalten. Sein Name war Kay Alexander Fremming.« Dann hatte Brilliant die spannende Geschichte erzählt, die ihm Fremmings Enkel in seinem vor einem halben Jahr in die Vereinigten Staaten geschickten Brief mitgeteilt hatte. Außerdem hatte der Amerikaner die auch für dänische Leser faszinierende Zeitreise der Locke durch die vom Krieg heimgesuchten Länder Westeuropas beschrieben. Denn es hatte ganz den Anschein, als habe Beethoven – wenn auch sehr mittelbar – dazu beigetragen, Juden das Leben zu retten. Und da dies seiner Ansicht nach von ungeheurer Symbolkraft war, richtete er einen Appell an alle derzeit in Dänemark lebenden Juden, ihm, falls sie dazu in der Lage wären, jedwede zusätzliche Informationen zu liefern, die mehr Licht auf die Umstände werfen könnten, unter denen vor langer Zeit das schwarze Medaillon in Fremmings Besitz gelangt war. Darüber hinaus erwähnte Brilliant ein ihm sehr wichtiges Anliegen: »Seit jeher interessiere ich mich für alles, was Beethoven und seinen Einfluß auf die Kultur des Abendlands betrifft; als amerikanischer Jude möchte ich zudem dazu beitragen, eine Geschichte zu verbreiten, wie Menschen ihren Mitmenschen beistehen – so wie dies in dem spontanen Rettungsunternehmen der Dänen, die ihren Landsleuten in der Stunde der Not helfen wollten, zum Ausdruck kam.«

Leo Goldberger, ein an der New York University lehrender Professor für Psychologie, der in seiner Kindheit aus Deutschland nach Dänemark emigriert und im Oktober 1943, als er und seine Familie zur Flucht aus ihrem Kopenhagener Zuhause nach Schweden gezwungen waren, noch ein Schuljunge gewesen war, hatte Brilliant vorgeschlagen, an Kont zu schreiben. Obwohl Goldberger mittlerweile seit vielen Jahren in den Vereinigten Staaten lebte, kehrte er oft nach Dänemark zurück und hatte 1987 *The Rescue of the Danish Jews* herausgegeben, eine englischsprachige Zusammenstellung von Erinnerungen und Essays prominenter Dänen, die damals in die schrecklichen Ereignisse verstrickt gewesen waren. Goldberger selbst war zwar auf dem Weg in die Sicherheit nicht durch Gilleleje gekommen und konnte daher Brilliant, der sich brieflich an ihn gewandt hatte, keine näheren Einzelheiten mitteilen. Doch er war, wie so viele andere, von Thomas Wassard Larsens Geschichte, wie sein Großvater in den Besitz einer Locke des unsterblichen Komponisten gelangt war, fasziniert gewesen und hatte Brilliant zahlreiche Personen genannt, an die er sich – außer an den Herausgeber von *Jødisk Orientering* – noch wenden könnte. Insbesondere wußte Goldberger, daß Christian Tortzen, Professor an der Universität von Roskilde, vor einigen Jahren ein Buch mit dem Titel *Gilleleje Oktober 1943* veröffentlicht hatte, das sich ausschließlich mit der Abfolge der Ereignisse im Rahmen der Rettungsaktion befaßte.

Es hatte etliche Monate gedauert, bis Brilliant Tortzen ausfindig gemacht und schließlich eine Antwort von ihm erhalten hatte, doch als er an genau dem Tag, an dem er Guevara beim Öffnen des Medaillons zugesehen hatte, bei seiner Rückkehr nach Hause einen Brief von Tortzen vorfand, waren die Auskünfte enttäuschend. Er hatte sein Buch als Lehrer an einer höheren Schule in dem einige Kilometer von Gilleleje entfernten Hillerød in Nordseeland im Rahmen eines gemeinsam mit seinen Schülern Ende der sechziger Jahre begonnenen Projekts zu mündlicher Überlieferung begonnen. Und was die Einwohner der kleinen Hafenstadt ihm und seinen Schülern über jene bewegten Zeiten berichteten, hatte ihn zunehmend fasziniert und derart berührt, daß er es als seine Ehrenpflicht angesehen hatte, ihre Geschichten in einem Buch zusammenzustellen. Natürlich wisse er, wer Fremming gewesen sei, doch weder ihm noch seinen Schülern sei es gelungen, sich vor seinem Tod im Jahre 1969 mit ihm zu unterhalten; außerdem hatte niemand Tortzen etwas über die Schenkung einer Locke berichtet. Dennoch wolle er, so versicherte er dem wißbegierigen Amerikaner in seinem in schwungvoller Schrift verfaßten Brief, »versuchen, Personen ausfindig zu machen, die Dr. Kay Alexander Fremming kannten, um so den jüdischen Flüchtling zu identifizieren, der ihm die Locke gab. Sie werden von mir hören.«

Das Öffnen des Medaillons an jenem Dezembertag war ein wundervolles Erlebnis gewesen, ebenso ehrfurchtgebietend wie aufregend, so bewegend wie von gespannter Erwartung geprägt, und als diejenigen, die daran teilgenommen hatten, sich trennten, waren sie einigermaßen zuversichtlich, etwas in Gang gesetzt zu haben, das letztlich zu wichtigen neuen Informationen – welcher Art auch immer – über die seit seiner Jugend zerrüttete Gesundheit Ludwig van Beethovens führte, zu Hinweisen, die jetzt noch in den Strähnen des ergrauten Haares verborgen waren. Schon an diesem Tag hatte man Neues sowohl über die Haare als auch – andeutungsweise – einiges über ihre Herkunft herausgefunden: Das Medaillon, in dem die Locke aufbewahrt worden war, entsprach den im Europa des frühen 19. Jahrhunderts gebräuchlichen; 1911 war es restauriert worden – zumindest besagte dies ein im Medaillon entdecktes Stück Papier; dies war vermutlich die Erklärung, warum die Haare sich in erstaunlich gutem Zustand befanden. Sie seien offenbar in der Tat etwa 200 Jahre alt, hatte der Gerichtsanthropologe Walter Birkby erklärt. Und als er die Locke mit einem Mikroskop untersuchte, hatte er außerdem einige Follikel an den Wurzeln einzelner Haare entdeckt. Das bedeutete, eine organische DNA-Analyse wäre wahrscheinlich machbar, falls man dies wünschte.

Allerdings überraschte Birkby erst einige Wochen später Brilliant, Guevara und ihre Kollegen mit der Auskunft, beim peinlich genauen Zählen habe er festgestellt, daß es sich nicht, wie ursprünglich angenommen, um 150 bis 200, sondern um genau 582 Haare handelte. Ferdinand Hiller hatte also weit mehr Strähnen abgeschnitten, als irgend jemand bislang angenommen hatte; folglich erhielte das Beethoven Center 422 einzelne Haare – bei weitem genug, um kaum zu bemerken, daß die Locke, sobald man sie wieder in das Medaillon bettete, nicht mehr ganz so füllig war wie vorher, obwohl dann 160 Haare an Dr. Guevara für ihn selbst wie auch für die Untersuchung, mit der man bald beginnen wollte, übergegangen wären. Der Großteil der Haare sollte in dem Medaillon, in dem sie seit den zwanziger Jahren des 19. Jahrhunderts aufbewahrt wurden, in einem Tresorraum im Beethoven Center in San Jose untergebracht werden, in dem ständig sowohl die Temperatur als auch die Luftfeuchtigkeit kontrolliert würden. Guevara seinerseits wollte die Haare, die nun ihm gehörten, in eine sterile Petrischale legen, diese mit einem Silberband fest verschließen und sie in seinen, wie er glaubte, feuer-, brand- und diebstahlsicheren Bürosafe legen. Auf diese Weise hätte er die Haare Beethovens immer in seiner Nähe, wenn er tagtäglich seine Patienten behandelte. Dieser Gedanke gefiel dem Arzt, doch er war auch bereit, im März 1996 anzukündigen, einige der schon so weit herumgekommenen Haare würden sich nun erneut auf den Weg machen.

In Zusammenarbeit mit Angehörigen des in Tucson ansässigen Teams, das beim Öffnen des Medaillons dabeigewesen war, und in regelmäßiger Abstimmung mit Brilliant hatte Guevara vor kurzem zwei Wissenschaftler ausgesucht, denen man die kostbare Reliquie zunächst anvertrauen wollte. Als erstes würde er 20 Haare – alle ohne Follikel – an Dr. Werner Baumgartner schicken, Leiter der Psychemedics Corporation in Culver City, einem Vorort von Los Angeles; dieser sollte sie auf Drogenrückstände untersuchen, ehe er die Locke seinerseits an Dr. William Walshs Health Institute in Naperville weiterschickte, der sie eingehender analysieren würde.

In den Monaten seit Beginn der Suche nach den geeignetsten Wissenschaftlern hatten Guevara, Brilliant, Birkby sowie der Pathologe Richard Froede unabhängig voneinander Verbindung mit Dutzenden Forschern in Labors und Universitäten in den gesamten Vereinigten Staaten aufgenommen und festgestellt, daß fast alle daran interessiert waren, diese außergewöhnliche Aufgabe zu übernehmen. Sie hatten jeden von ihnen aufgeklärt, daß die Person, für die man sich letztlich entscheide, in einige grundsätzliche Bedingungen einwilligen müsse: Die Untersuchung müßte entsprechend dem neuesten Stand der Wissenschaft durchgeführt werden; die Stichprobe dürfte zu keinem Zeitpunkt mit dem Namen der Person, von der die Haare stammten, etikettiert werden; die Analyse sollte in einem angemessenen Zeitraum abgeschlossen werden und kostenlos erfolgen; falls Guevara dies wünschte, würden ihm die Haare sofort zurückgegeben; vor allem aber müßten sämtliche Ergebnisse absolut geheim bleiben, außer Guevara erteilte den Wissenschaftlern ausdrücklich die Genehmigung, sie zu veröffentlichen. Letztendlich schreckten diese Einschränkungen keinen ab, und der Arzt hatte seine endgültige Entscheidung weitgehend von dem Ansehen, das die jeweiligen Wissenschaftler bei ihren Kollegen genossen, abhängig gemacht: Die 20 Haare würden, so erklärte er, Baumgartner und Walsh übergeben, und zwar schlicht und einfach, weil ihre Kollegen bekräftigt hatten, sie seien am besten für die Art von Analysen qualifiziert, die beide ausgesprochen gern durchführen wollten.

Notwendigerweise dehnte sich die Suche nach neuen Informationen zu der Reise durch die Zeit, die das Medaillon hinter sich hatte, von Dänemark auch nach Deutschland aus. Zu dem Zeitpunkt, als man mit den Tests begann, war es Ira Brilliant mit der unermüdlichen Hilfe seines Freundes Hans-Werner Küthen vom Beethoven-Archiv in Bonn gelungen, festzustellen, daß Paul Hiller – in dessen Besitz die Haare sich von Mai 1883 bis mindestens Dezember 1911, möglicherweise sogar bis zu seinem Tod im Jahre 1934 befunden hatten – in seiner Jugend in der Nachfolge seiner Mutter Opernsänger gewesen war. Wie aus dem *Wer ist's?* von 1922 hervorging, war er jedoch die meiste Zeit als Musikkritiker tätig gewesen; im Juni 1902 hatte er Sophie Lion geheiratet und mit ihr zwei Söhne gehabt, den 1906 geborenen Edgar und den zwei Jahre jüngeren Erwin. Leider erwähnte das *Riemann Musiklexikon* aus dem Jahre 1959 weder seine Frau noch seine Söhne; allerdings wies es darauf hin, daß Hiller in seiner Zeit in Chemnitz einen Sohn namens Felix gezeugt hatte. Dieser Felix war mittlerweile höchstwahrscheinlich tot, darin waren Brilliant und Küthen sich einig; das gleiche galt vermutlich für Sophie. Doch möglicherweise waren die beiden Söhne Sophies noch am Leben, wenn auch mittlerweile hochbetagt. Doch wo – und wie – um alles in der Welt sollte man die finden?

Mit der einsatzfreudigen Hilfe einer gewissen Frau Gödden (die nie ihren Vornamen preisgab) im nordrhein-westfälischen Hauptstaatsarchiv Düsseldorf gelang es Brilliant schließlich, einen Stammbaum der Hillers aufzustellen, der bis zu Ferdinand Hillers Eltern Justus und Regine Hiller zurück- und weit genug in die Gegenwart hineinreichte, um die Namen und Geburtsdaten der Enkel Tony Hiller-Kwasts, der Schwester Paul Hillers, zu verzeichnen; ansonsten hatten die beiden keine Geschwister gehabt. Doch nichts von dem, was Brilliant und seine Helfer in Deutschland herausfanden, lieferte irgendwelche neuen Informationen über das weitere Schicksal von Paul Hillers

Frau und seinen Söhnen. Natürlich lag die Annahme nahe, daß der Aufstieg des Nationalsozialismus und die darauf folgende staatlich geförderte Judenverfolgung seit Anfang der dreißiger Jahre einen dramatischen Einschnitt in ihrer aller Leben bedeutet hatte, doch zumindest bis jetzt gab es keinerlei eindeutige Hinweise darauf. Laut dem Kölner Adreßbuch von 1933 wohnten Paul Hiller und sein Sohn Edgar in der Eifelstraße 31, die vom Eifelplatz in der Nähe des Südbahnhofs abzweigt. Einige Monate nach Paul Hillers Tod waren in dem Verzeichnis nur noch Sophie und Edgar Hiller aufgeführt; 1935 lebte – folgt man dem Adreßbuch – nur noch Sophie dort, und 1936 war offenbar kein einziges Mitglied der Hiller-Familie mehr in Köln ansässig.

Bestimmt waren zu diesem Zeitpunkt Sophie Hiller oder einer ihrer, möglicherweise sogar beide Söhne nordwärts nach Dänemark geflohen, so Brilliants Vermutung, und hatten die legendenumwobene Locke mitgenommen. Darüber hinaus erschien es einigermaßen wahrscheinlich, daß einer der drei – unter Umständen sogar alle – bis 1943 in Kopenhagen oder Umgebung in Sicherheit gewesen waren; dann waren sie erneut gezwungen gewesen zu fliehen. Doch die Einwohner des Städtchens hatten von praktisch keinem der Flüchtlinge, die auf dem Weg ins sichere Schweden durch Gilleleje kamen, je den Namen erfahren. Und selbst wenn dies der Fall wäre, wie sollte man dann je nachweisen, wer Kay Fremming das Medaillon in die Hand gedrückt hatte?

»In den wissenschaftlichen und philosophischen Schlachten, die ich schlagen mußte, hat Beethovens Musik mir stets großen Trost gespendet und neue Kraft verliehen«, schrieb Werner Baumgartner in seinem Bericht an Che Guevara und Ira Brilliant, als er mit seiner Untersuchung der 20 Haare, die Guevara ihm geschickt hatte, fertig war, denn die beiden sollten wissen, wieviel ihm die Gelegenheit, die Haare auf Spuren von Morphium zu untersuchen, bedeutet hatte. Baumgartner war gebürtiger Österreicher; dies ließ ihn vermutlich eine gewisse Verwandtschaft mit dem großen Komponisten empfinden, doch es gab noch mehr, das Baumgartner zu Beethoven hinzog: Er war ein Schüler des ebenfalls aus Österreich stammenden Wissenschaftsphilosophen Karl Popper. Dieser war zusätzlich ein hervorragender Komponist und Musikkenner gewesen; er hatte stets mit allem Nachdruck die Ansicht vertreten, Beethoven sei und bleibe einer der größten »subjektiven« Komponisten der Welt, ein Mensch, der in seiner Musik sich selbst, sein Wesen, auf eine Weise zum Ausdruck gebracht habe, die ohne die Reinheit seines Herzens, seine dramatische Kraft, seine einzigartige schöpferische Begabung verhängnisvoll, ja sogar gefährlich gewesen wäre. Auf sehr ähnliche Weise wie Popper war offenbar auch Baumgartner der Auffassung, nie hätte Beethoven seine tiefgründigen subjektiven Gefühle ausdrücken können, hätte nicht das Schicksal ihm ein von chronischen Leiden und qualvollen körperlichen Schmerzen gezeichnetes Leben auferlegt. In diesem Zusammenhang ist es zu sehen, wie überrascht der Wissenschaftler aus Los Angeles darüber war, was seine Untersuchung ergeben hatte.

Seit 1977 hatten Baumgartner und seine Mitarbeiter in der Psychemedics Corporation mittels eines patentierten Verfahrens, das das Aufspüren von Morphium, Heroin und anderen Opiaten ermöglicht, mehr als zwei Millionen menschliche Haarproben untersucht. Es hatte eines langen – aber letztlich erfolgreichen – Kampfes bedurft, um eine Legion von Zweiflern davon zu überzeugen, daß für einen Drogennachweis eine Haaranalyse weit zuverlässiger ist als eine Urinanalyse. Baumgartner und seine Frau

Annette hatten zusammen mit zwei Kollegen die Ergebnisse ihres Vergleichs der beiden Verfahren – Haar- und Urinanalyse – erstmals 1979 im *Journal of Nuclear Medicine* veröffentlicht, doch es sollte mehr als zehn Jahre dauern, bis ihre Technik weithin als dem neuesten Stand der Wissenschaft entsprechend angesehen wurde. Baumgartner bediente sich bei seinem Verfahren, mit dem man selbst eine so geringe Drogenkonzentration von einem einzigen Nanogramm nachweisen kann, eines Radioimmuntests – einer Labortechnik, die die Nobelpreisträgerin Rosalyn Yalow in den fünfziger Jahren entwickelt hatte und die eine Kombination aus Radioisotopennachweis und allgemeiner Immunologie darstellt, mit deren Hilfe man mit großer Genauigkeit und auf unkomplizierte Weise winzige Mengen biologischer und pharmakologischer Substanzen in Blut und anderen Flüssigkeiten nachweisen kann. Mittlerweile wurde Baumgartners gesetzlich geschütztes Verfahren der radioimmunologischen Untersuchung in 1600 Polizeiressorts, Einrichtungen zur Bewährungshilfe, Körperschaften, Schulen und Universitäten überall in den Vereinigten Staaten angewandt und hatte zahlreiche Bewährungsproben vor Gericht bestanden. Im Rahmen einer Testreihe des National Institute of Standards and Technologies in den neunziger Jahren waren sieben Zusammenstellungen »blinder« Haarproben an Labors im ganzen Land geschickt worden; die von Baumgartner war die einzige gewesen, deren Identifizierung positiver wie auch negativer Proben sich als hundertprozentig zutreffend erwiesen hatte.

Im Hinblick auf die Untersuchung der Haarprobe von Beethoven war besonders wichtig, daß es Baumgartner und seinen Mitarbeitern vor einigen Jahren gelungen war, nachzuweisen, daß Spuren von Opiaten sich in menschlichem Haar sehr lange hielten. 1986 hatten sie eine Locke des englischen Dichters John Keats untersucht, die man diesem nach seinem Tod im Jahre 1821 abgeschnitten hatte; dabei hatten sie festgestellt, selbst jetzt, 165 Jahre später, enthielt sie beträchtliche Mengen Morphium, ein Ergebnis, das damit in Einklang stand, daß Keats, der auch Chemiker und Arzt war, sich selbst, als er an Tuberkulose erkrankte, jahrelang Laudanum verschrieben hatte, eine Opiumtinktur, die zu jener Zeit oft als schmerzlinderndes Mittel verwendet wurde. Eine etwas später von Psychemedics durchgeführte Analyse von Haaren einer in Peru ausgegrabenen 500 Jahre alten Mumie hatte gezeigt, daß sie noch geringe Mengen Kokain enthielten, auch wenn die Droge weitgehend in das Abbauprodukt Benzoylekgonin zerfallen war. Hätte Beethoven in den letzten Monaten seines Lebens Opiate zu sich genommen, dann hätte man dies mit Sicherheit nachweisen können. Doch was Baumgartner statt dessen fand – beziehungsweise was er nicht fand –, war wahrhaft verblüffend, und in seinem Bericht an Guevara und Brilliant erklärte er, wie er zu diesem Ergebnis gekommen war:

»Als erstes wurden bei der Analyse die 20 Haarproben bei 37 Grad Celsius in trockenem Äthanol (Äthylalkohol) gewaschen und dabei stark geschüttelt (120 U/min). Zweck des Waschvorgangs war es, jedwede möglichen Morphiumverschmutzungen von der Haaroberfläche zu entfernen. Jede Spur von Morphium in der Äthanollösung wäre nicht als Folge einer Einnahme von Drogen, sondern als an den Haaren abgelagertes Morphium zu interpretieren gewesen, das sich zu Beethovens Lebzeiten oder während der langen Aufbewahrung der Haarprobe in ihrem Umfeld befand.

Nach diesem ersten Reinigungsprozeß wurden die Haare getrocknet, um jegliche Spuren von verbliebenem Äthanol zu entfernen. Die anschließende Auswaschung wurde mit speziell entionisiertem Wasser aus dem Labor von Dr. William Walsh vorgenommen. Die Verwendung von speziell gereinigtem Wasser empfahl sich, um das Eindringen irgendwelcher Metalle (in Form von Verunreinigungen im Wasser) in die Haarprobe während des Auswaschprozesses zu vermeiden. Vor dem Auslaugen mit Wasser wurden die Haare kurz in 2 ml Wasser gespült, um jegliches zurückgebliebene Äthanol zu entfernen, das möglicherweise die radioimmunologische Untersuchung beeinträchtigt hätte. Und zwar wurden die Haare bei 37 Grad Celsius 15 Stunden in 2 ml frischer Aliquote ausgewaschen. Anschließend wurden die Äthanolwaschlösungen restlos verdampft und der Rückstand zum Zwecke eines Radioimmunotests in Wasser aufgelöst, der zweimal in 0,5 ml Wasseraliquote durchgeführt wurde. Die Ergebnisse der Analyse zeigten, daß im Wasserauszug, im Ausspülwasser und in der Äthanolwaschlösung *null* Morphium vorhanden war.«

Ausgehend von diesem Ergebnis – sowie unter der Voraussetzung, daß es sich tatsächlich um Haare von Beethoven handelte –, fühlte Baumgartner sich in der Lage, eindeutig festzustellen, daß der Komponist in den letzten Monaten seines Lebens zu keinem Zeitpunkt mit Morphium oder einem anderen Opiumderivat behandelt worden war; diese Erkenntnis faszinierte ihn ungemein. »Fast sein gesamtes Erwachsenenleben hindurch litt der Komponist an äußerst schmerzhaften, jedoch nie diagnostizierten Krankheiten; vor allem war wohl sein Sterben ungeheuer qualvoll«, schrieb der Wissenschaftler. »Dennoch war er selbst auf dem Sterbebett noch schöpferisch tätig. Meiner Ansicht nach wäre dies nicht möglich gewesen, wenn man ihn mit Morphium sediert hätte. Daß in seinen Haaren keinerlei Spuren von Morphium festzustellen waren, spricht daher Bände, was seinen Charakter, vor allem seine Einstellung widrigen Umständen gegenüber betrifft.«

Die letzten Worte stammten eindeutig eher von jemandem, der Beethoven unerschütterlich bewundert, als von einem wirklich objektiven Wissenschaftler; dennoch werfen sie ein Licht auf die ausschlaggebende Bedeutung von Baumgartners Ergebnissen: Angesichts des damaligen Standards der medizinischen Versorgung, die dem Komponisten am Ende seines Lebens zuteil wurde, war die Annahme nur logisch, daß man ihm Morphium angeboten hatte, um seine Schmerzen zu lindern. Doch nun hatte es ganz den Anschein, als habe er es – falls man ihm in der Tat eine solche »Behandlung« empfohlen hatte – abgelehnt, Morphium einzunehmen. Und falls er tatsächlich eine schmerzlindernde Sedierung verweigert hatte, war dann die einzig einleuchtende Erklärung dafür nicht die, daß er es wahrscheinlich vorzog, solange wie möglich bei klarem Verstand zu bleiben, um weiterhin musikalische Werke zumindest skizzieren zu können? In keinem der beiden schriftlichen Berichte der letzten Ärzte Beethovens, Dr. Andreas Wawruch und Dr. Giovanni Malfatti, ist davon die Rede, daß sie dem Sterbenden ein Opiat verschrieben hätten. Wawruch teilte lediglich mit, dem Komponisten bei der letzten, tödlichen Erkrankung »ein massives Mittel gegen Entzündungen« verabreicht zu haben. Zwar hatte er später Malfatti gebeten, zusätzliche therapeutische Maßnahmen durchzuführen, doch der einzige erhaltene Bericht führt als – kurzfristig wirksame – Behandlung lediglich die Verabreichung von eisgekühltem alkoholhaltigem Punsch auf.

Die Tatsache, daß der außerordentlich geschwächte Komponist bis in die letzte Woche vor seinem Tod hinein die Musik für ein Werk skizzierte, das ein neues Streichquartett hätte werden können, liefert den wohl eindrucksvollsten anekdotenhaften Beweis zur Stützung von Baumgartners Ergebnissen. Zwei Jahrzehnte zuvor, in seiner produktivsten Zeit als Musiker, hatte Beethoven, für den der größte sinnliche Genuß Champagner gewesen war, es sich dennoch nur selten gestattet, an Abenden, wenn er am Tag darauf arbeiten wollte, mehr als ein, zwei Gläser zu trinken. Das wundersame Getränk schränke leider seine Fähigkeit, sich zu konzentrieren, erheblich ein, hatte er erklärt, und seine Nachwirkungen beraubten ihn der lebenssprühenden Energie, die für ihn unerläßlich war, sobald er sich ans Komponieren machte. Und so hatte er es sich, wenn auch äußerst ungern, versagt, es regelmäßig zu genießen. Am Ende bot man möglicherweise Beethoven schlicht nie die Gelegenheit, sich in den von Morphium ausgelösten glückseligen, schmerzfreien Nebel zu flüchten. Andererseits wäre es durchaus möglich, wie der Wissenschaftler in Los Angeles nun, fast zwei Jahrhunderte später, vermutete, daß Beethoven sich dies – wie früher den Genuß von Champagner – ausdrücklich versagt hatte.

Vermutlich hatte Kay Fremming einem kranken Flüchtling eine eher den modernen Standards entsprechende Arznei verabreicht, was diesen im Gegenzug bewogen hatte, ihm die Locke zu geben; allerdings konnte man dies nicht mit Sicherheit sagen. 1995 schien in der Tat kaum jemand Genaueres über die näheren Umstände zu wissen, und es erschien auch wenig wahrscheinlich, Neues darüber herauszufinden. Doch in den Augen Ira Brilliants war es einfach undenkbar, dies nicht zumindest zu versuchen. Er las alles, was er über den bemerkenswerten Mut der Dänen auftreiben konnte, denn in den Jahrzehnten nach dem Krieg wurden ihre Heldentaten weltweit bekannt. Aus Büchern der Historiker Leni Yahil und Harold Flender, des dänischen Rabbi Marcus Melchior sowie aus Leo Goldbergers Essayanthologie erfuhr Brilliant, wie der Marineattaché Georg Duckwitz Ende September 1943 etliche dänische Persönlichkeiten vor der drohenden Säuberung gewarnt hatte; wie Ärzte und Krankenschwestern angesichts der Notlage als erste beherzt und unverzüglich gehandelt hatten, wie verängstigte Juden – Dänen und Immigranten gleichermaßen – in Fischerdörfer entlang der Küste des Øresunds gebracht und dort versteckt worden waren, ehe man sie auf Schiffe verfrachten konnte, die sie auf einer kurzen, aber gefahrvollen Reise nach Schweden gebracht hatten; und er entdeckte auch, daß in der kleinen Hafenstadt Gilleleje in jener Nacht des 6. Oktober das Rettungsunternehmen so schrecklich schiefgegangen war, da irgend jemand der Gestapo verraten hatte, daß sich auf dem Dachboden der Kirche von Gilleleje 120 Juden versteckt hatten.

Jens Noe, 1995 Pastor der Kirche, wußte nichts von einer Locke Beethovens, als Brilliant im Herbst Verbindung mit ihm aufnahm, versprach jedoch, die Alten in der Gemeinde, die sich noch lebhaft an die traumatischen Geschehnisse in einem anderen Herbst vor 52 Jahren erinnerten, zu befragen. Auch der dänische Bühnenschriftsteller Finn Abrahamowitz, der ein Stück über die Ereignisse in der Kirche geschrieben hatte, das weitgehend auf Christian Tortzens Buch zurückgriff, konnte Brilliant keine neuen Informationen liefern, ebensowenig Per Jørgensen, der Bezirksverwalter von Gilleleje, und Henrik Lundbak vom Frihedsmuseet, dem Kopenhagener Museum, das im Gedenken an den nationalen Widerstand gegründet worden war; und keiner, der Brilliants vor geraumer Zeit im Mitteilungsblatt der jüdischen Gemeinde veröffentlichtes Ersuchen gelesen hatte, konnte je mit einer erhellenden Erinnerung, einem vielversprechenden Hinweis oder auch nur müßigen Spekulationen darüber aufwarten, wer das ehrwürdige kleine Medaillon als Geschenk überreicht hatte.

Jede neue Spur, der Brilliant in den nun folgenden drei Jahren nachging, erwies sich als unergiebig. Erst als Michele Wassard Larsen und ihr Sohn Thomas 1998 selbst Nachforschungen anzustellen begannen, tauchten zumindest einige Spuren, einige Anhaltspunkte auf, die auf den Augenblick hinwiesen, als irgend jemand – vermutlich aus Furcht wie auch aus Dankbarkeit – Beethovens Locke ihrem Vater gegeben hatte. An einem stürmischen Oktobersonntag dieses Jahres saßen Michele und Thomas sowie seine Freundin mit dem Fischer Julius Jørgensen, der sich mittlerweile zur Ruhe gesetzt hatte, in dessen Wohnung in Gilleleje bei Kaffee und Kuchen zusammen. Und was er ihnen berichtete, war faszinierend. Er selbst war in jenem schicksalhaften Oktober 17 Jahre alt und sein Vater Aage Küster gewesen. Ebendieser hatte auf Zeit gespielt, als die Gestapo verlangt hatte, er solle ihnen die Schlüssel für die massive Kirchentür aushändigen, und er hatte anschließend seinem Sohn berichtet, Dr. Fremming sei etwas früher in jener Nacht in die Kirche gerufen worden, um einen erkrankten Flüchtling zu versorgen. Was dieses Detail anging, war Jørgensen sich ganz sicher gewesen; doch er hatte noch etwas anderes erzählt: Ein Gerücht – vielleicht wirklich nicht mehr als das – hatte kursiert, dieser Flüchtling habe dem Arzt für seine Hilfe etwas »Kostbares« gegeben. In den folgenden Tagen hatte das Gerücht in dem Städtchen die Runde gemacht, erinnerte Jørgensen sich, doch er warnte seine Gäste, sie sollten nicht zuviel in das hineininterpretieren, was er ihnen erzählt habe. Die Fremmings hatten bei sich zu Hause ebenfalls Flüchtlinge versteckt gehabt; möglicherweise stammte das Geschenk von einer dieser Personen.

Andererseits könnte das Gerücht schlicht und einfach ganz von selbst, ohne reale Grundlage, entstanden sein. Doch der einen Tatsache konnte er sie versichern: Der Arzt war auf dem Dachboden der Kirche gewesen, und zwar ein paar Stunden, ehe die Insassen gefangengenommen wurden.

Jørgensens Erinnerungen führten zu einer Unmenge neuer Kontakte und allmählich sich abzeichnender Möglichkeiten, das Rätsel schließlich doch lösen zu können. Sobald er die Information erhalten hatte, die Locke habe möglicherweise in der Kirche den Besitzer gewechselt, machte Therkel Stræde, Professor für Geschichte an der Universität Odense – der gerade ein Freijahr an der Georgetown University in Washington verbrachte und mit dem Brilliant in Verbindung stand –, folgenden Vorschlag: Da grob geschätzt die Hälfte der auf dem Dachboden Gefangengenommenen schließlich in die Tschechoslowakei deportiert worden sei, wäre es vielleicht klug, mit Mitgliedern von »Theresienstadt-Foreningen«, einer Vereinigung von Überlebenden, von der weder Brilliant noch die Larsens bislang etwas gewußt hatten, Kontakt aufzunehmen und sich zu erkundigen, ob einer oder mehrere von ihnen in der Lage wären, Näheres über Fremmings Besuch in der Kirche zu berichten. Die Vorsitzende der Vereinigung, Birgit Krasnik Fischermann, war in der Nacht, als sie und ihre Familie gefangengenommen worden waren, noch ein kleines Mädchen gewesen und erinnerte sich daher kaum an jene schrecklichen Stunden auf dem Kirchenspeicher, doch Paul Rabinowitz – der inzwischen seinen Familiennamen zu Sandfort geändert hatte –, ein Freund und ebenfalls Überlebender, der jetzt Musikprofessor im Ruhestand war, sei damals 16 Jahre alt gewesen.

Wie der Zufall es wollte, sollten Paul Sandforts Erinnerungen an die Flucht seiner Familie vor den Nazis, ihre

Gefangennahme und schließlich die Internierung in Theresienstadt unter dem Titel *Ben: The Alien Bird* [deutsch: *Ben – Vogel aus der Fremde*, Köln 2000] in Kürze unter dem Pseudonym Paul Aron in Israel in einer englischsprachigen Neuausgabe erscheinen; das Buch veranschaulicht auf dramatische Weise das Grauen jener Nacht und der folgenden 16 Monate Einkerkerung. Doch Sandfort wußte ebenso wie die vor ihm Befragten nichts von irgend jemandem, der sich zusammen mit ihm und seiner Familie in der Kirche versteckt und möglicherweise Beethovens Locke bei sich gehabt hatte, von der er sich irgendwann in den Stunden vor der Gefangennahme trennte. Und er konnte auch Jørgensens Behauptung, Fremming sei auf den Dachboden hinaufgestiegen, um einem Kranken zu helfen, nicht bestätigen; allerdings erinnerte er sich sehr wohl an eine kleine Gruppe, die zu ihnen gekommen war und die er für Vertreter des Roten Kreuzes gehalten hatte. Tatsächlich hatte Fremmings Frau Marta für das Rote Kreuz gearbeitet, und jetzt fragte Michele Wassard Larsen sich, ob ihre Mutter und ihr Vater unter dem Schutz der auffälligen roten Abzeichen zur Kirche gegangen waren, um jemandem zu helfen. Genaueres konnte Sandfort jedoch auch nicht sagen – in dem kleinen Raum seien so viele Leute zusammengepfercht, und es sei so schrecklich dunkel gewesen, erklärte er.

O ja, natürlich wußte er, wer Henry Skjær gewesen war, schrieb Sandfort etwas später, als er versuchte, die Fragen zu beantworten, mit denen er nun von Amerika aus bombardiert wurde. Schließlich und endlich war er Musikwissenschaftler und hatte in einer Studentenaufführung in Dänemark nach dem Krieg zusammen mit dem berühmten Opernbariton gesungen. »Ich hätte ihn ohne weiteres [wegen der Locke] fragen können. Mich hatte Dr. N. R. Blegvad, der für die Sänger am Königlichen Theater zuständige Arzt, nach Gilleleje geschickt; vielleicht hat er dabei mit Henry Skjær zusammengearbeitet, der oft mit dem Universitätschor von Kopenhagen, in dem ich erster Tenor war, als Solist aufgetreten ist. Henry Skjær hat mit Sicherheit gewußt, daß ich mich ebenfalls auf dem Dachboden befand, aber wir haben nie darüber gesprochen. Vielleicht war es ihm peinlich, daß ich den Deutschen in die Hände gefallen bin.«

Christian Tortzen hatte in seinem Buch *Gilleleje Oktober 1943* die Rolle, die Henry Skjær bei dem Rettungsunternehmen in der kleinen Hafenstadt gespielt hatte, klar und deutlich beschrieben. Mindestens eine von den ehemaligen Flüchtlingen hatte ihm berichtet, Skjær habe sie und ihre Familie zu der Kirche in Gilleleje geschickt. Endlich schimmerte allmählich – wenn man dies mit der Information in Verbindung brachte, daß der Arzt des Königlichen Theaters Flüchtlinge nach Gilleleje geschickt hatte – eine, wenn auch schwache, Verbindung zwischen dem musikalischen Umfeld, in dem Paul Hillers Familie sich in Köln bewegt hatte, und dem Auftauchen der Locke Beethovens in einem weit entfernten dänischen Fischerort auf. Skjær hatte in der Tat in der kleinen Welt der dänischen Vokalmusik eine zentrale Rolle gespielt; 1925 war er zum erstenmal in der Königlichen Oper in Kopenhagen aufgetreten. Damals hatte er, wie der Zufall so spielt, den Don Pizarro in *Fidelio* gesungen, Beethovens berühmter Oper über Liebe und Befreiung aus der Gefangenschaft. Zwei Jahre vor dieser Premiere hatte er die in Kopenhagen ansässige dänische Jüdin Ida Levy geheiratet. Als man ihn erneut zu jenem Oktober 1943 befragte, erklärte Tortzen: »Henry Skjær hatte ein Haus in Snekkersten, südlich von Helsingør [nicht weit von Gilleleje entfernt]. In ebendiesem Haus hielten sich Anfang Oktober 30 bis 40 Personen auf – Idas Angehörige und jüdische Freunde. Skjærs Sohn war Schüler von [Lehrer] Mogens Schmidt, der das Haus aufsuchte und zusammen mit Skjær die Flucht der Juden plante. Skjær war vom Dienstag, dem 5., bis zum Donnerstag, dem 7., in Gilleleje, erlebte also alles aus nächster Nähe mit. Die Schwester seiner Frau wurde von der Gestapo verhaftet, doch Skjær bekam sie frei, da sie ›Halbjüdin‹ war.«

Allerdings konnte Tortzen nicht sagen, ob andere Flüchtlinge, die Skjær versteckt hatte, ebenfalls gefangengenommen worden waren; ebensowenig wußte er, ob eine dieser Personen ein Deutscher mit Familiennamen Hiller gewesen war. Doch war es wirklich nichts weiter als ein außergewöhnlicher Zufall, daß eine Locke, die sich einst im Besitz des ehemaligen Opernsängers Paul Hiller in Köln befunden hatte – dessen Sohn Edgar ebenfalls Opernsänger gewesen war, als sich 1935 seine Spur verlor –, irgendwann in den Tagen, als ein berühmter dänischer Bariton heimlich Freunde und Angehörige versteckte und half, sie in Sicherheit zu bringen, Kay Fremming übergeben wurde? Mehr als 30 Juden hatten sich in Skjærs Haus in Snekkersten versteckt; es ergab doch gewiß einen Sinn, wenn man annahm, Edgar Hiller sei einer von ihnen gewesen – oder etwa nicht?

In den Augen Michele Wassard Larsens wie auch Ira Brilliants im weit entfernten Phoenix hatte es in der Tat den Anschein, als fügten sich die so lange Zeit nicht genau einzuordnenden Teile des Puzzles endlich zu einem Bild. Bestimmt war Edgar Hiller nach Dänemark geflohen, bestimmt hatte Beethovens Locke sich unter seinen wenigen Habseligkeiten befunden; bestimmt war er mit seinem Musikerkollegen Skjær befreundet gewesen; bestimmt hatte er die Haare Dr. Fremming gegeben, als er verzweifelt versucht hatte, nach Schweden zu fliehen. Alles paßte hervorragend zusammen – bis auf eine einzige, allerdings äußerst lästige Tatsache: In dem umfangreichen dänischen Nationalarchiv in Kopenhagen, dem Rigsarkivet, fand sich keinerlei Hinweis darauf, daß Edgar Hiller oder einer seiner Angehörigen sich je in Dänemark aufgehalten hätten. Die Namen Tausender Deutscher, die während der dreißiger und vierziger Jahre – legal wie auch illegal – nach Dänemark eingereist waren, einschließlich etwa eines Dutzends Hillers, waren sorgfältig verzeichnet, ebenso Geburtsdatum und Herkunft jeder Person. Es war schier zum Verrücktwerden – keine der Geburts- und Herkunftsdaten der Immigranten stimmten auch nur annähernd mit denen von Paul Hillers Frau oder seinen Söhnen überein: Die Namen Sophie, Edgar und Erwin waren schlichtweg nicht in dem Archiv verzeichnet.

Im Oktober 1998 berichtete eine Archivarin des Yad Vashem in Israel, in der umfangreichen Datenbank des Museums befände sich keinerlei Hinweis darauf, daß Sophie Hiller, Edgar Hiller oder Erwin Hiller in den Jahren zwischen 1935 und 1945 durch die Hand der Nazis umgekommen seien. Allerdings bestätigte man, Selma Hiller, die erste Frau Felix Hillers, des außerehelichen ältesten Sohnes Paul Hillers, sei in Theresienstadt gestorben. Hinsichtlich ihrer Gefangennahme und der Umstände ihres Todes verfügte das Museum über keinerlei Informationen, doch offenbar war sie am 10. September 1942 gestorben. Folglich hätte sie unmöglich von Dänemark aus in das Konzentrationslager deportiert werden können. Der einzige Hinweis auf andere Angehörige der Hiller-Familie, den die Archivarin Oxana Korol gefunden hatte, war ein Dokument des Suchdienstes des Roten Kreuzes, das die Annahme einigermaßen wahrscheinlich machte, ein deutscher Jude namens Erwin Hiller, geboren 1908, habe sich am 16. Juni 1948 in Bremerhaven nach New York eingeschifft. Diese winzige Information schien mit einem Mal auf einen erneuten Durchbruch hinzuweisen: Falls Erwin Hiller nach Amerika ausgewandert war, könnte man doch sicherlich ihn oder seine Nachkommen ausfindig machen. Er wäre jetzt 90 Jahre alt, und wiewohl dies unwahrscheinlich war, wäre es durchaus möglich, daß er, jedenfalls aber seine Kinder noch am Leben waren.

Als jedoch Stan Lindaas vom Salt Lake City's Heritage Consulting, einem Unternehmen, das sich mit genealogischer Spurensuche beschäftigt, sich im Rahmen des immer weiter um sich greifenden, mittlerweile viele Länder einbeziehenden Versuchs, das Geheimnis zu entschlüsseln, wie die Locke aus Deutschland herausgekommen war, mit dem Fall befaßte, gewann er bald den Eindruck, Edgar Hiller sei in dem Augenblick, als er von Bord der *Marine Flasher* ging und seinen Fuß auf einen Pier in Manhattan setzte, schlicht verschwunden. Das Dokument des Suchdienstes des Roten Kreuzes hatte die Hebrew Immigrant Aid Society als New Yorker Adresse des mittlerweile 40jährigen Hiller angegeben, doch HIAS informierte Lindaas, sie hätten keine Eintragung, daß ein Erwin Hiller 1948 oder in einem anderen Jahr in die Vereinigten Staaten eingewandert sei. Zwei weitere in New York ansässige Vereine zur jüdischen Geschichte – das YIVO Institute for Jewish Research und das Leo Baeck Institute – verfügten ebenfalls über keinerlei Aufzeichnungen, die ihn betrafen, und auch die Nachforschungen der Bundesbehörde Social Security, Immigration and Naturalization sowie die Auswertung von Volkszählungsstatistiken führten zu keinem Ergebnis. Das gleiche galt für Dutzende Amerikaner mit Namen Hiller, an die man sich über das Internet gewandt und hinsichtlich ihrer Genealogie befragt hatte. Paul Hillers Sohn Erwin, der in Köln Schauspieler gewesen war, ehe sich nach dem Tod seines Vaters seine Spur verlor, war offenbar in Amerika angekommen, nur um ein zweites Mal spurlos zu verschwinden.

Erst als Alexander Fülling, Teilhaber des kleinen Familienforschungsunternehmens Schröder & Fülling in Gummersbach bei Köln, mit systematischen Nachforschungen zu Paul Hiller und seinen Nachkommen begann, ergab sich allmählich umrißhaft ein Bild, was aus der Familie geworden war. Obwohl der Vitalitätsindex für Köln bei der Bombardierung durch die Alliierten gegen Ende des Krieges zerstört worden war, gelang es ihm, Paul Hillers Todesanzeige aufzustöbern, die er allerdings zu seiner nicht geringen Überraschung ausgerechnet im *Westdeutschen Beobachter* fand, der Anfang 1934 führenden Pro-Nazi-Zeitung des Rheinlands. Ebenso überraschend waren das fett gedruckte Kreuz ganz oben in der mit einer breiten schwarzen Umrandung versehenen Anzeige – die von der Aufmachung her eindeutig von Familienmitgliedern oder Freunden in Auftrag gegeben worden war – wie auch der wiederholte Hinweis auf die Frömmigkeit des verstorbenen Christen. Durchaus möglich, daß Hiller vor seinem Tod konvertiert war, doch es erschien praktisch unvorstellbar, daß er sich auch noch die Ideologie der Nazis zu eigen gemacht hatte. Eindeutig beweisen konnte Fülling dies nicht, doch seiner Vermutung nach war die Anzeige ausdrücklich dazu gedacht gewesen, die jüdische Abstammung seiner Nachkommen zu verschleiern.

Allmählich – wenn auch oft nur mit etwas Glück – spürte Fülling in der ersten Hälfte des Jahres 1999 immer mehr bruchstückhafte Informationen auf: Paul Hiller hatte die Briefe und Tagebücher seines Vaters dem Kölner Stadtarchiv vermacht, doch sein musikalisches Vermächtnis – handschriftliche Partituren, Skizzen und Denkwürdigkeiten – war von seiner Tochter Tony der zusammengelegten Stadt- und Universitätsbibliothek in Ferdinand Hillers Heimatstadt Frankfurt übergeben worden. Der älteste Sohn Paul Hillers – Felix Hiller, der, wie Fülling herausfand, 1963 in Berlin gestorben war – hatte 1896 Selma Hiller geheiratet; 1936, sechs Jahre vor dem Tod seiner ersten Frau, hatte er dann eine Frau namens Johanna Fuchs geehelicht. Das bedeutete, Felix und Selma hatten sich mit Sicherheit scheiden lassen, obwohl Fülling keinen Nachweis für die Auflösung der Ehe fand. Fünf Jahre vor seiner erneuten Verheiratung war Felix Hiller von Chemnitz nach Berlin gezogen. Zwar spürte Fülling ihn im Adreßbuch der Stadt aus dem Jahre 1931 auf – in dem er, eigentlich kaum überraschend, als Komponist bezeichnet wurde –, doch er fand weder einen Nachruf noch eine beglaubigte Information hinsichtlich etwaiger Nachkommen. Als nächstes nahm Fülling Verbindung zu zwei deutschen Musikervereinigungen mit Sitz in Berlin auf; diese informierten ihn, zwar fände sich in ihren Unterlagen kein Hinweis auf einen Felix Hiller, doch ein 1906 in Köln geborener Edgar Hiller habe einer Schwesterorganisation in der Schweiz angehört. Dieser Edgar Hiller war der Halbbruder von Felix Hiller, das schien mittlerweile festzustehen, und Mitarbeiter der Schweizer Vereinigung konnten in der Tat bestätigen, daß er in der Zeit, in der er in Zürich gelebt hatte, Mitglied bei ihnen gewesen sei. 1953 war jedoch der Kontakt zu ihm abgerissen, berichteten die Schweizer Fülling; zu diesem Zeitpunkt hatte er wieder in Deutschland gelebt, diesmal in Hamburg.

Die deutschen Datenschutzgesetze machen die Art zeitlich unbegrenzter Nachforschungen, die Fülling anstellte, bestenfalls zu einem schwierigen Unterfangen, und gerade die Hamburger Bürokraten sind dafür berüchtigt, noch zurückhaltender zu sein als die meisten anderen Behörden, doch Füllings wiederholte Bitten, ihm weiterzuhelfen, erwiesen sich letztlich doch als erfolgreich, und im Juni 1999 konnte er bemerkenswerterweise – und mit Hilfe eines verständnisvollen jungen Urkundsbeamten, der ein wenig gegen die Vorschriften verstieß – nachweisen, daß Edgar Hiller am 20. November 1959 in Hamburg gestorben war, daß er nie geheiratet und keine Kinder gehabt hatte; sein kleines Vermögen hatte er seinem Bruder vermacht, dessen Name Marcel Hillaire lautete und der in Los Angeles lebte.

Das waren außergewöhnliche Neuigkeiten – zumindest für die Leute auf zwei Kontinenten, die seit nahezu vier Jahren nach Paul Hillers Söhnen oder deren Nachkommen suchten –, und endlich machte nun auch Stan Lindaas in Salt Lake City bei seinen Nachforschungen Fortschritte, und zwar fast sofort: Der Amerikaner Marcel Hillaire war am 23. April 1908 in Köln geboren worden, genauso wie Erwin Hiller; am 15. Juni 1948 war er aus Deutschland emigriert; dieses Datum stimmte mit der Bestätigung von Erwin Hillers Auswanderung überein; eine Zeitlang hatte er in New York gelebt und dort bis 1954 als Schauspieler am Broadway und fürs Fernsehen gearbeitet; in dem Jahr war er nach Los Angeles gezogen, um beim Film Karriere zu machen. Bis zu seinem Tod am 1. Januar 1988 hatte er in Kalifornien gelebt und war schließlich an den nach einer Operation aufgetretenen Komplikationen gestorben. Wie sein Bruder Edgar hatte er nie geheiratet und hatte auch keine Kinder. Lindaas fand jedoch heraus, daß seine Todesurkunde von einer Frau namens Esther Taylor unterzeichnet worden war, die ihre Beziehung zu dem Verstorbenen mit »befreundet« bezeichnet hatte und die weiterhin unter derselben Adresse wie vor elf Jahren in Burbank wohnte.

Seit Ira Brilliant zum erstenmal die bedauerlich umrißhafte, aber dennoch faszinierende Geschichte gehört hatte, daß Beethovens Locke sich seit dem Zweiten Weltkrieg aus irgendeinem Grund nicht mehr im Besitz der Familie Hiller befand, sondern einem freundlichen dänischen Arzt übergeben worden war, hatte er sich danach gesehnt, eines Tages mit einem von Paul Hillers Nachkommen zu sprechen, ihn vielleicht sogar persönlich kennenzulernen. Zwar war Esther Taylor keine Blutsverwandte des Mannes, der den Namen Marcel Hillaire angenommen hatte, doch binnen kurzem fand Brilliant heraus, daß er sie als Erbin eingesetzt hatte. Und die freundliche, entgegenkommende Dame, Mutter zweier kleiner Söhne, war durchaus nicht überrascht, als Anfang Juli bei ihr das Telephon läutete, und sie beantwortete ohne weiteres eine Reihe völlig unerwarteter Fragen mit ja: Ja, Marcel Hillaire war bis zu seinem Tod ein ihr sehr lieber Freund gewesen. Ja, der Schauspieler war als Erwin Hiller in Köln zur Welt gekommen und dort aufgewachsen. Ja, sein Vater war der Musikkritiker Paul Hiller gewesen, und natürlich, so bestätigte sie, hatte Marcel ihr oft von der Locke erzählt, die sein Vater besaß und die sein berühmter Großvater vom Haupt des toten Komponisten, des größten, den Europa je hervorgebracht hatte, abgeschnitten hatte.

Die 20 Haare von Beethovens Haupt, die sich in der Obhut von Dr. Werner Baumgartner befunden hatten, trafen Ende Mai zusammen mit einer detaillierten Beschreibung jedes einzelnen der vielgereisten Haare im Health Research Institute in Naperville ein. Baumgartner hatte angemerkt, daß die Haarprobe, die er untersucht hatte und nun weitergab, aus zwei unterschiedlichen »Populationen« bestand – zehn Haare waren 5–7 Zentimeter, zehn weitere 10–12 Zentimeter lang. Ging man von einem durchschnittlichen Wachstum von 1,3 Zentimetern pro Monat aus, dann, so mutmaßte der Wissenschaftler in Los Angeles aufgrund der unterschiedlichen Länge, waren die Haare zwischen viereinhalb und neun Monaten vor dem Tod des Komponisten nachgewachsen. In der Gruppe mit den kürzeren Haaren befanden sich zwei, in der mit den längeren fünf graue Haare; die restlichen dreizehn waren dunkelbraun.

In einem zusätzlich durch eine äußere Phiole geschützten Kunststoffflächchen trafen die Haare genau zu dem Zeitpunkt in Dr. William Walshs Forschungsinstitut ein, als endlich Amy Stevens' Artikel auf der Titelseite des *Wall Street Journal* abgedruckt wurde und bei den Medien sogleich ungeheures Interesse an den Untersuchungen der Wissenschaftler wachrief. Zwar sprach Baumgartner am Telephon mit einigen Reportern, doch Walsh bestürmten sie gleich massenweise in dem Vorort von Chicago; beide Wissenschaftler wie auch ihre Kollegen in Arizona rechneten damit, den Medien sozusagen einen Knochen vorwerfen zu können, der sie einen, höchstens zwei Tage lang interessierte, um dann in der langen Zeit, die sie für die neuen Untersuchungen bräuchten, wieder ihre Ruhe zu haben.

»Mich hat das Ergebnis überrascht«, erklärte Baumgartner der *Associated Press* hinsichtlich der Untersuchungen auf Morphium. »Wirklich erstaunlich, daß Beethoven, der sein Leben lang unter Schmerzen litt, keine Opiate eingenommen hat … Beethoven-Experten fragen sich immer wieder, wie ein Mensch große Schmerzen und Qualen überwinden und tiefgründige Musikwerke schaffen kann. Die Antwort lautet: Derlei gelingt nur tiefgründigen Menschen … Beethoven hatte sich entschieden, keinerlei Mittel einzunehmen, die ihn sozusagen entmenschlichten, denn schließlich und endlich reduziert Morphium ja in gewisser Weise den Menschen und führt zu einem Verlust an Willensfreiheit.« Der Beethoven-Forscher William Meredith, Leiter des Beethoven Center, interpretierte die Ergebnisse des Chemikers allerdings ganz anders. Auch ihn hatten sie erstaunt, doch in seinen Augen bedeuteten sie vor allem, daß Beethoven gegen Ende seines Lebens »unnötig gelitten hatte«, vor allem wenn man bedenkt, daß wiederholt sein Bauch aufgeschnitten wurde, um überschüssige Flüssigkeit abzusaugen. »Dies unterstreicht die Tatsache, daß Beethoven – selbst gemessen am damaligen Stand der Medizin – barbarische Behandlungsmethoden über sich ergehen lassen mußte«, erklärte Meredith der in San Jose erscheinenden Zeitung *Mercury News*.

Der Mann, der vor die aufgereihten Mikrophone in Naperville trat, äußerte sich nicht näher zu den Ergebnissen, denn seine Arbeit sollte ja erst beginnen. Allerdings kündigte Walsh an, in den kommenden Monaten werde er Che Guevara und Ira Brilliant empfehlen, welche weiteren Untersuchungen vermutlich zu den aussagekräftigsten Ergebnissen führten und wer am geeignetsten sei, sie durchzuführen. Er konnte noch nicht mit Sicherheit sagen, wie viele Tests man letztlich vornähme, doch er persönlich wolle sich bei seinen Untersuchungen auf drei Bereiche konzentrieren: Eine mikroskopische Analyse könnte möglicherweise zu aussagekräftigen Schlußfolgerungen hinsichtlich Alter und Zustand der Haare führen; eine Untersuchung auf Spurenmetalle, und zwar mit hochmodernen Mikroskopen, könnte Aufschluß über anormale Konzentrationen einer Vielfalt von Metallen geben; und eine genetische Analyse – falls man eine solche vornähme – liefere möglicherweise Hinweise auf genetisch bedingte Störungen sowie einen Ausgangspunkt für Vergleiche mit anderen sterblichen Überresten Beethovens.

In den Tagen unmittelbar nach der Pressekonferenz stand Beethovens Locke tatsächlich kurz im Scheinwerferlicht der amerikanischen Medien. Die *Chicago Tribune*, die *Los Angeles Times* und der *San Francisco Chronicle* berichteten einigermaßen nüchtern über die Ergebnisse der Wissenschaftler, während die oft etwas eigenwillige *New York Post* die Gelegenheit ergriff, einen Witz anzubringen: »Jahrelang gab Hiller die Haare nicht aus der Hand; schließlich schenkte er sie jedoch seinem Sohn Paul zu dessen 30. Geburtstag. (›Herrje, vielen Dank, Dad, aber eigentlich hatte ich mir einen Fetzen von Mozarts Sportsakko erhofft.‹)« Die Nachrichtenabteilungen von ABC, CBS und NBC strahlten kurze Berichte über die bevorstehenden Untersuchungen und den Mann in Arizona aus, der all dies in Gang gesetzt hatte. In den nun folgenden Tagen erhielt Brilliant 19 Anrufe von weiteren neuen Organisationen in den Vereinigten Staaten, in Großbritannien, Italien und Japan. Beethovens Haare und ihre Untersuchung jetzt, gegen Ende des Jahrhunderts, stellten eine großartige Neuigkeit dar; allerdings nur für kurze Zeit, dann rückten andere Ereignisse sie wieder in den Hintergrund, noch ehe Walsh mit den langwierigen methodischen Analysen begann, die für viele Jahre einen Großteil seiner Zeit und seines Interesses in Anspruch nähmen.

William Walsh, von seiner Ausbildung her Chemotechniker, war eher zufällig zum führenden Experten für Haaranalysen in den Vereinigten Staaten geworden. Während er Anfang der sechziger Jahre an der Iowa State University seine Dissertation zu Ende schrieb, hatte er für das Institute for Atomic Research in Ames ein Hochvakuumröntgenspektroskop entworfen und gebaut. Damals hatte er bereits für das Los Alamos Scientific Laboratory in New Mexico und das University of Michigan Research Institute gearbeitet und eine Reihe Kernbrennstoffexperimente entwickelt und durchgeführt. Nach seiner Promotion hatte er eine Stellung am Argonne National Laboratory in der Nähe von Chicago angenommen. Dort leitete er ein Team von Wissenschaftlern, dessen Projekte sich auf die Veredelung von Kernbrennstoffen und die Entwicklung kleiner, raffinierter Batterien konzentrierten. Im Verlauf der 20 Jahre in Argonne hatte Walsh sich zudem als freiwilliger Mitarbeiter bei einem Hilfsprogramm für Strafgefangene im nahe gelegenen Stateville-Gefängnis engagiert, in dessen Rahmen ihn immer intensiver die Frage beschäftigte, ob möglicherweise eine unmittelbare Verbindung zwischen chemischen Unausgewogenheiten im Körper eines Menschen und asozialem Verhalten bestand, eine persönlich motivierte Untersuchung, die binnen kurzem sein Leben ändern sollte.

Bei seiner Arbeit mit Männern, die in Kürze auf Bewährung entlassen werden sollten, hatte Walsh wiederholt von deren Eltern und Angehörigen gehört, der jeweilige Strafgefangene, mit dem sie verwandt waren, sei von Geburt auf »anders« gewesen, und in vielen Fällen waren die Geschwister gut angepaßt und vergleichsweise erfolgreich. Auch persönliche Beobachtungen hatten in Walsh die Vermutung aufkommen lassen, viele Kriminelle unterschieden sich von der Allgemeinbevölkerung nicht so sehr in moralischer oder psychischer Hinsicht, sondern physiologisch. 1975 hatten dann er und eine Gruppe Freiwilliger, die er unter seinen Kollegen in Argonne angeworben hatte, begonnen, die Biochemie der Insassen von Stateville zu untersuchen, um dieser Frage nachzugehen. Von einer umfangreichen Gruppe Strafgefangener Blut- und Urinproben zu nehmen und diese dann in verschiedene Labors zu bringen, um sie dort analysieren zu lassen, wäre aus verschiedenen Gründen schwierig gewesen; andererseits war es ziemlich einfach, Haarproben zu nehmen und sie zu transportieren, und bald hatten Walsh und seine Kollegen entdeckt, daß Kopfhaare sich zudem als hervorragender

Indikator für verschiedene chemische Substanzen im Körpergewebe sowie deren jeweilige Konzentration erwiesen. Um 1980 hatten zwei gesonderte Untersuchungen Walshs – die eine bezog 96 gewalttätige Gefängnisinsassen und bedingt Haftentlassene sowie die gleiche Anzahl nicht gewalttätiger »Kontroll«-Personen ein; bei der anderen ging es um einen Vergleich von 24 Brüderpaaren, von denen jeweils einer ein gewalttätiger »Delinquent«, sein Bruder hingegen ein waschechter »amerikanischer Junge« war – zu ähnlichen und äußerst bemerkenswerten Ergebnissen geführt. Erstens wiesen die Haare praktisch aller Kriminellen anormale Werte für etliche wesentliche Spurenmetalle auf; zweitens waren diese Elemente in hohen und niedrigen Konzentrationen entsprechend zwei ohne weiteres zu identifizierenden Mustern vorhanden – die Mitglieder der einen Gruppe bekamen nur gelegentlich unerklärliche Wutanfälle, die der anderen erwiesen sich hingegen als chronisch soziopathisch. Es bestand also eindeutig ein Zusammenhang zwischen asozialem Verhalten und Körperchemie; davon war der Wissenschaftler jetzt überzeugt.

In den nun folgenden Jahren war es Walsh gelungen, die weltweit erste Normwerteskala für Spurenmetallkonzentrationen in Menschenhaar sowie aus den Ergebnissen von 100 000 Proben abgeleitete Bezugswerte festzusetzen, mit deren Hilfe man Vergleiche anstellen konnte. Im Verlauf seiner Zusammenarbeit – ab dem Jahre 1982 – mit Carl Pfeiffer, einem in Princeton, New Jersey, tätigen Physiker und weithin anerkannten Experten für biochemische Unausgewogenheiten, festigte sich in ihm die Überzeugung, daß man diese zu niedrigen oder aber zu hohen Konzentrationen erfolgreich mit Mineralstoffen, Vitaminen und Aminosäuren behandeln könnte. 1986 gab er seine langjährige Stellung in Argonne auf und gründete das

Health Research Institute; von jetzt an widmete er sich ausschließlich der Entwicklung ungemein genauer Methoden zur chemischen Untersuchung von Haaren wie auch damit zusammenhängenden Formen angewandter Forschung. Drei Jahre später gründete er schließlich das – zu Ehren seines mittlerweile verstorbenen Kollegen so benannte – Pfeiffer Treatment Center, dessen Programme sich speziell mit der Beurteilung und Behandlung von Patienten befaßten, die eine Vielfalt von Verhaltensstörungen aufwiesen, deren Grund wahrscheinlich in einer oder mehreren neurochemischen Unausgewogenheiten zu suchen war.

Zu dem Zeitpunkt, als Guevara sich an ihn wandte und ihn fragte, ob er daran interessiert sei, die Untersuchungen der Haare Beethovens zu koordinieren, war Walsh aufgrund seines ständig wachsenden Ansehens – und das angesichts der allgemeinen Geringschätzung der Haaranalyse – der hervorragendste Wissenschaftler, den man sich für dieses Unternehmen wünschen konnte; mittlerweile war er bei gerichtsmedizinischen Analysen der chemischen Zusammensetzung der Haare von Charles Manson und von drei Dutzend weiteren berüchtigten amerikanischen Kriminellen hinzugezogen worden. Ludwig van Beethoven wäre Walshs erste berühmte – und nicht so sehr berüchtigte – Untersuchungsperson. Dies war ein Hauptgrund dafür gewesen, daß er Guevaras Angebot angenommen hatte. Doch auch die nachhaltige Erinnerung an ein Familienerbstück hatte eine Rolle gespielt: die Büste des großen Komponisten, die in seiner Kindheit und Jugend lange Zeit in seinem Zuhause in Bay City, Michigan, auf dem Stutzflügel seiner Mutter, einer Klavierlehrerin, gestanden hatte.

Mit Billigung Guevaras und Brilliants hatte Walsh beschlossen, sehr umsichtig vorzugehen. Er wollte keine der

Untersuchungen selbst durchführen, sondern eine kleine Gruppe von zwei, drei Wissenschaftlern auswählen, die er für die allerbesten auf diesem etwas abgelegenen Fachgebiet hielt; jedem der Wissenschaftler würde man lediglich mitteilen, daß er die Haare einer »Berühmtheit« untersuche; zudem wollte Walsh erst dann einwilligen, daß jeder einzelne Wissenschaftler mit seinem Experiment begann, wenn er sich von der Fundiertheit seiner Methoden und davon überzeugt hatte, daß er größten Wert auf äußerste Genauigkeit legte. Die Arbeit sollte kostenlos geleistet werden; daher wäre Walsh bereit, in der Zeit, solange das Experiment durchgeführt würde, unendlich geduldig zu sein. Auch die Besitzer der Haare müßten eiserne Geduld an den Tag legen. Und so dauerte es in der Tat zweieinhalb Jahre, ehe Walsh endlich nach Phoenix fliegen konnte, um Guevara und Brilliant einen vorläufigen Bericht über die Ergebnisse, die er erzielt hatte, vorzulegen. Darunter war eines, das die beiden Männer, die seit so langer Zeit die Gestalt des unsterblichen Beethoven ungemein verehrten, förmlich umwarf.

Im Verlauf des Jahrhunderts, das sich jetzt seinem Ende zuneigte, hatten Beethoven-Forscher, die sich vor allem für den chronisch schlechten Gesundheitszustand des Komponisten interessierten – und auch Ärzte mit einer besonderen Leidenschaft für Beethovens Musik –, seine Krankheitsgeschichte erforscht und Mutmaßungen über die Ursachen seiner mannigfaltigen Krankheiten und deren Auswirkungen auf seine Kompositionen angestellt. Immer wieder hatte der amerikanische Musikwissenschaftler Clarence J. Blake, der 1901 eine kleine Abhandlung über den Gehörverlust des Komponisten verfaßt hatte, hervorgehoben, daß »es keine mitleiderregendere Vorstellung gibt als die, wie Beethoven in seinen letzten Jahren, die von seinem Alter her eigentlich die besten seines Mannestums hätten sein müssen, für den überwältigenden Applaus taub war oder auf das Klavier einhämmerte, das für ihn stumm blieb und nichts als wilde Dissonanzen hervorbrachte«. Doch trotz dieses verständnisvollen Mitfühlens hatte Blake den Eindruck gehabt, Beethovens Taubheit habe in Wirklichkeit sein Komponieren kaum beeinträchtigt. »Man darf sich sogar fragen«, hatte Blake seinen kurzen Essay beschlossen, »ob sein musikalisches Wesen überhaupt auf andere als vorteilhafte Weise von seinem Gebrechen beeinflußt wurde. Seine Kunst war größer als der Mensch, oder, genauer gesagt: der Mensch wuchs in seiner Kunst über sich selbst hinaus.«

Um die Mitte des Jahrhunderts hatten Gelehrte wie Waldemar Schweisheimer sich allmählich zu der Behauptung verstiegen, die Taubheit des Komponisten habe seine Musik in Wahrheit zutiefst beeinflußt, und sogar die Ursache seines Gebrechens postuliert. »Beethovens tragische Taubheit war die Folge einer Erkrankung des Mittelohrs, einer Neuritis acoustica. Und die Ursache dieser Neuritis war höchstwahrscheinlich eine frühere schwere Typhuserkrankung«, hatte Schweisheimer 1945 in *Music Quarterly* geschrieben.

Die Theorie, der Hörverlust sei die Folge einer Syphiliserkrankung gewesen – eine Theorie, die sich in gewissen Kreisen großer Beliebtheit erfreute –, ließ sich laut Schweisheimer anhand von Beethovens Krankheitsgeschichte nicht bestätigen. Er bezeichnete die Behauptung, Beethoven habe sich mit Syphilis angesteckt, als »reine Erfindung«; sie sei, so meinte er, vor mehr als einem Jahrhundert endgültig widerlegt worden, als man bei der Autopsie keines der charakteristischen Anzeichen für die Krankheit gefunden hatte. 25 Jahre später war die

Annahme, Syphilis sei die Hauptursache für die Krankheiten des Komponisten gewesen, jedoch derart gang und gäbe, daß der englische Wissenschaftler Edward Larkin eine ganze Passage seines ausführlichen Essays *Beethoven's Medical History* der Widerlegung dieser Ansicht widmete. Wie Schweisheimer ging es auch Larkin nicht darum, den ehrbaren Ruf Beethovens zu verteidigen, indem er sich weigerte, die Möglichkeit in Betracht zu ziehen, er habe sich eine venerische Krankheit zugezogen; tatsächlich glaubte er sogar, »daß Beethoven sich wahrscheinlich, wie alle anderen, mit Gonorrhoe infiziert hatte«. In seinem Essay, der 1970 als Anhang zu *Beethoven: The Last Decade* von Martin Cooper veröffentlicht wurde, hatte er des weiteren geäußert: »Es gibt jedoch keinerlei Beweis dafür, daß seine ständigen Krankheiten oder seine Taubheit durch Syphilis hervorgerufen wurden; gründliche medizinische Autoren stellen andere Diagnosen.«

Larkin seinerseits vermutete, die Ursache für Beethovens Taubheit sei höchstwahrscheinlich Otosklerose gewesen, eine Verhärtung der knorpeligen Öffnung zum Innenohr. Die sein Leben lang vom Komponisten vorgebrachte Litanei anderer Krankheiten – »Hepatitis, Kolitis, Rheuma, wiederholte Katarrhe, Abszesse, Kryopathie (mit Schüttelfrost beginnende Anfälle), Ophthalmie sowie diverse Hauterkrankungen« – konnten seiner Ansicht nach als symptomatisch für »eine Immunerkrankung des Bindegewebes« gelten, ein Leiden, bei dem Antikörper, die eigentlich Krankheiten abwehren sollen, seltsamerweise und selektiv versuchen, die Knochen, Knorpel, Bänder, Sehnen und das Bindegewebe des Körpers selbst zu zerstören. Als der britische Rheumatologe und Beethoven-Verehrer Thomas Palferman sich mit einem umfassenden, 1992 im *Beethoven Journal*, der vom Beethoven Center herausgegebenen Zeitschrift, veröffentlichten Artikel in die

Auseinandersetzung um die Ursache von Beethovens Krankheiten einschaltete, zählte er die verschiedenen früheren Diagnosen auf und stellte in Übereinstimmung mit Larkin fest, daß sehr wohl eine »Autoimmunstörung« der Grund für die meisten Beschwerden Beethovens gewesen sein könnte. Allerdings hatte sie wahrscheinlich nicht zum Hörverlust geführt, daher hatte Palferman eine eigene, völlig neue Diagnose zur Diskussion gestellt.

Sarkoidose, eine der Tuberkulose sehr ähnliche Krankheit, für die das Auftreten sarkomähnlicher Gewebswucherungen an Organen im ganzen Körper charakteristisch ist, die allerdings nichts mit Krebs zu tun haben – Tumoren, die sehr schädlich sein und entsprechende Schmerzen hervorrufen können –, war die Krankheit, die nach Ansicht Palfermans alle Leiden Beethovens erklären könnte. Obwohl die Krankheit oft harmlos verläuft und keine großen Schädigungen verursacht, könne ein schwerer Fall von Sarkoidose, so Palferman, die zersetzte Leber, die letztlich zu Beethovens Tod geführt hatte, sein Augenleiden und die häufigen Atembeschwerden erklären; die bei der Autopsie entdeckten Nierensteine könnten die Ursache seiner chronischen, oft nahezu lähmenden Bauchschmerzen gewesen sein. Und obgleich dies, wie der englische Arzt einräumte, in der medizinischen Literatur nur selten erwähnt werde, könne Sarkoidose auch zu Taubheit führen. Es sei dies die einzige Diagnose, die eine vereinheitlichende Erklärung der zahlreichen Leiden des großen Beethoven liefere. Und im Widerspruch zu dem, was Blake fast ein Jahrhundert zuvor geschrieben hatte, äußerte Palferman am Ende seiner Argumentation die Ansicht, »da Schmerz und Verzweiflung künstlerische Originalität steigern können, scheint einleuchtend, daß Beethovens zahlreiche Leiden es ihm ermöglichten, emotionale Tiefen zu ergründen, die ihm in einem ruhigeren

Leben verschlossen geblieben wären«. Kurz gesagt: Beethovens Krankheiten hätten ihn bei der Schöpfung seiner zutiefst emotionsgeladenen Musik inspiriert.

Anscheinend hatte Philip Weiss, der für das *New York Times Magazine* Artikel verfaßte, weder Palfermans Kommentar noch die vorangegangenen Veröffentlichungen gelesen, als er im Oktober 1998 das Thema »Beethovens Gesundheitszustand und die Untersuchung von Beethovens Haaren« aufgriff. In einem im *New York Times Magazine* vom 30. November veröffentlichten Artikel hatte der Journalist sich auf Ira Brilliant und Che Guevara gestürzt und sie als typische Amateure in der sich zunehmender Beliebtheit erfreuenden Arena der Geschichte der Gerichtsmedizin hingestellt; außerdem war Weiss sicher, die Gründe aufgedeckt zu haben, weshalb die beiden die Locke gekauft und dann alles darangesetzt hatten, sie untersuchen zu lassen: Sie hätten es darauf angelegt, zu beweisen, daß Beethoven Syphilis gehabt hatte. Zwar hatten beide, als Weiss im Beethoven Center in San Jose Brilliant und in Nogales Guevara aufgesucht hatte, bekräftigt, die derzeit stattfindende Analyse habe kein von vornherein festgelegtes Ziel, dennoch ließ der Journalist sich nicht beirren. Das Ergebnis war eine Geschichte mit dem Titel *Beethovens Haare sagen alles!*; auf dem Umschlag der Zeitschrift prangte ein Bild, auf dem der Komponist an seinem Klavier sitzt und ein Wiener Skandalblatt anstarrt, dessen Schlagzeile marktschreierisch verkündet: »Eine Ohrfeige für Beethoven? Seine Haare sagen alles: Er hat V. D.«

Zwar räumte Weiss ein, Brilliant sei ein »charmanter 76 Jahre alter Herr«, doch er schilderte ihn auch als blind darauf versessen, seinen Kopf durchzusetzen. Zu Guevara erklärte der Journalist triumphierend: »Diesen Typ kenne ich: der belesene Landarzt ... Seine Geschichtstheorien verdanken eine Menge Gore Vidals Romanen und entsprechenden Videos.« Die Untersuchungen, die vorzunehmen die beiden Walsh ermächtigt hatten – Tests, die nach Weiss' Überzeugung darauf zielten, der Welt ins Gesicht zu schreien, Beethoven sei in sexuellen Dingen äußerst unbesonnen gewesen –, kamen ihm »reichlich sensationslüstern« vor.

Weder Guevara noch Brilliant waren sonderlich erfreut, in der führenden Zeitung des Landes als eine Art von Syphilis faszinierter Provinzler hingestellt zu werden, doch weit schlimmer wog die Tatsache, die Beethoven-Kenner auf der ganzen Welt könnten nun annehmen, sie wären darauf aus, eine medizinische Diagnose zu stützen, die seit nahezu drei Jahrzehnten endgültig widerlegt war. Der Schreiberling war von der falschen Annahme ausgegangen – und hatte diese dann als mit großem Spürsinn aufgedeckte Insiderinformation dargestellt –, die Besitzer der Guevara-Locke seien auf Syphilis fixiert, zierten sich jedoch, dies öffentlich zuzugeben. Schließlich und endlich war der Arzt Urologe, rief Weiss den Lesern der *Times* in Erinnerung.

Doch wie der Zufall es wollte, hatten Brilliant und Guevara sich in den fünf Wochen zwischen ihrem Gespräch mit Weiss und der Veröffentlichung des Artikels mit Walsh, dem Koordinator der Untersuchungen, getroffen und verfügten nun über Informationen, die bislang nur Walsh bekannt gewesen waren: Der Quecksilberspiegel in Beethovens Haaren war so niedrig, daß man dieses Spurenmetall gar nicht nachweisen konnte. Quecksilber war jedoch im 19. Jahrhundert ein großzügig eingesetztes Heilmittel gegen Syphilis und andere Infektionen gewesen, und mit Sicherheit hätte der Komponist es regelmäßig eingenommen, wenn er gewußt hätte, daß er sich diese Krankheit zugezogen hatte. Syphilis war also eindeutig nicht die Ursache von Beethovens grausam vielfältigen

Krankheiten gewesen. Doch Walsh und seine beiden Auftraggeber hatten etwas gefunden, das sie möglicherweise erklären konnte.

Esther Taylor wußte, eine Locke von Beethovens Haupt war zwei Generationen hindurch im Besitz der Familie ihres hochgeschätzten Freundes gewesen; wie sie nach Dänemark gelangt war, das konnte allerdings auch sie nicht erklären; ebensowenig kannte sie den Namen der Person, die sie weggegeben hatte.

Im Frühjahr 1974 – zu der Zeit hatte die damals 24jährige als Atemtherapeutin am Brotman Memorial Hospital in Culver City, Kalifornien, gearbeitet – hatte Esther Taylor Marcel Hillaire kennengelernt. Er war ein paar Tage zuvor in das Krankenhaus eingeliefert worden, nachdem ihn ein mit überhöhter Geschwindigkeit dahinrasendes Auto bei dem Versuch, die Kreuzung La Bra Avenue / Hollywood Boulevard zu überqueren, in die Luft geschleudert hatte. Hillaire war schwer verletzt worden und mußte vier Monate lang im Krankenhaus behandelt werden; im Verlauf dieser Zeit erlag Esther Taylor dem Charme des liebenswürdigen Europäers – und er ihrem. Trotz der 40 Jahre Altersunterschied kamen die beiden einander sehr nahe, und als er schließlich aus dem Krankenhaus entlassen wurde, fanden Esther Taylor und Marcel Hillaire ein Apartment in der Burnside Avenue in Los Angeles, in dem sie sich, dessen war sie sich sicher, beide wohl fühlen würden. In den nun folgenden acht Jahren wohnten sie dort zusammen. Hillaire hatte ein erfülltes, wenn auch oft chaotisches Leben hinter sich, das erfuhr Esther schon bald, und sie lauschte mit Begeisterung den wundersamen Geschichten aus seiner Jugend. Am 23. April 1908 war er in Köln als Erwin Ottmar Hiller geboren worden. Seine

Mutter war Sophie Lion gewesen, eine Liedsängerin, die immer die Tatsache beklagt hatte, daß ihre altehrwürdige Sippe sich aus irgendwelchen Gründen in Deutschland angesiedelt hatte. Sein Vater war ein stolzer Patriot mit einem Kaiser-Wilhelm-Bart, gleichzeitig jedoch leidenschaftlicher Sozialist gewesen. Zwar hatte er zeitweilig die Städtische Oper geleitet, doch zu der Zeit, als Erwin und sein älterer Bruder Edgar zur Welt gekommen waren, hatte Paul Hiller als Musikkritiker einer Zeitung gearbeitet. Sein Großvater väterlicherseits, der lange vor seiner Geburt das Zeitliche gesegnet hatte, war viele Jahre hindurch städtischer Kapellmeister in Köln gewesen, und sein Vater hatte nach wie vor einige wertvolle Andenken besessen, die einst dem großen Ferdinand gehört hatten: einen Abguß der Totenmaske aus Ton, die man vom Gesicht des verstorbenen Beethoven abgenommen hatte; einen abgewetzten Dirigentenstab, der einst Beethoven gehört hatte – oder dem Freund seines Großvaters, Felix Mendelssohn? Oder war es der seines Großvaters gewesen? Er war sich nicht sicher. Und in einem kleinen schwarzen Medaillon lagen, durch Glas geschützt, ein paar Haare, die sein Großvater von Beethovens Haupt abgeschnipselt hatte.

Esther Taylor war überzeugt, Marcel wäre bestimmt gern bereit gewesen zu erklären, wie und warum seine Familie sich von der Locke getrennt hatte und wie diese nach Dänemark gelangt war – leider hätte sie nicht einmal im Traum daran gedacht, daß zehn Jahre nach seinem Tod jemand sie in der Hoffnung aufsuchen würde, sie wüßte Näheres über Marcels lange zurückliegende Vergangenheit und die Locke. Doch einer Tatsache war sie sich sicher: Marcel war sehr traurig gewesen, daß die Locke in den Besitz eines Museums übergegangen war – zumindest hatte man ihm das gesagt – und nicht an ihn oder seinen Bruder Edgar.

Bei einem erneuten Versuch, herauszufinden, wo die Haare gelandet waren, als sie das Haus der Hillers in der Eifelstraße 31 in Köln verließen – und jetzt zusätzlich mit der wichtigen Information von Esther Taylor gerüstet –, suchte der deutsche Ermittler Alexander Fülling nun nicht mehr nach dem seit 1963 toten Felix Hiller oder seinem Halbbruder Edgar, der 1959 in Hamburg gestorben, oder aber dessen Bruder Erwin, der zu Marcel Hillaire geworden war, sondern nach Hinweisen auf den Verbleib der Locke selbst. Doch Füllings Suche endete immer wieder in Sackgassen: Die Kölner Musikhochschule, die Ferdinand Hiller jahrzehntelang geleitet hatte, besaß keinerlei Aufzeichnungen darüber, daß sein Sohn ihnen eine Locke Beethovens geschenkt hatte; das gleiche galt für das Stadtarchiv, die öffentliche sowie die Universitätsbibliothek, und obwohl sich in der Sammlung des Beethoven-Archivs in Bonn etliche Locken vom Haupt des Meisters befanden, war keine davon ein Geschenk Paul Hillers, und keine war während des Krieges heimlich nach Dänemark gebracht worden.

Ferdinand Hillers Tagebücher und Briefe waren jedoch sehr wohl der Musikhochschule vermacht worden, und von den dortigen Archivaren erfuhr Fülling, daß Paul Hillers Schwester Tony einen Großteil des musikalischen Vermächtnisses ihres Vaters – Entwürfe, Manuskripte, Partituren – der Sammlung der Stadt- und Universitätsbibliothek in Frankfurt am Main geschenkt hatte. Fülling kam zu dem Schluß, es sei mit Sicherheit der Mühe wert, sich zu erkundigen, ob die Locke dort gelandet war, und kurzfristig war er ziemlich verblüfft, als die Archivarin Ann Kersting-Meulemann erklärte, die Sammlung habe einst eine Locke Beethovens besessen; allerdings sei, soweit sie wußte, ihr weiterer Verbleib nach dem Krieg nicht bekannt. Als Fülling am nächsten Vormittag die Tür zu seinem Büro aufschloß, läutete jedoch das Telephon; es war Kersting-Meulemann, die aus Frankfurt anrief, um sich zu entschuldigen. Die fragliche Locke befände sich nach wie vor im Besitz des Sammlung – sie läge sogar vor ihr, während sie jetzt mit ihm sprach –, und hätte zusammen mit zahlreichen anderen bemerkenswerten Gegenständen zur Sammlung des privaten Musikmuseums des Frankfurters Friedrich Nikolaus Manskopf gehört, die dieser 1929 der Stadt vermacht hatte.

So lagen nun die Dinge: In den Jahren ihres Zusammenlebens hatte Marcel Hillaire Esther Taylor wiederholt erzählt, sein Vater habe die verehrungswürdigen Haare, die einst ein Teil Beethovens gewesen waren, irgendeiner Institution geschenkt, wo sie seiner Ansicht nach für alle Ewigkeit sorgsam aufbewahrt würden. Doch warum konnte Fülling trotz ausgiebigen Suchens nirgends einen Hinweis auf dieses großzügige Geschenk finden? Auf diese Frage bot sich eine Vielzahl möglicher Antworten an: Unter Umständen hatte Hillaire beschlossen zu behaupten, die Locke sei verschenkt worden, einfach weil die Erinnerung daran, was wirklich aus ihr geworden war, ihn immer noch quälte. Vorstellbar war auch, daß Paul Hiller seinem Sohn gegenüber vorgegeben hatte, er hätte die Locke einem Museum vermacht, obwohl er sie in Wirklichkeit seinem Bruder Edgar oder irgend jemandem, der nicht zum engsten Familienkreis gehörte, geschenkt hatte. Vielleicht genügte es andererseits, wenn Fülling sich einfach bei dem fraglichen Museum selbst erkundigte; dies schien jedoch zunehmend aussichtslos. Paul Hiller hatte sein ganzes Leben in Köln zugebracht, und seinen Vater hatte man dort mehr als 30 Jahre lang sehr geschätzt; mit Sicherheit hätte es dem Wunsch Paul Hillers entsprochen, daß die Locke irgendwo am Rhein oder im nahe gelegenen Bonn bliebe. War ein schriftlicher Vermerk hinsichtlich des Geschenks im Verlauf der schweren Bombardierung durch die Alliierten gegen Ende des Zweiten Weltkriegs zerstört worden? 1945 waren ein Großteil Kölns dem Erdboden gleichgemacht und ganze Bibliotheken nahezu komplett vernichtet worden; Unmengen Aufzeichnungen im Hauptarchiv der Stadt existierten nicht mehr. Möglicherweise war ein Dokument, das Paul Hillers Vermächtnis betraf, bei dem Flächenbrand zerstört worden. Oder hatte jemand – ein Museumsangestellter, vielleicht auch einer der Treuhänder –, der Zugang zu der Locke hatte, sie an sich genommen, ehe er aus Deutschland flüchtete, ebenso das dazugehörige Dokument, das bewies, daß die Locke ursprünglich dem Museum gehört hatte? Falls die Locke gestohlen worden war – entweder von jemandem, der sie einzig des Geldes wegen genommen hatte, das sie wert war, oder aber von einer Person, die sie nicht in die Hände der Nazis fallen lassen wollte –, dann hätte der oder die Betreffende doch mit Sicherheit auch jeglichen schriftlichen Hinweis auf sie vernichtet? War jemand, der Paul Hiller und seine Familie gekannt hatte, mit einer versteckten Locke im Gepäck aus Köln geflohen? Hatte die Person, die schließlich die Haare Dr. Fremming gegeben hatte, wirklich gewußt, woher genau sie stammten, oder hatte das schwarze Medaillon, das Beethovens Locke barg, als Tauschobjekt gedient und war von Hand zu Hand gegangen, ehe es in Gilleleje landete? Würde man je Antworten auf all diese Fragen finden? Könnte man sie letztlich auf ganz ähnliche Weise klären, wie eine kleine Gruppe amerikanischer Wissenschaftler vor kurzem die Rätsel hinsichtlich Beethovens Gesundheitszustand anhand eines 170 Jahre alten Haares gelöst hatte? Oder bliebe die Art und Weise, wie Beethovens Haare nach Dänemark gelangt waren, auf immer ein verwirrendes Geheimnis?

Wie Werner Baumgartner vor ihm, so wollte auch William Walsh den Leuten, mit denen er sich in Arizona zu einem persönlichen Gespräch traf, unbedingt sagen, es sei ihm eine Ehre gewesen, die einzelnen Untersuchungen der Haare Beethovens zu überwachen. Allerdings lag ihm auch sehr daran klarzustellen, daß es ihm im gesamten Verlauf der Untersuchung, die zweieinviertel Jahre in Anspruch genommen hatte, hauptsächlich darauf angekommen sei, sicherzustellen, daß die Tests unter Anwendung einwandfreier wissenschaftlicher Methoden durchgeführt wurden. Schludrige Arbeit oder schlampige Verfahren wären weder seiner Karriere noch der seiner Kollegen in irgendeiner Weise dienlich gewesen. Zu viele Jahre hatte er darauf verwandt, der Haaranalyse zu dem ihr gebührenden Ansehen zu verhelfen und die Bedeutung ihrer Anwendungsmöglichkeiten zu beweisen, um Anschuldigungen zu riskieren, er habe diese Aufgabe einzig des möglichen Aufsehens wegen übernommen und nicht, um herauszufinden, welche Geheimnisse auch immer die Haare bargen. Doch sobald er all dies klargestellt hatte, teilte Walsh den Besitzern der Locke Beethovens mit, welche in einem siebenseitigen Bericht zusammengefaßten faszinierenden Neuigkeiten er für sie hatte.

Nachdem die Haare im Mai 1996 aus Los Angeles im Health Research Institute angekommen waren, hatte Walsh sie zuerst einmal getrocknet – da sie von der radioimmunologischen Untersuchung, die Baumgartner vorgenommen hatte, immer noch naß waren – und dann zwei Haare, ein braunes und ein graues, Max Adams geschickt – der auf einer durch die Karibik kreuzenden Jacht lebt und ein Experte für gerichtsmedizinische Untersuchungen mit Hilfe ungeheuer starker Vergrößerungen sowie der Mikrophotographie ist. Adams hatte die Haare bei Vergrößerungen auf das 100-, das 400- und das

1000fache untersucht und – eigentlich nicht weiter überraschend – festgestellt, daß ihr Zustand sich allmählich verschlechterte. »In etlichen Bereichen war die äußere Keratinschicht angegriffen, und es ließen sich zahlreiche winzige Haarteilchen feststellen«, schrieb Walsh in seinem vertraulichen Bericht. Doch die Haare hatten sich nicht zersetzt, was sicherlich mittlerweile geschehen wäre, wenn sie nicht so lange zwischen den versiegelten Glasplättchen aufbewahrt worden wären, worauf im übrigen der relativ gute Zustand der Haare überhaupt zurückzuführen war. Zwar war es Adams gelungen festzustellen, daß »gasförmige Elemente mit hohen Diffusionskoeffizienten, beispielsweise Sauerstoff«, in die Haare eingedrungen waren, dennoch war er sicher, daß die Keratinschicht um jeden einzelnen Haarschaft ausreichend gut erhalten geblieben war, um das Eindringen von Schwermetallatomen zu verhindern. Mit anderen Worten: Adams' Auffassung nach waren jedwede Metalle, die man möglicherweise noch feststellte, vor Beethovens Tod in die Haarproben gelangt.

Nach Adams' Untersuchungen waren 14 Monate vergangen, ehe Walsh sich endlich dafür entschied, was seiner Ansicht nach die beste Methode für eine Analyse auf Spurenmetalle sei und wer am geeignetsten wäre, sie durchzuführen: Walter McCrone, der unermüdliche 80jährige Begründer des McCrone Research Institute in Chicago. McCrone, trotz seines fortgeschrittenen Alters vermutlich der herausragendste Experte für Chemomikroskopie in den Vereinigten Staaten, hatte in den achtziger Jahren eindeutig bewiesen, daß das Turiner Leichentuch im 14. Jahrhundert bemalt worden war und daher keinesfalls das Laken gewesen sein kann, in das man Jesus nach seinem Tod gehüllt hatte; zuvor hatte er gezeigt – indem er eine Probe von dessen Haaren untersuchte –, daß

Napoleon nicht mit Arsen vergiftet worden war, wie man lange vermutet hatte.

Bei seiner Untersuchung der beiden Haare Beethovens hatte McCrone als erstes jedes einzelne Haar sowie drei weitere Kontrollhaare, die von noch lebenden Personen stammten, bei niedriger Temperatur in einem naszierenden Sauerstoffascher verbrannt. Anschließend war die Asche eines jeden der fünf Haare mittels einer Energiedispersionsspektrometrie in einem Rasterelektronenmikroskop sowie anhand einer Massenspektrometrie in einem Rasterionenmikroskop analysiert worden – beide Verfahren arbeiten nicht mit Licht und Vergrößerungstechniken, sondern nutzen die Wechselwirkungen zwischen Atomen und die Gesetze der Quantenphysik, um in das Untersuchungsmaterial »hineinzuspähen«.

Nicht lange nachdem ihm von Walsh die Haare zugeschickt worden waren, hatte McCrone Walsh die chemischen Daten für insgesamt 53 verschiedene Elemente mitgeteilt, nach denen er gesucht, die er allerdings nicht alle – zumindest nicht in meßbaren Quantitäten – gefunden hatte. Unabhängig davon hatte Walsh selbst die vorläufigen Ergebnisse analysiert; in seinem Bericht hieß es, »die Beurteilung des Einflusses von Spurenelementen kann ziemlich kompliziert sein und setzt Kenntnisse hinsichtlich des Metallstoffwechsels, des Nährstoffumsatzes, der Ausscheidungskinetik, des Gallenflüssigkeitskreislaufs und vieler anderer biochemischer Prozesse und Faktoren voraus«. Letztlich war es nicht möglich gewesen, mittels der Untersuchung in einem Elektronenmikroskop in den Haaren Beethovens und den Kontrollproben irgendwelche Hinweise auf das erhöhte Kupfer- und Zinkverhältnis in Verbindung mit einem hohen Gehalt an Natrium und Kalium aufzuspüren, die Walsh des öfteren in den Haaren von Personen mit außergewöhnlich hoher Intelligenz gefunden hatte; weder bei Beethoven noch bei einer der Kontrollpersonen hatte sich das »Geniemuster« feststellen lassen. Vielmehr waren in allen fünf Proben jeweils normale Konzentrationen von insgesamt 43 Elementen festgestellt worden. Zudem war in den drei Kontrollproben die Bleikonzentration normal gewesen (die anderen neun Elemente waren nicht nachweisbar gewesen) – jedoch nicht in den beiden Beethoven-Haaren. Und genau das war die Information, die Walsh nun unbedingt weitergeben wollte: Die drei Kontrollproben hatten relative Bleikonzentrationen von 0,95, 1,4 und 9,8 aufgewiesen, während man bei Beethovens Haaren auf Werte von 90 und 250 gekommen war.

Dieses Ergebnis war wahrhaft faszinierend, denn es besagte, daß die durchschnittliche Bleikonzentration in Beethovens Haaren 42mal höher war als der Durchschnittswert bei den Kontrollproben. Beethoven hatte – dafür glaubte Walsh nun nahezu den Beweis in der Hand zu haben – zum Zeitpunkt seines Todes und möglicherweise schon Dutzende Jahre vorher an einer schweren Bleivergiftung gelitten.

Als sie vor drei Jahren die Analyse der Haare in Gang brachten, hatten weder Che Guevara noch Ira Brilliant gewagt, sich vorzustellen, sie könne je zu wirklich aussagekräftigen neuen Informationen hinsichtlich Beethovens Gesundheitszustand führen, ganz zu schweigen von einer umfassenden Erklärung, warum er so lange körperliche Schmerzen hatte erdulden müssen. Plötzlich jedoch schien dies durchaus im Bereich des Möglichen zu liegen. Seit man die ungemein gesundheitsschädlichen Auswirkungen von Blei wirklich verstand, war Bleivergiftung bei Kindern und Erwachsenen nicht mehr so allgemein verbreitet wie einst, doch in der Zeit davor hatte Blei in Töpfen, Geschirr und Wasserleitungen – um nur einige von unzähligen Quellen zu nennen – Millionen Menschen auf der ganzen Welt vergiftet, gelegentlich nur geringfügig, oft jedoch mit verheerenden Folgen.

Etwa seit Beginn des 20. Jahrhunderts waren die physiologischen Auswirkungen des giftigen Bleis auf Kinder Gegenstand wissenschaftlicher Untersuchungen, und man verstand sie weitgehend, doch das Metall kann auch Erwachsene zugrunde richten, und eine Zusammenstellung der allgemein bekannten klinischen Manifestationen – als Bleivergiftung bezeichnet – liest sich auf faszinierende Weise wie eine düstere Liste der Krankheiten, die Beethoven sein Leben lang plagten. Chronische Bleivergiftung führt nahezu ausnahmslos zu diskontinuierlichen, doch jeweils lang andauernden Magen-Darm-Beschwerden, für die heftige Bauchkrämpfe, Erbrechen, Verstopfung und/oder Durchfall charakteristisch sind; Gicht ist ebenfalls eine häufige Begleiterscheinung, ebenso eine Vielfalt rheumatischer Beschwerden, auffällige Blässe und Gelbsucht. Bei Erwachsenen mit Bleivergiftung lassen sich oft rezidivierende Kopfschmerzen, Appetitlosigkeit, Reizbarkeit, Vergeßlichkeit und sprunghaftes Verhalten feststellen, ebenso eine Art genereller Schwerfälligkeit und Unbeholfenheit, deren Ursache die teilweise Lähmung der Streckmuskeln an Armen und Beinen ist. Andere neurologische Symptome, die in der medizinischen Literatur häufig genannt werden – die jedoch bestimmt nicht in jedem Fall auftreten –, sind Sehschwäche sowie ein fortschreitender Gehörverlust, die durch stete Schädigung der Seh- und Hörnerven hervorgerufen werden.

Man vergleiche nur diese ungeheuer schwächenden Symptome mit einer Zusammenfassung der Leiden des Komponisten im Laufe seines Lebens, wie sie die Ärzte

Hans Bankl und Hans Jesserer vom Institut für Medizingeschichte an der Wiener Universität in ihrem 1986 erschienenen Buch *Die Krankheiten Ludwig van Beethovens* zusammenstellten. Seit 1795 litt der damals 24jährige Komponist an häufigen, oft starken Leibschmerzen; 1798 fiel ihm zum erstenmal eine lästige Unfähigkeit auf, zu hören, was andere Leute sagten, und bald litt er auch unter sirrenden und pfeifenden Geräuschen in den Ohren. 1801 wurde Beethoven ständig von Durchfall, Fieber und Bauchkrämpfen geplagt; diese Beschwerden zogen sich über die folgenden zehn Jahre hin. 1807 ließ er sich in der Hoffnung, dies werde seine »gichtigen Kopfschmerzen« lindern, mehrere Zähne ziehen; sein Hörvermögen ließ stetig nach, und oft mußte er sich die Ohren mit Watte verstopfen, um das unangenehme Ohrensausen – oder Tinnitus – abzuschwächen. Zwar ließen die Magen-Darm-Beschwerden in den Jahren zwischen 1811 und 1816 nach, kehrten dann jedoch mit aller Wucht zurück, ebenso grauenhafte Rheumaanfälle, die 1820 ihren Höhepunkt in einem schweren rheumatischen Fieber fanden, das ihn sechs Wochen lang ans Bett fesselte. 1821 hatte Beethoven einen massiven Anfall von Gelbsucht, 1822 »Gicht in der Brust«, fortwährend Augenschmerzen und 1823 noch mehr der »elenden« Krämpfe – und bereits seit fünf Jahren hörte er derart schlecht, daß Leute, mit denen er häufiger zusammentraf, dazu übergegangen waren aufzuschreiben, was sie ihm mitteilen wollten. 1824 mußte er oft das Bett hüten, 1825 litt er an einer Darmentzündung, häufigem Nasenbluten und regelmäßigem Erbrechen. Ein Jahr später schwoll sein Bauch an; er hatte quälende Rückenschmerzen, erkrankte an Lungenentzündung sowie Gelbsucht, und gegen Ende des Jahres setzte die Krankheit ein, die schließlich zu seinem Tod führen sollte und ein Vierteljahr später in einem »Leberkoma« endete; sein

Tod war unmittelbar auf Leberversagen zurückzuführen. Abgesehen von diesen zahlreichen Erkrankungen, war der Komponist in der Tat oft reizbar und sprunghaft in seinem Verhalten; ab 1800 begann er, wie er Freunden gestand, zu den Mahlzeiten beträchtliche Mengen Wein zu trinken, da er hoffte, dies rege seinen zunehmend schwachen Appetit an und lindere seine Schmerzen. Selbst seine berühmte ungewöhnliche Art zu gehen weist auf chronische Bleivergiftung hin.

Die ungemein hohen Bleispiegel, die Walter McCrone in Beethovens Haaren feststellte, lassen strenggenommen natürlich lediglich darauf schließen, daß Beethoven in den letzten Monaten seines Lebens an einer massiven Bleivergiftung litt, doch angesichts der innerhalb von 30 Jahren sich zunehmend häufenden Erkrankungen, der Reizbarkeit und chronischen Unbeholfenheit erscheint es als sehr wahrscheinlich, daß er schon lange vorher große Mengen Blei zu sich genommen hatte. Möglicherweise hatte Beethoven etwa um 1795 auf irgendeine Weise sehr viel Blei auf einmal aufgenommen; das Metall lagert sich rasch in den Knochen ab und hält sich dort jahrelang; von dort wird es in der Folge allmählich wieder in den Körper freigesetzt. Ebensogut könnte er sich jedoch auch in der zweiten Lebenshälfte auf schleichende Weise durch Blei aus der gleichen Quelle vergiftet haben. Obwohl Beethoven, rastlos, wie er war, in jenen Jahren ständig die Wohnung wechselte, befanden sich in seiner Hinterlassenschaft, die nach seinem Tod versteigert wurde, »14 Stück Porzellanteller einiges Steingutgeschirr 1 blecherne Tasse einige Gläser Flaschen & Plutzer 4 messingene Leuchter 1 dto Mörser 1 kupferner Waschkößl 1 Federbratter Verschiedene Eisengeschirre und die ord. Kücheneinrichtung«. Das Steingutgeschirr war höchstwahrscheinlich mit einer bleihaltigen Glasur überzogen, ebenso vielleicht das Porzellan, und auch die »blecherne« Tasse sowie die »Eisengeschirre« hätten die Ursache sein können. Angesichts der vielen Wohnungen, in denen er sich zeitweise niederließ, scheint es unwahrscheinlich, daß mit Blei verschweißte Wasserleitungen Beethoven vergifteten, die übrigen Bürger Wiens jedoch verschonten, doch die Tatsache, daß er beträchtliche Mengen Wein trank, der in jener Zeit oft »verbleit« war, um ihn vom Geschmack her milder zu machen – eine Angewohnheit, die er damals oft aufgab, da der Genuß von verbleitem Wein so eindeutig »die Kolik« auslöste –, bedeutet, daß auch Wein als mögliche Ursache der Vergiftung nicht ausgeschlossen werden kann.

Als sie sich im Herbst 1998 eine Zeitlang gemeinsam in Tucson aufhielten, überlegten sie, wie sie ihre Entdeckungen am besten veröffentlichten; schließlich kamen William Walsh, Ira Brilliant und Che Guevara übereinstimmend zu dem Schluß, daß es praktisch unmöglich wäre, je eindeutig festzustellen, was genau die hohen Bleiwerte in Beethovens Haaren verursacht hatte, die mehr als 40mal höher lagen als die Normwerte. Ebensowenig hielten die drei es für sinnvoll zu verkünden, sie hätten endgültig das jahrhundertealte Geheimnis der Ursache für die Taubheit des Komponisten und seines chronisch schlechten Gesundheitszustands gelöst. Allerdings hatten sie drei Jahre zuvor die Untersuchung der Haare eindeutig in der Hoffnung in die Wege geleitet, zu neuen Erkenntnissen hinsichtlich des Todes und des von chronischen Krankheiten geprägten Lebens des Komponisten zu gelangen. Und nun hatte es, und dies war durchaus bemerkenswert, ganz den Anschein, als hätten sie ihr vorrangiges, nicht zu hoch gegriffenes Ziel erreicht.

Obwohl ein Journalist ihnen vorgeworfen hatte, sie

seien schlicht auf schlüpfrige Sensationen aus, hatte umsichtiges wissenschaftliches Vorgehen ohne ein von vornherein festgelegtes Ergebnis den Verlauf der Untersuchungen bestimmt. Guevara, ein Facharzt, der 14 Jahre lang studiert und mittlerweile genausolange seinen Beruf ausgeübt hatte, und Walsh, der schwer zu kämpfen gehabt hatte, um seinerseits Anerkennung zu finden, waren nun vor allem davon überzeugt, daß ihre Erkenntnisse äußerst umsichtig und mit allen Vorbehalten veröffentlicht werden sollten; Brilliant war einverstanden. Und so beschlossen sie, daß Guevara und Walsh gemeinsam eine Abhandlung verfassen und diese einer wissenschaftlichen Zeitschrift zur Veröffentlichung vorschlagen sollten. Ihr Artikel sollte in allen Einzelheiten die analytischen Techniken und Laborverfahren schildern, derer sie sich bedient hatten; er enthielte die faszinierenden Ergebnisse Walter McCrones und sollte andere Untersuchungen zitieren, die im Verlauf der letzten 25 Jahre im Rahmen vergleichbarer Abhandlungen gezeigt hatten, daß Blei massive Hörschäden verursachen kann. Und natürlich wollten sie Beethovens Krankheitsgeschichte mit der Vielzahl von Symptomen vergleichen, die normalerweise die Folgen einer Bleivergiftung sind. Doch auf die gleiche Weise wie der englische Rheumatologe Thomas Palferman, als er 1992 im *Beethoven Journal* Sarkoidose als einheitliche Diagnose für die zahlreichen Krankheiten des Komponisten zur Diskussion gestellt hatte, wollten auch sie einräumen, daß Beethoven zwar möglicherweise an einer Bleivergiftung, gleichzeitig jedoch auch an anderen, nicht damit zusammenhängenden Krankheiten gelitten haben könnte.

Allerdings hatte Palferman selbst erklärt, die Suche nach einer einzigen Ursache sei eine altehrwürdige Tradition in der Medizin. »Die Maxime ›Entia non sunt multiplicanda praeter necessitatem‹ (Wesenheiten sollten nur, falls notwendig, vervielfacht werden) wird dem franziskanischen Philosophen Wilhelm von Ockham zugeschrieben. Auf die Medizin angewandt, fordert das Prinzip von Ockhams Rasiermesser die intellektuelle Strenge, beharrlich nach einer vereinheitlichenden Diagnose zu suchen, gleichgültig, wie unklar und zusammenhanglos die vielen Aspekte eines klinischen Problems sich darstellen.« In bezug auf Palfermans Erfahrung und den damaligen Wissensstand erfüllte in seinen Augen Sarkoidose am ehesten die Forderung, eine vereinheitlichende Erklärung für die Beschwerden des großen Komponisten zu liefern. Doch am schwierigsten war in diesem Zusammenhang Beethovens Taubheit zu erklären, wie der schottische Gastroenterologe Adam Kubba und die Musikhistorikerin Madeleine Young in ihrer im Januar 1996 – als man gerade mit der Untersuchung der Guevara-Locke begonnen hatte – in *The Lancet* veröffentlichten »medizinischen Biographie« Beethovens hervorgehoben hatten. »Zwar bietet Sarkoidose eine gute Erklärung für seine Augenbeschwerden, doch Beethovens Taubheit kann sie nicht verursacht haben«, hatten sie geschrieben. »Er hätte an Neurosarkoidose mit allen damit verbundenen neurologischen Ausfallerscheinungen leiden müssen, falls diese spezielle Krankheit auch seinen Hörverlust verursacht hätte.«

Auf ähnliche Weise hatten Kubba und Young den Vorschlag, den Edward Larkin 1970 unterbreitet hatte, daß nämlich eine Erkrankung des Bindegewebes alle Leiden Beethovens außer seiner Taubheit hervorgerufen habe, abgelehnt; ebensowenig schien es ihnen überzeugend, daß die Padget-Knochenkrankheit, Tuberkulose, eine entzündliche Magen-Darm-Erkrankung oder das Whipple-Syndrom (intestinale Lipodystrophie) – die sämtlich irgendwann einmal im Verlauf des 20. Jahrhunderts, das sich nun rasch seinem Ende näherte, als vereinheitlichende Ursache in Betracht gezogen worden waren – tatsächlich die alleinige, umfassende Ursache gewesen seien. Am Ende ihrer Analyse brachten die beiden Schotten ihre eigene Ansicht vor, daß nämlich die Ursache für Beethovens qualvoll schlechten Gesundheitszustand mit Sicherheit in vielfältigen Krankheitsprozessen zu suchen sei. Doch den drei Amerikanern, die nun über eine entscheidende neue Information verfügten – daß man in Beethovens Haaren verblüffend hohe Bleikonzentrationen festgestellt hatte –, war jetzt sehr daran gelegen, zu erfahren, was Fachleute wie Kubba und Young, Palferman und Dutzende andere von der Behauptung hielten, in Wirklichkeit erkläre Bleivergiftung Beethovens von Leiden geprägtes Leben am allerbesten.

Doch Walsh wollte noch einen Schritt weiter gehen. Ihm war klar, falls irgendwelche Reste von Beethovens Gebeinen existierten – was ein unglaublicher Zufall wäre –, würde deren Untersuchung die Ergebnisse der Haaranalyse nachhaltig stützen; könnte man darüber hinaus die DNA-Sequenzen in den Haaren und den Knochen vergleichen und zu dem Schluß kommen, daß sie unwiderlegbar von ein und demselben Menschen stammten, dann spräche dies ungemein für die Genauigkeit ihres Vorgehens, und die Wahrscheinlichkeit, daß chronische Bleivergiftung die Krankheitsgeschichte Beethovens weitgehend erkläre, würde in der Tat zwingend. Wie der Zufall es wollte, hatten Bankl und Jesserer Mitte der achtziger Jahre in Wien im Rahmen der Forschungsarbeiten für ihr Buch kleine Bruchstücke von Beethovens Schädel untersucht. Über 100 Jahre zuvor hatte ein Anthropologe im Verlauf seiner Untersuchung des skelettierten Leichnams nach dessen Exhumierung die Gebeinfragmente an sich genommen; ein betagter Franzose hatte sie von seinem Großonkel – ebendiesem Anthropologen – geerbt und für die neuerliche Untersuchung zur Verfügung gestellt. Vielleicht, aber wirklich nur vielleicht, meinte Brilliant, könnte man den Franzosen überreden, sie nochmals examinieren zu lassen.

Vier Jahre waren vergangen, seit die beiden glühenden Beethoven-Verehrer aus Arizona eine Locke des Genies erstanden und sich dann überlegt hatten, ob sie Wissenschaftler bitten sollten, zu untersuchen, welche Geheimnisse sie wohl preisgäbe. Und vier Jahre war es auch her, seit sie zum erstenmal die umrißhafte, geheimnisumwobene Geschichte gehört hatten, wie die Locke von Ferdinand Hiller auf seinen Sohn übergegangen und dann irgendwie nach Dänemark gelangt war, wo sie in dem Städtchen Gilleleje einem Arzt zum Geschenk gemacht wurde. Obwohl die Untersuchung der Haare vor kurzem zu einer befriedigenden neuen Schlußfolgerung hinsichtlich der Frage geführt hatte, warum Beethoven so lange und so sehr hatte leiden müssen, waren die beiden wie auch ihre Kollegen enttäuscht, daß es nach wie vor ein Rätsel blieb, wo sich die Haare in den Monaten vor jenem Oktober 1943 befunden hatten.

Wohl wahr, die an den Nachforschungen Beteiligten hatten schließlich herausgefunden, daß Erwin Hiller nach Amerika ausgewandert, dort einen anderen Namen angenommen und weiterhin als Schauspieler gearbeitet hatte; der größte Erfolg im Rahmen der Suche war mit Sicherheit die Aufspürung seiner Erbin Esther Taylor gewesen. Sie hatte bestätigt, daß die Locke ein Familienerbstück gewesen war; zudem hatte Paul Hillers Widmung auf der Rückseite einer Photographie von ihm, die er seinem Sohn geschenkt hatte – ein Bild, an dem Esther Taylor sehr hing –, über jeden Zweifel hinaus bewiesen, daß Paul

Hiller auch die Notiz auf dem Stückchen Papier in der Rückwand des schwarzen Medaillons geschrieben hatte. Darüber hinaus war Esther Taylor in der Lage gewesen zu erklären, daß Erwin – ihr Marcel – während des Krieges in Deutschland und Frankreich geblieben und nicht nach Dänemark gegangen war; von ihr stammte auch der Hinweis, daß Marcels Ansicht nach sein Vater irgendwann vor seinem Tod die Locke einem Museum geschenkt hatte.

Sophie Hiller war, wie Alexander Fülling herausgefunden hatte, 1942 in Köln gestorben; es hatte daher ganz den Anschein, als sei auch sie, wie Erwin, in Deutschland geblieben und nicht nach Dänemark geflohen. Ihr Sohn Edgar, der Opernsänger, dessen vielversprechende Karriere durch den Krieg zerstört worden war, hatte von 1939 bis 1948 in der Schweiz gelebt, war dann für kurze Zeit wie sein Bruder nach Amerika gegangen und hatte sich schließlich in Hamburg niedergelassen. Zwar war es durchaus vorstellbar, daß er in jener Zeit nach Dänemark gereist war, doch dies schien zunehmend unwahrscheinlich, vor allem wenn man bedachte, daß das Land in nahezu dem gesamten fraglichen Zeitraum von den Nazis besetzt und er Jude gewesen war. Falls Marcels Auskunft zutraf, hatte irgendeine andere Person das Medaillon aus einem Museum in Deutschland – um welches es sich handelte, wußte man nicht – gestohlen und heimlich nach Dänemark geschafft; entweder weil es sich um eine so bedeutende Reliquie handelte, die unbedingt erhalten bleiben mußte, oder schlicht als eine Art Beutestück, das sich eines Tages als recht nützlich erweisen könnte.

In Dänemark hatte mittlerweile nahezu ein Dutzend Leute versucht, das nach wie vor ungelöste Rätsel zu entschlüsseln. Der Schriftsteller Christian Tortzen, der Fischer im Ruhestand Julius Jørgensen, der Historiker Therkel Stræde sowie insbesondere der Musikwissenschaftler und Überlebende von Theresienstadt Paul Sandfort hatten Michele Wassard Larsen geholfen, die Ereignisse jener ersten Tage im Oktober 1943 zu rekonstruieren. Als Ergebnis ihrer gemeinsamen Bemühungen schien es mittlerweile sicher, daß Kay und Marta Fremming damals in ihrem Haus Flüchtlinge beherbergt hatten, daß Marta daran beteiligt gewesen war, flüchtende Juden in der Kirche von Gilleleje zu verstecken, und daß ihr Mann einen oder mehrere von ihnen in der Nacht, in der sie gefangengenommen wurden, ärztlich versorgt hatte. Weit weniger gewiß war allerdings – auch wenn die vorliegenden Hinweise dies nahelegten –, ob der berühmte Opernbariton Henry Skjær, der ebenfalls Flüchtlinge zu der Kirche geschickt hatte, tatsächlich ein wichtiger Mittelsmann gewesen war, der irgendwie einen deutschen Juden mit einem kostbaren Medaillon im Gepäck und den gutherzigen Arzt zusammengebracht hatte, dem er in der Folge das Medaillon gegeben hatte.

Als Michele Wassard Larsen Ende 1999 weiter nach Informationen suchte, blieben nach wie vor etliche Steine umzudrehen, obwohl die Aussicht, unter diesen eine zufriedenstellende Antwort auf ihre Fragen zu finden, zunehmend unwahrscheinlich erschien. Einige Monate zuvor hatte Sandfort erklärt, er und seine Familie seien auf Anweisung Dr. N. R. Blegvads, des für das Königliche Theater zuständigen Arztes, nach Gilleleje geflohen; Michele hoffte nun weiterhin, einen Sohn oder eine Tochter des Arztes aufzuspüren, der oder die sich vielleicht zufällig erinnerte, gehört zu haben, daß ihr Vater auch einem Einwanderer aus Deutschland geholfen hatte. Und tatsächlich: Tina Sandén, Archivarin im schwedischen Lund, hatte berichtet, sie sei bei ihrer Überprüfung der Polizeiregister, in denen die Namen all jener verzeichnet waren, die 1943 sicher nach Schweden gelangt waren, auf einen jungen Deutschen namens M. T. Teodra Hiller gestoßen. Als Geburtsdatum war der 10. Oktober 1915 verzeichnet, und als Beruf hatte er seltsamerweise Schauspieler angegeben. Am 7. Oktober 1943 war er in Schweden eingetroffen, an genau jenem Tag also, als in den frühen Morgenstunden der Überfall auf die Kirche von Gilleleje stattgefunden hatte.

Wieder einmal hatte Michele etwas Neues herausgefunden, das weitere faszinierende Fragen nach sich zog. Falls das Geburtsdatum stimmte, war jener Hiller neun Jahre jünger als Edgar und sieben Jahre jünger als Erwin gewesen; die beiden hatten jedoch weder Cousins noch andere Verwandte, deren Geburtsdaten auch nur annähernd damit übereinstimmten. Doch war dies wirklich nur ein weiterer außergewöhnlicher Zufall? War es möglich, daß ein jüdischer Schauspieler namens Hiller – ein zumeist »christlicher« Nachname – nach Dänemark geflohen und dann ausgerechnet an dem Tag nach Schweden entkommen war, als Dutzende Flüchtlinge in Gilleleje an Bord gegangen waren, daß dieser Schauspieler nichts, aber auch rein gar nichts mit der mittlerweile legendären Locke zu tun hatte?

Dies *war* in der Tat möglich, das wohl, aber die gehäuften Übereinstimmungen hatten etwas Verführerisches. Der Schauspieler Erwin Hiller hatte sich zu Beginn des Krieges eine Zeitlang Harry Fürster genannt. Hatte er vielleicht, trotz der anscheinend kaum zu widerlegenden Hinweise, daß er in Deutschland geblieben sei, doch erst den Weg nach Dänemark und dann nach Schweden gefunden, wo es ihm ratsam erschienen war, seine Identität weiterhin geheimzuhalten? Hatte sein Bruder Edgar, der sich zu dieser Zeit angeblich in Zürich aufgehalten hatte, eine ähnliche Reise angetreten und ebenfalls einen falschen Namen angegeben? Hatte irgend jemand anderer – der möglicherweise gewußt hatte, woher die Haare stammten, die er in Gilleleje zurückgelassen hatte – es für richtig gehalten, einem mitfühlenden schwedischen Polizeibeamten zu sagen, sein Name sei Hiller?

Michele Wassard Larsen und ihr Sohn Thomas, Ira Brilliant und Che Guevara, William Meredith, Patricia Stroh und die Angestellten des Beethoven Center, all die Menschen, die diese wahrlich unglaubliche Geschichte zunehmend in ihren Bann gezogen hatte, erschienen diese umfassenderen, alles umgreifenden Fragen, wie, wo und warum das kostbare Medaillon Dr. Fremming übergeben worden war, immer unwiderstehlicher, auch wenn sie wahrscheinlich nie beantwortet würden: Fragen, die weiterhin den unauffälligen Heroismus, damals, an der Küste Dänemarks, in hellem Licht erstrahlen ließen; Fragen, die einen tiefgründigen Bezug zu dem Glauben an Freiheit herstellten, der Beethoven selbst so teuer gewesen war; Fragen, die wie jenes unwiderstehliche Streben nach neuen Erkenntnissen, das die wissenschaftliche Untersuchung seiner Haare ausgelöst hatte, es wahrhaft verdienten, gestellt zu werden; Fragen, die wie Beethovens erhabene Musik dazu bestimmt schienen, noch lange Zeit Bestand zu haben.

1826–1827

1826 WAR BEETHOVENS HAAR FAST ERGRAUT. DIE KÖRperliche Kraft und Energie, die ihn befähigt hatten, durchzuhalten und weiterzuleben, waren versiegt; die Augenschmerzen hatten nicht nachgelassen; er hörte nichts mehr; in den Gedärmen rumorte es immer noch gewaltig; die Schmerzen und der tückische Durchfall waren schlimmer geworden, nicht zuletzt wohl aufgrund des jetzt weit häufigeren Genusses von Wein – laut Freunden, die mit ihm speisten, und den Gasthausbesitzern, die ihn regelmäßig bedienten, leerte er bei jeder Mahlzeit eine ganze Flasche.

Im Lauf der Jahre hatte Beethoven in der Hoffnung, seine Krankheiten zu besiegen, in Bonn wie auch in Wien Rat und lindernde Hilfe bei 15 Ärzten gesucht. Die meisten seien medizinische Größen gewesen, hatte er immer wieder betont; vermutlich kommt es jedoch der Wahrheit näher, daß in jener Zeit die Heilkunde noch in den Kinderschuhen steckte. Zu Beginn des 19. Jahrhunderts waren Aderlaß und das Setzen von Blutegeln nach wie vor an der

Tagesordnung, und das giftige Quecksilber galt als Patentrezept für alle möglichen Krankheiten. Die Ärzte bemühten sich, das Leiden ihrer Schützlinge zu mildern und, falls dies möglich war, ihre Schmerzen mit Morphium zu lindern. Die neueste Herausforderung in der Medizin stellte der einfache Versuch dar, die Ursache einer Krankheit zu klären, doch tatsächlich wirksame Heilmethoden blieben weitgehend ein Wunschtraum. Die verschiedenen Ärzte hatten sich alle Mühe gegeben, eine vereinheitlichende Erklärung für die Beschwerden zu finden, die Beethoven sein Leben lang plagten; wiederholt hatten sie ihren Patienten hinsichtlich der siebziger Jahre befragt. Der Komponist selbst vermutete, seine nicht nachlassenden Koliken seien der Grund für seine Taubheit, und Franz Wegeler, sein alter Freund und häufig auch sein ärztlicher Berater, glaubte ebenfalls, Ohren wie auch Magen-Darm-Trakt seien von ein und derselben geheimnisvollen Krankheit befallen. »Im kranken Unterleib meines Freundes lag schon 1796 der Grund seiner Übel, seiner Harthörigkeit und seiner letztlich tödlichen Wassersucht«, mutmaßte er Jahre später, wobei er vermutlich das Jahr 1797 meinte, ein Jahr, in dem seine Leiden Beethoven nachhaltiger zusetzten als im Jahr zuvor. Jedenfalls war Wegeler auch lange nach Beethovens Tod der Ansicht, irgendeine heimtückische Krankheit habe ihn in jenen frühen Jahren befallen, etwas, das letztlich an all den Beschwerden schuld war, die später auftraten.

Als Beethoven Ende 1826 einige Zeit in dem österreichischen Provinzstädtchen Gneixendorf bei seinem Bruder verbrachte, kam auch noch »Wassersucht« hinzu – ein durch die als Ödem bezeichnete Anstauung von Flüssigkeiten bedingtes Anschwellen des Körpers. Als erstes quollen die Beine ungemein schmerzhaft auf; dann blähte der Bauch sich, und als er zusammen mit seinem Neffen

Karl am 1. Dezember nach Wien zurückkehrte, konnte er sich infolge dieser quälenden neuen Symptome kaum mehr bewegen. Die beiden waren gezwungen, unterwegs eine Nacht in einem ungeheizten Raum über einer Wirtsstube zu verbringen, und als Beethoven schließlich in seine Wohnung im Schwarzspanierhaus nahe der Universität gebracht wurde, litt er bereits an hohem Fieber, einem trockenen Husten und schmerzhaftem Seitenstechen. Dr. Braunhofer, offiziell nach wie vor sein Arzt, weigerte sich aus ungeklärten Gründen, ihn zu behandeln; ein anderer Arzt versprach zwar, eiligst zu kommen, tauchte jedoch nie auf. Erst am dritten Tag nach ihrer Rückkehr gelang es Karl, sich der Dienste Dr. Andreas Wawruchs, Professors für Pathologie und klinische Medizin am Wiener Krankenhaus, zu versichern. »Ein großer Verehrer Ihres Namens wird alles Mögliche anwenden, bald Erleichterung zu verschaffen«, kritzelte der Arzt in das Konversationsheft, als er ans Bett des berühmten Mannes geführt wurde, dessen Gesicht sich gelblich verfärbt hatte. Mittlerweile war er völlig entkräftet, atmete nur noch mühsam, und Blut tropfte ihm aus dem Mund. Zwar gelang es Wawruch an jenem Tag, es seinem Patienten etwas leichter zu machen, indem er ihm ein massives Mittel gegen Entzündungen verschrieb, doch am fünften Tag, als er wie immer nach seinem Patienten sah, stellte er fest, daß Beethoven bereits mit einem Fuß im Grab stand und schrecklich zu wüten anfing, als ihm diese Erkenntnis dämmerte:

»Beim Morgenbesuche fand ich ihn verstört, am ganzen Körper gelbsüchtig; ein schrecklicher Brechdurchfall drohte ihn die verflossene Nacht zu töten. Ein heftiger Zorn, ein tiefes Leiden über erlittenen Undank und unverdiente Kränkung veranlaßte die mächtige Explosion. Zitternd und bebend krümmte er sich vor Schmerzen, die in der Leber und den Gedärmen wüteten, und seine bisher nur mäßig aufgedunsenen Füße waren mächtig geschwollen [...] Ein liebevolles Zureden seiner Freunde besänftigte bald den drohenden Aufruhr, und der Versöhnliche vergaß jede ihm angetane Schmach. Doch rückte die Krankheit mit Riesenschritten vorwärts.«

Drei Wochen später war Beethovens Bauch so angeschwollen, daß Wawruchs Ansicht nach keine andere Wahl blieb, als die Flüssigkeit durch eine Punktierung abzuleiten. Am 20. Dezember wurde dieser Eingriff vorgenommen – und buchstäblich literweise floß eitrig-wäßrige Flüssigkeit aus dem Leib des Patienten. Als Beethoven sich am 2. Januar 1827 von Karl verabschiedete, der seinen Militärdienst in Mähren antrat, fühlte er sich ein wenig besser, und am nächsten Tag verfaßte er ein Testament, in dem er Karl zu seinem alleinigen Erben einsetzte. Bei einem zweiten Punktieren am 8. Januar quoll noch mehr Flüssigkeit aus dem Körper des Patienten als beim ersten Mal; er schwamm förmlich in seinen eigenen Körpersäften; Laken und Matratze waren durchnäßt, die große Holzschüssel unter dem Bett floß über, das Stroh auf dem Boden faulte und wimmelte bald von Kakerlaken, die der stechende Geruch angelockt hatte.

Eine abstoßende, häßliche, erniedrigende Art zu sterben. Doch obgleich er sich vor den Schaben ekelte, wurde Beethoven allmählich ruhiger. Er komponierte ein wenig und revidierte die Metronomangaben in einer Partitur der neunten Symphonie, die für seine Wohltäter bei der London Philharmonic Society gedacht war. Diese liehen ihm ihrerseits, als sie von seiner Notlage hörten, 100 Pfund, die, wie sie hofften, für seine medizinische Versorgung verwendet werden könnten. Sein langjähriger Freund, häufig auch Vermieter Johann Baptist Freiherr Pasqualati sollte ihm Süßspeisen bringen: »Ich bitte heute wieder um ein

Kirschen-Kompot jedoch ohne Citronen Ganz *simpel*. auch eine Leichte Mehlspeise beynahe an Brei errinnernd würde mich sehr Freuen [...]« Und in einem Brief an seinen deutschen Musikverleger bat er um Wein – vor allem um Rheinwein, den er immer am liebsten getrunken hatte.

Und jetzt kamen auch scharenweise Besucher. Karl Holz war nicht mehr hier, daher war Anton Schindler bereitwillig zurückgekehrt, um für die täglichen Bedürfnisse Beethovens zu sorgen. In den nun folgenden Wochen empfing Schindler Freunde und Gönner und geleitete sie an Beethovens Krankenlager, ebenso ehemalige Freunde, die entschlossen waren, nun alle Unstimmigkeiten beizulegen, Musikerkollegen, seinen Bruder und auch etliche Fremde, die unbedingt den Meister persönlich kennenlernen wollten, ehe es zu spät war. Und jeden Tag kam ein besonderer Besuch: der 13jährige Gerhard von Breuning, der Junge, dem Beethoven den Spitznamen »Hosenknopf« gegeben hatte und dessen Gesellschaft er genoß. Breuning selbst fühlte sich von dem großväterlichen Verhalten des langjährigen Freundes seiner Familie angezogen, das dieser nach wie vor an den Tag legte, obwohl er ganz offenkundig im Sterben lag. Die österreichischen Komponisten Anton Diabelli, Jan Doležálek und Anselm Hüttenbrenner machten ihm des öfteren ihre Aufwartung. Der Komponist Johann Nepomuk Hummel – in früheren Jahren Beethovens Freund und Rivale in Wien – reiste die ganze Strecke von seinem Zuhause in Weimar zum Schwarzspanierhaus; er kam in Begleitung seiner Frau und seines 15jährigen Schülers Ferdinand Hiller. Den Jungen, der seiner Ansicht nach vielversprechende musikalische Anlagen hatte, führte er bei dem sterbenden Meister auf eine Art und Weise ein, die diesen wohl unweigerlich daran erinnerte, wie er selbst 40 Jahre zuvor Wolfgang Amadeus Mozart vorgestellt worden war.

Doch obwohl seine Stimmung sich oft aufhellte, wenn er merkte, wie sehr den Menschen an ihm lag – und auch schlicht aufgrund der Freude, die sie ihm mit ihren Besuchen bereiteten –, verfiel Beethoven zusehends. Im Februar wurden zwei weitere Drainagen erforderlich, und nach der vierten wurde dem Patienten, der schon so lange litt, klar, daß seine Zeit bald käme. »Plaudite, amici, comoedia finita est«, sagte er eines Tages mit einem Anflug von Lächeln zu Anton Schindler und dem kleinen Breuning, als Dr. Wawruch und die beratenden Ärzte, die er hinzugezogen hatte, sich mit ernsten Mienen verabschiedet hatten: »Klatscht Beifall, Freunde, die Komödie ist zu Ende.«

Auf Zureden seines Bruders hin stimmte Beethoven im März zu, wenn auch ein wenig widerstrebend, die Letzte Ölung zu empfangen. Am selben Tag traf aus Mainz der Wein ein, den er von seinem Verleger erbeten hatte. »Schade, schade – zu spät«, flüsterte er Schindler zu, der ihm eine Flasche hinhielt, damit er sich das Etikett ansehe. Dies waren seine letzten Worte. Noch am selben Abend verfiel er in ein Koma, aus dem er zwei Tage lang nicht mehr aufwachte. Erst als mitten in einem Schneesturm am späten Nachmittag des 26. März, als nur Hüttenbrenner und eine unbekannte Frau – möglicherweise sein Dienstmädchen, vielleicht aber auch eine seiner beiden Schwägerinnen, die er selten in seiner Nähe zu sehen gewünscht hatte – an seinem Sterbebett weilten, ein Blitz aufzuckte, gefolgt von einem Donnerschlag, der das Haus schier ins Wanken brachte, schreckte er kurz auf. Er öffnete die Augen, streckte die rechte Hand hoch und ballte sie zur Faust, als weise er verächtlich den Ruf des Himmels zurück; dann fiel die Hand aufs Bett zurück. Ludwig van Beethoven war tot.

Da das Hinscheiden des großen Komponisten für die Stadt, die 35 Jahre lang seine Heimat gewesen war, von solcher Tragweite war, hatte man dem Künstler Joseph Danhauser gestattet, in Beethovens Schlafzimmer zu kommen, von seinem Gesicht eine Totenmaske aus Gips abzunehmen und einige Zeichnungen von dem Leichnam anzufertigen, der in einem glänzend polierten Sarg neben seinem Bett lag – die langen Haare Beethovens umrahmten sein abgemagertes Gesicht und breiteten sich über das Kissen aus, auf dem sein Kopf ruhte; die einst funkelnden Augen waren fest geschlossen, die Leiche von Blumen umgeben. Ehe er jedoch den Gips auftrug, so berichtete Danhausers Bruder Carl, der ihn bei diesem Auftrag begleitete, schnitten die beiden zwei Schläfenlocken ab – als Andenken an dies erlauchte Haupt.

In der Zeit vor Erfindung der Photographie war es durchaus nicht ungewöhnlich, daß Leute Haarlocken als Erinnerung an verstorbene Kinder, Eltern und Geliebte aufbewahrten – und es, wenn die Umstände es erlaubten, genauso hielten, wenn es sich um die Haare einer großen und berühmten Persönlichkeit handelte, so wie der Mensch es gewesen war, dessen geschundener Körper nun zur Schau gestellt wurde. In den zwei Tagen nach Beethovens Tod hatte auch Anselm Hüttenbrenner eine Locke als Andenken an sich genommen, ebenso Franz von Hartmann und sein Freund, der junge Komponist »Fritz« Schubert. Und viele andere taten es ihnen in den ruhigen Stunden, ehe die Leiche Beethovens aus dem Haus getragen wurde, gleich – Freunde, Bekannte und Fremde gleichermaßen.

Wie sie sich seit je vom Gepränge und der Melodramatik von Opern und Konzerten angezogen fühlten, hatten die Wiener auch, wie allgemein bekannt, eine Schwäche für schöne, gefühlvolle Begräbnisse. Und so strömte am

29. März um drei Uhr nachmittags eine riesige Menschenmenge – nach einigen Schätzungen 20 000 Personen – in die Schwarzspanierstraße, und so viele es konnten, drängten sich in den Innenhof des Hauses, wo Beethovens Leichnam feierlich aufgebahrt war. Derart viele Bürger der Stadt wollten an den Feierlichkeiten teilnehmen, daß der Trauerzug eineinhalb Stunden brauchte, um die Strecke vier Häuserblocks weiter zur Dreifaltigkeitskirche der Minoriten in der Alsergasse zurückzulegen. Acht Kapellmeister, darunter Johann Nepomuk Hummel, fungierten als Sargträger; die führenden Musiker der Stadt, von denen viele mit Beethoven befreundet gewesen waren, trugen Fackeln. Ein Chor der Königlichen Hofoper sang das *Miserere* des Komponisten, das zu diesem Anlaß für Singstimmen eingerichtet worden war, und hinter dem Sarg gingen Gerhard von Breuning, sein Vater Stephan, Johann van Beethoven, der Bruder, den zu lieben, und Johanna van Beethoven, die Schwägerin, die zu hassen Beethoven so vergeblich versucht hatte.

Nach der Totenmesse in der Kirche wurde der Sarg auf einem Leichenwagen, vor den vier schwarze Pferde gespannt waren und dem 200 Kutschen folgten, zum Gemeindefriedhof des Bezirks Währing gebracht, wo der Schauspieler Heinrich Anschütz eine gefühlvolle, andächtig-feierliche Rede verlas, die der beliebte Wiener Dichter Franz Grillparzer verfaßt hatte.

»Indem wir hier am Grabe dieses Verblichenen stehen, sind wir gleichsam die Repräsentanten einer ganzen Nation«, begann Anschütz, »trauernd über den Fall der einen hochgefeierten Hälfte dessen, was uns übrig blieb von dem dahingeschwundenen Glanz heimischer Kunst […] Noch lebt zwar – und möge er lange leben! – der Held des Sanges in deutscher Sprache und Zunge; aber der letzte Meister des tönenden Liedes, der Tonkunst holder Mund […]

hat ausgelebt, und wir stehen weinend an der zerrissenen Saite des verklungenen Spiels.

[…] Weil er von der Welt sich abschloß, nannten sie ihn feindselig, und weil er der Empfindung aus dem Wege ging, gefühllos […] Wenn er die Welt floh, so war's, weil er in den Tiefen seines liebenden Gemütes keinen Stützpunkt fand, sich ihr zu widersetzen; wenn er sich den Menschen entzog, so geschah's, weil sie nicht hinauf wollten zu ihm, und er nicht herab konnte zu ihnen. Er war einsam, weil er kein Zweites fand. Aber bis zum Tode bewahrte er ein menschliches Herz allen Menschen, ein väterliches den Seinen, Gut und Blut aller Welt.

So war er, so starb er, so wird er leben für alle Zeiten.

[…] Geht von hier trauernd, aber gefaßt […] Und wenn euch je im Leben, wie der kommende Sturm, die Gewalt seiner Schöpfungen übermannt, so ruft es zurück, das Andenken an heute, das Andenken an ihn, der so großes geleistet, und an dem kein Tadel war.«

Dämmerung hatte sich über den strahlenden Frühlingsnachmittag gesenkt, als Anschütz geendet hatte und der Augenblick gekommen war, Beethovens Sarg zuzunageln und in die Erde zu senken. Ganz anders sah der große Komponist jetzt aus: das Gesicht ungemein verändert, jetzt, da der Tod ihn zu sich geholt hatte, außerdem infolge der Autopsie, aber auch, weil sein Kopf aussah, als sei er mit Scheren regelrecht verstümmelt worden – so viele Bürger, die den Meister verehrten, hatten als Andenken Locken vom Haupt des großen Beethoven abgeschnitten.

Coda

GEGEN ENDE SEINES SECHSMONATIGEN AUFENTHALTS in dem Dorf Heiligenstadt im Herbst 1802 war Beethoven so verzweifelt über seine gnadenlose Ertaubung gewesen, daß er sich eine Zeitlang mit dem Gedanken getragen hatte, seinem Leben einfach ein Ende zu setzen. Doch wie er in dem leidenschaftlichen Brief an seine Brüder erklärte, den er im Oktober verfaßte, jedoch nie absandte, »nur sie die *Kunst*, sie hielt mich zurück, ach es dünkte mir unmöglich, die Welt eher zu verlassen, bis ich das alles hervorgebracht, wozu ich mich aufgelegt fühlte, und so fristete ich dieses elende Leben«. Als ein Vierteljahrhundert später Beethovens Leben sich dem Ende näherte, hatte er 138 einzigartige, außergewöhnliche Kompositionen geschaffen, die er mit Opusnummern versah, außerdem etwa 200 Lieder, Kanons und Tänze, die er für mindere Werke hielt. In dieser Zeit hatte der Komponist, der sich zuallererst und vor allem als »Tondichter« verstand, die klassische Musik in eine neue, kühne, leidenschaftliche, revolutionäre Richtung gelenkt, die sich nicht mehr umkehren lassen sollte, und das trotz herzzerreißender Enttäuschungen, lähmender, entmutigender Krankheiten und der Taubheit, durch die ihm schließlich der Umgang mit anderen Menschen ebenso versagt blieb wie das Vergnügen, seiner eigenen Musik zu lauschen. Sein Leben war geprägt von ungeheurer Leidenschaft und anhaltenden Schmerzen, von seiner Fähigkeit, aus irgendwelchen in ihm verborgenen Tiefen heraus Kompositionen zu schaffen, die auch jetzt noch, 200 Jahre nach ihrer Entstehung, für Millionen Menschen auf der ganzen Welt von tiefer Bedeutung sind. Aus diesem geschlagenen, gefährdeten Menschen strömte Musik, die ihn seit langem in den Augen aller in den künstlerischen Rang eines Michelangelo, eines Leonardo da Vinci, eines William Shakespeare erhebt, Musik, die ihn nach Ansicht des englischen Musikwissenschaftlers Burnett James »in der Mitte menschlichen Bewußtseins« verankert. »Durch die harmonische Verschmelzung des Bewußten mit dem Unbewußten in seinem außergewöhnlich tiefen und umfassenden Erfahren der abgelegensten Geheimnisse seines Lebens«, erklärte James in der Einführung zu seinem Buch *Beethoven and Human Destiny*, »und vor allem in seiner überwältigenden Fähigkeit, in seiner Musik den wesentlichen Kern dieser Erfahrung Gestalt annehmen zu lassen, legt Beethoven Zeugnis von der Bestimmung des Menschen ab.«

Dennoch hatte Beethoven sich in einem Brief an seinen lebenslangen Freund Franz Wegeler – dem er als erstem seinen Hörverlust gestanden hatte – kurzfristig erneut ermutigt gezeigt, was seine Zukunftsaussichten betraf. Er vermeinte allmählich zu lernen, in einer Welt zurechtzukommen, die immer stiller wurde; er hatte sich wieder verliebt, in eine Frau, die ihn faszinierte, und er war sicher, bald durch die ganze Welt zu reisen. »[…] ich will dem schicksaal in den rachen greifen, ganz niederbeugen soll es mich gewiß nicht«, hatte er geschrieben, »o es ist so schön das Leben tausendmal leben [...]«

Neun Jahre nach dem Tod Karl van Beethovens, des Neffen und einzigen Erben des Komponisten, hatte Ferdinand von Hiller im Jahre 1883 den kleinen Schatz, den er vom Haupt des Meisterkomponisten geschnipselt hatte, seinem Sohn geschenkt. Mit 71 Jahren neigte die lange Karriere Hillers sich ihrem Ende zu; zwar komponierte er nach wie vor, wie auch der alternde und kranke Beethoven dies getan hatte, doch in seinem Fall verlor das Publikum – ganz anders als bei dem, den er kurz kennengelernt und von da an ungemein verehrt hatte – allmählich das Interesse an seinen Werken, und sein Einfluß auf die Welt der Musik schwand rapide.

In den Tagen kurz vor seinem Tod hatte Beethoven den 15jährigen Hiller gedrängt, sein Leben der Kunst zu weihen und unermüdlich auf ihre Vervollkommnung hinzuarbeiten. Diese Ermahnung hatte Hiller sich wahrhaft zu Herzen genommen, und wenn man nicht die allerhöchsten Maßstäbe anlegt, war ihm dies auch auf glänzende Weise gelungen. Noch ehe er 20 war, hatte seine Begabung einige der herausragendsten Musiker Europas in Staunen versetzt; in Paris hatte er sich in den zwanziger Jahren des 19. Jahrhunderts inmitten eines Kreises junger Komponisten bewegt, die binnen kurzem berühmt werden sollten und entschlossen waren, ihre Musik mit jenem alles menschliche Maß überschreitenden Gefühl zu durchdringen, wie Beethoven, den sie mittlerweile wie einen Gott verehrten, dies getan hatte. In den darauffolgenden Jahrzehnten war Hiller weiterhin sowohl für die Scharen von Musikern, mit denen er sich anfreundete und die er unterstützte, wie auch für das Konzertpublikum, dessen Hochschätzung der Musik er stetig neu nährte, von unschätzbarer Bedeutung. Als er Anfang der achtziger Jahre zu kränkeln begann und ihm klar wurde, seine Tage waren gezählt, komponierte Hiller trotzdem weiter, nicht weil er hoffte, die Nachwelt würde sich irgendwie eines anderen besinnen und eines Tages wieder nach seiner Musik verlangen, sondern einfach weil die Freude daran, Klänge in Kunst umzuformen, für ihn nach wie vor gleichbedeutend mit Leben war.

Zu dem Zeitpunkt, als Ferdinand von Hiller seine lange als Schatz gehegte Locke Beethovens seinem Sohn gegeben hatte, machte er sich bereits große Sorgen wegen des zunehmend zügellosen Antisemitismus in Europa. Auf eine Weise, die einen frösteln läßt, sagte er voraus, durch ihn würde das 20. Jahrhundert ein Jahrhundert des Blutvergießens und des Grauens. Paul Hiller und seine Familie bekamen schon kurz nach dem Tod des Vaters die Auswirkungen dieses Rassenhasses am eigenen Leib zu spüren, und obgleich er wie sein Vater sein Leben lange Zeit dem herausragendsten Bereich deutscher Kultur – der Musik – gewidmet hatte, war es eher das von Hitler und nicht das von Beethoven geprägte Deutschland, in dem er 1934 unerwartet starb und seine Frau und Söhne sich gezwungen sahen – in der verzweifelten Hoffnung, selbst dem Tod zu entgehen –, in ihrer Todesanzeige sein jüdisches Erbe zu verhehlen.

Marcel Hillaire, der als Erwin geborene Sohn Hillers, erinnerte sich, wie seine Mutter Sophie ihren beiden Söhnen kurz nach dem Tod ihres Mannes erklärt hatte: »Die Zeit der Lustmörder ist angebrochen. Nun gilt es, listig zu täuschen oder wegzurennen – oder du bezahlst mit dem Leben.« Gegen Ende seines Lebens, in Los Angeles, arbeitete Hillaire an einem umfangreichen Manuskript – dem nie veröffentlichten, Esther Taylor gewidmeten Buch –, in dem er seine glückliche Kindheit in Köln, den schleichenden Aufstieg der Nazis sowie die Entscheidung beschrieb, die er und sein Bruder Edgar unabhängig voneinander getroffen hatten, nämlich Köln zu verlassen, als klar wurde, daß »eine ungeheure satanische Macht nun unser Land regiert«. Edgar Hiller war zunächst nach Hamburg geflohen, wo er eine Anstellung bei einer Opernkompanie fand und wo, so hatte er angenommen, sein arisch klingender Name ihn unverdächtig machen würde; doch schon nach kurzer Zeit dort oben im Norden war er mitten in einer Vorstellung buchstäblich von der Bühne heruntergebrüllt worden: Eine Horde Opernbesucher geiferte, einem Juden dürfe es nicht erlaubt sein, in einem Werk des großen Patrioten Richard Wagner mitzuwirken. Nach seiner Verbannung von der Bühne war Hiller mit Sicherheit zunächst eine Zeitlang umhergereist – möglicherweise auch nach Dänemark, obwohl das Manuskript seines Bruders die verschiedenen Zielorte natürlich nicht erwähnt –, ehe er sich 1939 in Zürich niederließ, wo er während des Krieges blieb. Doch seine vielversprechende Karriere als Sänger war beendet, noch ehe sie wirklich begonnen hatte.

Marcel – Erwin – seinerseits, damals bereits Schauspieler, war zu dem Schluß gekommen, die geeignetste Zuflucht für ihn wäre es, sich unter Kollegen in einer fahrenden Theatertruppe zu verstecken. Er nannte sich Harry Fürster und übernahm die unterschiedlichsten Rollen, von Hamlet bis zu Bauerntölpeln. Doch da er sehr leicht weiblichem Charme erlag und einen herzhaften sinnlichen Appetit hatte, geriet er ständig in Schwierigkeiten, die ihn gelegentlich beinahe das Leben kosteten. Ein Stelldichein mit der Frau des Leiters der Truppe führte zu seiner Entlassung und bewog diesen, den deutschen Behörden zu verraten, daß der junge Herr Fürster in Wirklichkeit Jude war. Doch eine neue Romanze führte – was ebenso unwahrscheinlich klingt, wie es eine glückliche Fügung war – kurz darauf dazu, daß seine jetzige Geliebte ihm zu einer Anstellung im Büro der »Organisation Todt« verhalf, dem Bautrupp der Naziarmee. Er wurde in der Bretagne eingesetzt, wo Todt-Arbeiter die als Atlantikwall bekannte Verteidigungslinie errichteten. Unter seinem tatsächlichen Namen kletterte Hiller weit genug die Leiter der Angestelltenlaufbahn hinauf, daß er schließlich unmittelbar dem Leiter der Organisation, Albert Speer, unterstand. Und in dieser Stellung war es ihm möglich, heimlich einen ganzen Stapel gefälschter Dokumente anzuhäufen; eines davon benutzte er, um vorzugeben, das Dritte Reich bedürfe in der Bretagne unbedingt der Dienste einer Frau namens Sophie Hiller. Doch gerade als seine Mutter im Herbst 1942 in Köln den Zug besteigen wollte, um zu ihrem Sohn zu fahren – beide hofften, sie könne in Frankreich endlich ein Minimum an Sicherheit finden –, erlitt Sophie Hiller einen Herzanfall und starb.

Das Personal der Organisation Todt und die in Frankreich stationierte deutsche Armee überhaupt wichen bereits nach Deutschland zurück, als Hillers jüdische Identität schließlich doch aufgedeckt wurde. Er wurde in der Nähe von Weimar in ein Gefängnis gesperrt und wegen seiner hinterlistigen Täuschung ebenso wie wegen seiner semitischen Abstammung zum Tode verurteilt. Doch ehe das Urteil vollstreckt werden konnte, wurde er in ein Gefängnis in Berlin verlegt, wo in den Tagen vor Kriegsausbruch – sechs Jahre war dies jetzt her – die Mutter eines jungen Mädchens, das Hiller verehrte, ihn wegen Geschlechtsverkehrs mit einer Minderjährigen angezeigt hatte. Während er in Berlin im Kerker schmachtete und darauf wartete, zu der Anklage wegen Unzucht mit einer noch nicht Volljährigen Stellung nehmen zu können, kreiste die Rote Armee die Stadt ein und befreite sie im April 1945 – und mit ihr auch Erwin Hiller.

Allerdings wanderte er erst drei Jahre später in die Vereinigten Staaten aus und spazierte im Juni 1948 als Marcel Hillaire durch die Straßen von New York, denn der dem Namen nach »französische« Schauspieler nahm an, für einen Deutschen wären, gleichgültig, welcher ethnischen Gruppe er angehörte, die Aussichten in Amerika nicht gerade glänzend. Sechs Jahre lang blieb Marcel in New York, arbeitete eine Zeitlang als Hilfskellner, ergatterte dann jedoch eine Reihe Charakterrollen beim Theater und im Fernsehen. Edgar Hiller, der die letzten zehn Jahre in Zürich verbracht hatte, schloß sich anfangs seinem Bruder an, doch irgendwie war Amerika ihm einfach zu fremd – es schien unmöglich, in die dortige Musikszene einzudringen –, daher kehrte er nach Hamburg zurück, in die Stadt, wo er vor einem Jahrzehnt ausgebuht worden war. Dort lebte er bis zu seinem Tod am 20. November 1959. Er starb, erst 53 Jahre alt, infolge schwerer chronischer Depressionen und weil er beschlossen hatte, einfach keine Nahrung mehr zu sich zu nehmen.

Marcel Hillaire lebte bereits seit fünf Jahren in Los Angeles, als er vom Tod seines Bruders erfuhr, den er, so glaubte er jetzt schuldbewußt, hätte verhindern können; hätte er nur darauf bestanden, daß Edgar bei ihm in den Vereinigten Staaten blieb, hätte er zumindest regelmäßiger die Verbindung mit ihm aufrechterhalten und irgendwie mehr getan, um seinen Bruder aufzuheitern. Doch seit Mitte der fünfziger Jahre war der charmante »Franzose« Hillaire endlich sehr gefragt. Er erhielt Nebenrollen im Film *Sabrina* (1954) und 1959 in einigen Folgen der Fernsehserie *Twilight Zone*. In den Sechzigern etablierte er sich als der vollendete kontinentale Charakterdarsteller und trat in zahlreichen Filmen auf, darunter *Seven Thieves*, *The Four Horsemen of the Apokalypse*, *Take Her, She's Mine*, *Murderers' Row* und in Woody Allens *Take the Money and Run*. Außerdem wirkte er in vielen Fernsehserien mit, etwa *Adventures in Paradise*, *Man from UNCLE*, *I Spy* und *Mission Impossible*.

In den Jahren nach seiner beinahe tödlichen Verletzung im Frühjahr 1974 arbeitete er weit weniger – es waren die acht Jahre, in denen er mit Esther Taylor zusammenlebte. In dieser Zeit spielte er mit lockerem Charme, jedoch voller Begeisterung jede Woche an ein paar Abenden den Gastgeber für ein Wohnzimmerkonzert. Das Programm wählte er sorgfältig aus seiner Schallplattensammlung mit Opern- und Orchestermusik aus, und oft bestand das Publikum lediglich aus ihnen beiden und ihrem kleinen Zoo von Katzen und Vögeln. Marcels bevorzugte Komponisten waren die Romantiker – und für ihn setzte die Romantik kühn mit Beethoven ein, wie er seinem »Estherchen« gegenüber immer wieder betonte, ehe er ihr regelmäßig in Erinnerung rief, er könnte bis auf den jetzigen Tag im Besitz einer Locke des großen Beethoven sein, hätte nicht sein lieber, wenn auch sicherlich fehlgeleiteter Vater sich dafür entschieden, sie statt dessen der Bevölkerung des gesamten Rheinlands zu schenken.

1987 erkrankte Hillaire an Blasenkrebs und beschloß, sich Ende des Jahres operieren zu lassen. Zwei Wochen nach der Operation – er war immer noch in der Klinik – setzte am 1. Januar 1988 eine plötzliche Lungenembolie seinem Leben ein Ende. Da ihr gemeinsamer Freund seit langem jegliche Religion abgelehnt hatte – nach wie vor heimgesucht von der Erinnerung an die grauenvollen Schandtaten, die, wie er am eigenen Leib zu spüren bekommen hatte, im Namen der Religion verübt worden waren –, beschlossen Esther Taylor, mittlerweile verheiratet und Mutter eines kleinen Sohnes, sowie der seit langem mit Marcel befreundete Schauspieler Richard Angarola, ihm zu Ehren lediglich einige Leute einzuladen, denen immer sehr an ihm gelegen war, kurz der Freude zu gedenken, die er in ihr Leben gebracht hatte, und dann seine Asche in den nahen Pazifik zu streuen.

Wahrscheinlich werden wir nie wissen, ob Edgar Hiller in der Zeit nach seiner Vertreibung von der Hamburger Bühne tatsächlich nach Dänemark reiste, und vermutlich werden wir auch nie mit Sicherheit sagen können, wie die Locke von Köln in das kleine Städtchen Gilleleje gelangte. Eines allerdings steht fest: Um die Wende zum 21. Jahrhundert wurde in dem kleinen Hafenstädtchen, das an dem Küstenstreifen liegt, wo der schmale Øresund ins offene Meer des Kattegat übergeht, zwar selten offen über die Geschehnisse im Herbst 1943 gesprochen, doch sie sind alles andere als vergessen. In einem kürzlich errichteten Gebäude, das die Gemeindebibliothek und das Museum beherbergt, erinnern in einigen Räumen im ersten Stock Photographien, Gebrauchsgegenstände und Landkarten an die bemerkenswert erfolgreiche Rettungsaktion, in deren Verlauf die Einwohner von Gilleleje 1300 Juden davor bewahrten, den Nazis in die Hände zu fallen. Auf dem Rasen vor dem Haus – von wo aus man das düstere, oft aufgewühlte Meer und die entfernte hügelige Küstenlinie Schwedens sieht – steht eine stilisierte Bronzeskulptur, eine Gestalt, die eine Hand jubelnd ausstreckt, während die andere ein Widderhorn hält, das den Ruf der Freiheit symbolisiert. Sie stammt von dem israelischen Bildhauer George Weil und heißt *Das laute Schmettern des Shofar*. Das Horn steht für das Überleben des jüdischen Volkes; die Statue ist ein Geschenk der israelischen Regierung, eine bewegende Anerkennung dessen, daß es inmitten der Grauen des Holocaust doch auch Enklaven des Heroismus und großer Menschlichkeit gab – für die das dänische Städtchen Gilleleje eines der herausragendsten Beispiele darstellt.

Oberflächlich betrachtet, sieht Gilleleje heute wohl kaum anders aus als im Oktober 1943, doch nahezu alle, die damals unmittelbar an der Rettungsaktion beteiligt waren, sind mittlerweile gestorben. Der Sohn des damaligen Küsters der Kirche, der Fischer im Ruhestand Julius Jørgensen, ist inzwischen ein kränkelnder Witwer, doch nach wie vor glänzen seine Augen, wenn er die für ihn charakteristischen kleinen Zigarren raucht und sich an jene lange zurückliegende Zeit erinnert, die ihn immer noch mit Stolz erfüllt. Zufällig lebt und arbeitet jetzt der Arzt Dr. Steffen Herman in genau dem Haus, das Kay und Marta Fremming gebaut hatten; in dem kleinen Hafen liegt wie eh und je eine Flotte von Fischerbooten vor Anker, und der Dachboden der Kirche von Gilleleje sieht fast noch genauso aus wie an jenem Morgen vor über 50 Jahren, als brüllende Gestapo-Leute 120 Flüchtlinge gezwungen hatten herunterzusteigen.

Michele Wassard Larsen, die als kleines Mädchen in Gilleleje gelebt hatte, wurde im Januar 1999 60 Jahre alt und gab die Stelle in der Bibliothek auf, in der sie viele Jahre hindurch gearbeitet hatte. Obwohl die dänische Insel Seeland mehr als ein halbes Jahrhundert lang ihre Heimat gewesen war, sehnte sie sich immer noch nach dem Land ihrer Geburt; ganz offen sprach sie des öfteren mit ihrem Sohn Thomas darüber, daß sie vielleicht ihren Lebensabend dort verbringen wolle, wo auch ihre Schwester Rolande in einem verschlafenen Dorf in Südfrankreich lebte. Micheles Adoptivmutter Marta Fremming war inzwischen 90 Jahre alt und nahm nicht mehr wahr, was um sie herum vorging; am 6. Juni 1999 entschlief sie. Michele vermutete, selbst wenn es ihr gelungen wäre, ihre Mutter, lange ehe eine Krankheit sie ihres Gedächtnisses beraubt hatte, zu fragen, wie ihr Vater in den Besitz einer weitgereisten Locke Beethovens gelangt war, hätte sie auch nicht mehr erfahren, als sie schon wußte. Falls Marta irgendwelche Geheimnisse hinsichtlich der Haare für sich bewahrt hatte, hätte sie ihr diese bestimmt, davon war Michele überzeugt, an jenem Tag anvertraut, als sie ihr zum erstenmal das Medaillon gezeigt hatte. Michele wurde mittlerweile den Verdacht nicht los, daß Kay Fremming die Einzelheiten nicht einmal seiner Frau erzählt hatte.

»Wenn ich zurückblicke und mir überlege, daß es uns offenbar bestimmt war, das Geheimnis des Medaillons nie lüften zu können, frage ich mich wirklich, warum«, schrieb Michele, als das neue Jahrhundert heraufdämmerte. Ihr Sohn Thomas war jedoch der Ansicht, zumindest in seinen Augen ergäbe die lange Suche durchaus einen Sinn. »Hätte ich das Medaillon weiterhin an der Wand in meinem Wohnzimmer hängenlassen, wäre ich bestimmt eines Tages sehr stolz darauf gewesen, doch nie hätte ich dann solche Erfahrungen gemacht, wie wir sie in den Jahren seit dem Verkauf sammeln konnten. Nie hätte ich wirklich etwas über Beethoven, seine Musik und sein Leben erfahren. Und ich hätte nie so viele über die ganze Welt verstreute Menschen kennengelernt und die Verbindung mit ihnen aufrechterhalten, wie uns dies möglich war, seit wir mit den Nachforschungen zur Enträtselung des Geheimnisses begonnen haben.«

Zwar verlief die Suche nun bei weitem nicht mehr so intensiv – nur gelegentlich tauchten neue Hinweise auf –, doch immerhin griff sie nun in ein zweites Jahrhundert über. Michele Wassard Larsen und ihr Sohn verfolgten nach wie vor jede einigermaßen aussichtsreiche Spur, die sich ergab, und selten ließen sie sich entmutigen, wenn diese sich wieder einmal als Sackgasse erwies. Denn mittlerweile war ihnen klar, die größten Geheimnisse sind, wie sich eigentlich von selbst versteht, auch die faszinierendsten.

Die Locke, die Ira Brilliant und Che Guevara von Michele Wassard Larsen gekauft hatten, war in den Jahren, seit sie nach Amerika gereist war, berühmt geworden; daher überrascht es kaum, daß auch ihr Geldwert beträchtlich gestiegen war. Zwar stand keines der 582 Haare vom Haupt des großen Komponisten zum Verkauf – wahrscheinlich würde dieser Fall auch nie eintreten –, doch es war bezeichnend für ihren ständig steigenden Wert, daß im Sommer 1998 ein begeisterter Beethoven-Verehrer aus Michigan 3700 Dollar für nur zwei Haare bezahlte, die angeblich von Beethoven stammten. Die R&R Enterprises in Bedford, New Hampshire, hatten fälschlicherweise – wenn nicht sogar in betrügerischer Absicht – garantiert, sie stammten von der berühmten Guevara-Locke. Als Brilliant, sobald der argwöhnische Käufer Verbindung mit ihm aufgenommen hatte, erklärte, es handle sich um einen Betrug, gelang es diesem zumindest, sein Geld zurückzubekommen. Letztlich entschuldigte das Auktionshaus sich überschwenglich für seinen, wie es behauptete, unglückseligen »Schreibfehler«.

Die echte Reliquie hingegen – deren einer Teil zu der Zeit in einem sicheren Tresor in San Jose ruhte, während die anderen Strähnen sich in einem Safe in Nogales befanden – hatte in den vorangegangenen fünf Jahren ein unwahrscheinliches, doch beflügelndes Abenteuer in Gang gesetzt. Brilliant gab ohne weiteres zu, ohne die spontane Begeisterung Guevaras und die Beharrlichkeit des Direktors des Beethoven Center William Meredith, der Kuratorin Patricia Stroh und des Vorstandsvorsitzenden Tom Wendel hätte er die Locke vielleicht gar nicht gekauft und so nie die zutiefst bewegende Erfahrung gemacht, sie in der Hand zu halten. Als die Sotheby's-Auktion stattfand, hatte Brilliant es einzig auf die Erstausgabe des Opus 1 abgesehen gehabt – diesen Schatz hatte er dem Zentrum sichern wollen. Doch seit das berühmte Medaillon mit der Locke tagelang vor ihm auf seinem Schreibtisch gelegen und er es nicht geöffnet hatte und in den darauffolgenden Monaten und Jahren hatten dessen einzigartige Reise durch die Zeiten, die nach wie vor geheimnisvolle Rolle, die es bei der Rettung eines oder vielleicht sogar mehrerer jüdischer Flüchtlinge gespielt hatte, sowie die atemberaubende Erklärung, die sie erst vor kurzem für die körperlichen Qualen des Komponisten geliefert hatte, ihn ungeheure Dankbarkeit seinen Freunden gegenüber empfinden lassen, die ihn im Dezember 1994 gedrängt hatten zu handeln – doch es freute ihn auch, daß er ganz allein vor 20 Jahren begonnen hatte, seiner etwas ausgefallenen Leidenschaft zu frönen. »Meine ursprünglichen Hoffnungen auf ein erfülltes Leben haben sich verwirklicht«, schrieb er wenige Tage vor der Jahrtausendwende, neun Monate vor seinem 78. Geburtstag, »und stets wird es mich mit Genugtuung erfüllen, daß ich es war, der so viele Menschen in dieses großartige Abenteuer einbezogen hat.«

Und nebenbei hatte er noch einen weiteren Erfolg verbuchen können: Mit Hilfe des Musikantiquars Albi Rosenthal in England war es ihm letztlich doch gelungen, eine schöne Erstausgabe der Klaviertrios op. 1 zu erstehen, die er dem Beethoven Center, das seinen Namen trug, bei einer Galaveranstaltung im Oktober 1997 überreichte. An ebendem Tag feierten er und seine Frau Irma goldene Hochzeit – mittlerweile hatten sie die Hälfte ihres gemeinsamen Lebens auch in enger Gemeinschaft mit Ludwig van Beethoven verbracht.

Guevara, der Hüter eines Teils der Locke, hatte in diesen fünf Jahren eine Beziehung zu dem Komponisten und seiner Musik entwickelt, die noch tiefer und enger war als zuvor. Drei Jahrzehnte lang hatte Beethoven ihn ungeheuer viel über Leiden gelehrt, doch in mindestens dem gleichen Maß hatte der Komponist ihm auch vor Augen geführt, wie man Leiden überwindet, und der Arzt staunte immer wieder aufs neue bei der Vorstellung, daß ein Stück von dem Meister buchstäblich jeden Tag bei ihm war, wenn er seinem Beruf nachging.

In den ersten Tagen des neuen Jahrhunderts hatten Che Guevara und der Neurowissenschaftler William Walsh sich an das Verfassen ihrer Abhandlung gemacht, die sie rechtzeitig genug fertigstellen wollten, um sie auf einem der verschiedenen wissenschaftlichen Kongresse vorlegen zu können, die im Herbst stattfinden sollten und deren Veranstalter Interesse daran gezeigt hatten. Und William Meredith, der Leiter des Beethoven Center, war vollauf mit der Planung der Ausstellung *Beethoven Treasures in America* beschäftigt, deren Eröffnung in der Library of Congress in Washington für den April 2001 vorgesehen ist; bei diesem Anlaß soll die Guevara-Locke zum erstenmal außerhalb San Joses ausgestellt werden. Meredith war seit der Gründung des Zentrums im Jahre 1983 ununterbrochen sein einziger ständiger Direktor geblieben, und schon vor geraumer Zeit war seine Leidenschaft für Beethovens Musik in ein akademisches Interesse umgeschlagen, das jetzt im Mittelpunkt seines Berufslebens stand. Und er konnte nicht anders: Immer wieder staunte er, auf welch wundersame Weise das, was als eine einfache sentimentale Geste begonnen hatte – als Ferdinand Hiller voller Unschuld eine Locke vom Haupt des Genies abgeschnipselt hatte –, letztendlich zur Lösung einer der grundlegendsten Fragen hinsichtlich Ludwig van Beethovens Leben geführt hatte.

Im sonnendurchfluteten Juli 2000 waren William Meredith und Mitglieder der American Beethoven Society Gastgeber eines Treffens in San Jose, zu dem die Personen eingeladen waren, die beim Verkauf und beim anschließenden Kauf der Locke Beethovens, damals, im Jahre 1994, eine wesentliche Rolle gespielt hatten, all jene, die sich – bislang vergebens – bemüht hatten, herauszufinden, auf welchem Weg genau die Locke aus Deutschland herausgebracht und schließlich in Gilleleje einem Arzt geschenkt worden war, außerdem alle, die mit Erfolg die medizinischen Geheimnisse der Haare entschlüsselt hatten. Michele Wassard Larsen und ihr Sohn Thomas flogen aus diesem schlichten, aber dennoch irgendwie feierlichen Anlaß aus Dänemark ein; natürlich waren Ira Brilliant und Che Guevara anwesend, ebenso William Walsh, der Wissenschaftler, der das forensische Projekt geleitet hatte; außerdem Esther Taylor, Marcel Hillaires Freundin und Erbin, das einzige lebende Bindeglied zu Ferdinand Hillers Familie.

Die von überallher zusammengeströmte Schar traf sich einfach aus dem Grund, um endlich Namen mit Gesichtern in Verbindung bringen zu können, um die unglaublichen Zufälle und kleinen Wunder zu feiern, die zumindest für kurze Zeit ihre Leben miteinander verknüpft hatten, und natürlich sahen sie sich gemeinsam einmal mehr die braunen und grauen Haare an, die sie alle weiterhin auf ihre jeweils unterschiedliche, aber dennoch irgendwie ähnliche Weise in Ehren hielten. Wie die Gebeine uralter christlicher Märtyrer, die als heilig galten, wie die Leichen verstorbener tibetanischer Dalai Lamas, die man nach wie vor hoch in Ehren hielt, war auch die seit langem wie ein Schatz gehütete Locke Beethovens eine echte Reliquie – physisches Überbleibsel eines einst lebendigen Menschenwesens, das dessen Geist gegenwärtig und auf wundervolle Weise lebendig macht. Und wie passend erschien es im Falle Ludwig van Beethovens, daß ausgerechnet seine Haare erhalten geblieben waren. Die ungebärde Mähne, die in seinen letzten Jahren das dunkelhäutige Gesicht eingerahmt hatte, war für sein ungestümes Temperament ebenso charakteristisch gewesen wie für seine beeindruckende Persönlichkeit; sie war ein Symbol seiner Verschrobenheit wie auch seines unbezweifelbaren Genies gewesen; sie hatte sein Künstlertum widergespiegelt, und sie ließ ahnen, wie sehr er gelitten hatte. Und als Ferdinand Hiller und so viele andere in den letzten Märztagen des Jahres 1827 ein paar von seinen Haaren als Andenken abgeschnitten hatten, dann aus dem Grund, weil sie alle überzeugt waren, seine Musik habe schon längst bewiesen, daß sie Jahrhunderte überdauern würde.

In jeder der aufeinanderfolgenden Epochen nach seinem Tod war Beethovens Musik unverbraucht und lebendig erschienen, hatte etwas Wesentliches über menschliche Erfahrung widergespiegelt. »Vielleicht ist diese gemeinsame Erfahrung das Leiden«, bemerkte Meredith, »vielleicht Hoffnung, doch was auch immer sie beinhaltet, irgendwie brachte Beethoven in seiner Musik etwas Ungreifbares zum Ausdruck, das seit nahezu zwei Jahrhunderten Menschen verändert hat.«

Daß seine Musik im wahrsten Sinne des Wortes das Leben der Menschen, die sie hörten, verändern konnte, genau dies hatte Hiller dazu bewogen, die Locke abzuschneiden und sein Leben lang zu hüten; es hatte die Locke zu einem bedeutungsschweren Geschenk in einer schrecklichen Zeit gemacht, es hatte sie nach Amerika gebracht, wo sie mit ungemeiner Vorfreude erwartet worden war, es hatte die Untersuchung der chemischen Geheimnisse, die sie barg, in Gang gesetzt. Und die Macht der Musik Beethovens, Menschen zu verändern, war es auch, die die Schar ansonsten völlig unterschiedlicher Persönlichkeiten in jenem Sommer zusammenführte, um gemeinsam der Reliquie ihre Verehrung zu erweisen.

Als das sommerliche Treffen stattfand, war es Brilliant, Guevara und Meredith bereits gelungen, die Bruchstücke von Beethovens Schädel aufzuspüren, die in den achtziger Jahren in Wien untersucht worden waren. Ihr derzeitiger Besitzer hatte gestattet, sie erneut zu testen, einerseits um den aufregenden Befund hinsichtlich des hohen Bleigehalts zu verifizieren – was gelungen war –, andererseits um mittels eines Vergleichs der DNA zu beweisen, daß Haare wie auch Knochen von ein und derselben Person stammten.

Die Übereinstimmung der DNA schien ganz außergewöhnlich, und zwar insbesondere aus folgendem Grund: Zum ersten Mal, seit Ferdinand Hiller vor 170 Jahren seinen Komponistenfreunden in Paris gegenüber behauptet hatte, die Locke, an deren Anblick sie sich ergötzten, stamme tatsächlich vom Haupt des Meisters; zum ersten Mal, seit vor 88 Jahren Paul Hiller gehofft hatte, ein Rahmenmacher könne das Medaillon, das die Locke barg, restaurieren; zum ersten Mal in den 65 Jahren, seit Kay Fremming zustimmend genickt hatte, als jemand ihm die Locke in die Hand gedrückt hatte; zum ersten Mal, seit Che Guevara vor vier Jahren das Medaillon geöffnet und die Haare vorgezeigt hatte, um sie dann gerichtsmedizinisch untersuchen zu lassen: zum ersten Mal stand über jeden Zweifel hinaus fest, die stets in Ehren gehaltene Locke, die eine unwahrscheinliche Reise hinter sich gebracht und auf ihrem Weg das Leben so vieler Menschen verändert hatte, war, und dies schien wie ein Wunder, wirklich und tatsächlich *Beethovens* Locke.

Dank

Seinen Anfang nahm vorliegendes Buch, als meine Agentin Jody Rein glaubte, es könnte ein Buch daraus werden, und ich danke ihr für ihr sicheres Gespür, ihren Scharfblick und ihren Mut. John Sterling und William Shinker setzten sich von allem Anfang an dafür ein, und dafür bin ich ihnen dankbar; Luke Dempsey war ein hervorragender Lektor und stets ein Freund, der mich beruhigte und mir Mut machte; viele Leute bei Broadway Books stellten ihr Können in den Dienst des Buches, bis es schließlich gedruckt wurde. Ihnen allen herzlichen Dank.

Die unzähligen hier wiedergegebenen Geschichten ohne die unschätzbare Hilfe vieler weitverstreuter Personen zu sammeln wäre ein Ding der Unmöglichkeit gewesen. Dutzende Leute in Dänemark halfen mir dabei, insbesondere Anne Sørensen, Christian Tortzen, Paul Sandfort, Julius Jørgensen, Sanne Bloch, Therkel Stræde, Christian Petersen, Tereza Burmeister, Anne Lehmann, Ulf Haxen und Rasmus Kreth.

In Deutschland bot mir Hans-Werner Küthen vom

Beethoven-Archiv in Bonn schon früh seine Hilfe an, und Alexander Fülling aus Gummersbach machte praktisch jedesmal, wenn sie am dringendsten gebraucht wurden, wichtige Entdeckungen. Christian Jesserer und Manfred Skopec in Wien, Myriam Provence in Paris, Robert Eagle in London und Oxana Korol sowie Richard Oesterman in Jerusalem halfen mir an entscheidenden Stellen weiter. In den Vereinigten Staaten konnte ich in einzelnen Punkten auf die sehr kritische Unterstützung von Patricia Stroh, Robert Portillo, Leo Goldberger, Stan Lindaas, Richard Angarola, Werner Baumgartner, Marcia Eisenberg, Amy Foxson, Erwin Hiller (nicht mit den Hillers im Buch verwandt), Kathleen Jacobs und Maury Caulder zählen. Die ganze Zeit über sprachen mir Karen Holmgren, Dottie Peacock und Ruth Slickman auf wundervolle Weise Mut zu; ohne sie hätte ich nicht durchgehalten.

Auch den Menschen, von denen das Buch handelt, schulde ich ungeheuren Dank; sie haben mir großzügig ihre Zeit gewidmet und mich an ihren Erinnerungen teilhaben lassen. Michele Wassard Larsen und Thomas Wassard Larsen halfen mir äußerst bereitwillig bei der Aufdeckung der Geheimnisse der Locke, die einst ihnen gehört hatte, und waren stets so liebenswürdig, wie es sich in Worten nicht ausdrücken läßt. Der Direktor des Beethoven Center in San Jose, Bill Meredith, half mit fundierter Kritik und ungemein freundlicher Unterstützung bei jedem einzelnen Schritt. Esther Taylor, das einzige lebende Bindeglied zur Familie Hiller, reagierte sofort mit großem Interesse und ebensolcher Begeisterung und einer wahren Schatztruhe von Informationen auf einen mehr als ungewöhnlichen Telephonanruf. Bill Walsh, Wissenschaftler und Menschenfreund, erklärte geduldig komplizierte Sachverhalte und ging bei seiner Arbeit ungemein sorgfältig vor, um unangreifbare Testergebnisse zu erzielen.

Dr. Alfredo »Che« Guevara steckte mich mit seiner Begeisterung und seiner besonderen Leidenschaftlichkeit an und vermittelte mir in jeder Hinsicht das Gefühl, ein »compadre« zu sein. Und zwei Jahre lang beantwortete Ira Brilliant nahezu jeden Tag bereitwillig alle Fragen, wies mich in die richtige Richtung und bekräftigte unablässig, was zähle, sei die Musik Beethovens. Ihnen allen tausend Dank.

Lesern, die mehr über das Leben und das Vermächtnis des Komponisten erfahren wollen, empfehle ich eine Mitgliedschaft in der American Beethoven Society (San Jose State University, One Washington Square, San Jose, California, 95192-0171, Telephon: 408-4590), die ein Abonnement des maßgeblichen, halbjährlich erscheinenden *Beethoven Journal* einschließt.

Personenregister

Abrahamowitz, Finn 218
Adams, Max 247f.
Allen, Woody (eigtl. A. Stewart Konigsberg; *1935) 279
Amenda, Carl (1771–1836) 67f.
Andreasen, Svend 131
Angarola, Richard 280
Anschütz, Heinrich (1785–1865) 32, 270f.
Arnim, Bettina (Elisabeth) von (geb. Brentano; 1785–1859) 127
Aron, Paul → Sandfort, Paul
Auerbach, Berthold (1812–1882) 63
Axmann, Hermine → Beethoven, Hermine van

Bach, Johann Sebastian (1685–1750) 145
Baffert, Reneé → Guevara, Renée
Balzac, Honoré de (1799–1850) 37
Bankl, Hans (*1940) 252, 257
Baron, Hermann (1914–1989) 173
Baumgartner, Annette 213

Baumgartner, Werner (*1935) 208f., 211–217, 229f., 247
Beethoven, Caroline van (geb. Naske; 1808–1891) 57ff.
Beethoven, Caspar Carl (C. Anton C. v. B.; 1774–1815) 21, 30, 71, 127, 155f., 158f.
Beethoven, Hermine van (verh. Axmann; 1852–1887) 58f.
Beethoven, Johann van (um 1740–1792) 18ff., 23, 58
Beethoven, Johann van (Nikolaus J. v. B.; 1776–1848) 21, 30, 70f., 127, 202f., 264, 267f., 270
Beethoven, Johanna van (geb. Reiß; 1786–1868) 155ff., 201f., 270
Beethoven, Karl van (K. Franz v. B.; 1806–1858) 46, 57f., 155ff., 197, 200ff., 265f., 274
Beethoven, Ludwig van (eigtl. Lodewyk v. B.; 1712–1773) 18ff.
Beethoven, Ludwig van (1839– nach 1890) 58f.

293

Beethoven, Ludwig Maria van (1769–1769) 19
Beethoven, Maria Magdalena van (geb. Keverich; verw. Leym; 1746–1787) 18 f., 21, 67
Beethoven, Maria Margaretha van (M. M. Josepha v. B.; 1786–1787) 21
Bellini, Vincenzo (1801–1835) 38
Benjamin, Mary 173
Berlioz, Harriet → Smithson, Harriet
Berlioz, Hector (1803–1869) 35 ff., 40, 43 ff., 48, 54, 79
Berlioz, Nancy (eigtl. Ann-Marguerite B.; 1805–1854) 38
Best, Werner (1903–1989) 95, 117, 137
Birkby, Walter (*1931) 12, 194, 207, 209
Birkenstock, Antonie von → Brentano, Antonie
Blake, Clarence John (1843–1919) 236 f., 239
Blegvad, Niels R. (1880–1970) 221, 260
Brahms, Johannes (1833–1897) 60 f., 77, 168
Brandenburg, Sieghard (*1938) 183
Braun, Peter von (1758–1819) 122
Braunhofer, Anton (1781–1846) 198, 265
Brentano, Antonie (geb. von Birkenstock; 1780–1869) 127, 156, 176
Brentano, Elisabeth (Bettina) → Arnim, Bettina von
Brentano, Franz (1765–1844) 127, 156, 176
Brentano, Karl Josef (1813–1850) 176

Breuning, Gerhard von (1813–1892) 200, 267 f., 270
Breuning, Helene von (geb. von Kerich; 1750–1838) 22
Breuning, Stephan von (1774–1827) 30, 46, 200, 270
Brilliant, Anna (geb. Silverman) 168
Brilliant, Harry 168
Brilliant, Ira (*1922) 9 f., 12, 14, 166 ff., 172 ff., 178–190, 192 ff., 204 ff., 209 ff., 214, 217 f., 220, 223, 228 f., 231 f., 235 f., 240 f., 250, 254 f., 258, 262, 283 ff., 288
Brilliant, Irma (geb. Maizel) 169, 173 ff., 179 ff., 187, 195, 285
Brilliant, Maxine (1952–1963) 166, 169, 182
Brilliant, Robert (*1956) 170
Bruch, Max (1838–1920) 60
Brunsvik, Anatol Graf 125
Brunsvik, Anna Gräfin (geb. Freiin Wankel von Seeberg; 1752–1850) 125
Brunsvik, Josephine Gräfin (verh. Gräfin Deym, Freifrau von Stackelberg; 1779–1821) 125 f.
Brunsvik, Therese Gräfin (1775–1861) 125

Carlsen, Edith Bæk 131
Cherubini, Luigi (1760–1842) 38
Chopin, Frédéric (1810–1849) 38 ff., 48 f., 53, 77
Christian X., König von Dänemark (1870–1947) 90
Clausen, Niels 97
Cooper, Martin (1910–1986) 238
Crummey, Caroline 185

Danhauser, Carl († 1844) 269
Danhauser, Joseph (1805–1845) 269

Deiters, Hermann (1833–1907) 83
Delacroix, Eugène (1798–1863) 37
Deym, Joseph Graf (1752–1804) 125
Deym, Josephine Gräfin → Brunsvik, Josephine Gräfin
Diabelli, Anton (1781–1858) 267
Doležálek, Jan (1780–1858) 267
Drach, George (*1935) 194
Duckwitz, Georg (1904–1973) 94f., 117, 135, 218
Dulcken, Johann (1761– nach 1835) 181
Dupin, Aurore → Sand, George

Emerson, Ralph Waldo (1803–1882) 81

Fischer, Jean 101
Flender, Harold (1924–1975) 217
Flyvbjerg, Gunnar 102f.
Franz II., Kaiser (1768–1835) 120, 158
Franz Ferdinand, Erzherzog von Österreich (1863–1914) 79
Frederiksen, Assenchenfeldt 101
Frederiksen, Grete 106, 108
Fremming, Kay (K. Alexander F.; 1905–1969) 106f., 110f., 113, 115, 133ff., 142–150, 190f., 204ff., 211, 217, 219ff., 223, 246, 258, 260, 262, 281f., 286, 288
Fremming, Kurt (Kurt H. F.; *1908) 134
Fremming, Marta (geb. M. Maria Rasmussen; 1909–1999) 106, 111, 113, 133ff., 142–149, 190, 219, 221, 260, 281f.
Fremming, Michele → Larsen, Michele Wassard
Froede, Richard 194, 209
Fuchs, Johanna → Hiller, Johanna

Fuller, Margaret (1810–1850) 81
Fullerton, Gail (*1927) 175
Fülling, Alexander 226f., 244f., 259
Fürster, Harry → Hiller, Erwin
Furtwängler, Wilhelm (1886–1954) 141

Galitzin, Nikolaus Fürst (eigtl. Nikolai Borissowitsch Golizyn; 1794–1866) 199
Gallenberg, Giulietta Gräfin → Guicciardi, Giulietta Gräfin
Galvani, Magdalena → Willmann, Magdalena
Gödden 210
Goethe, Christiane von (geb. Vulpius; 1765–1816) 124
Goethe, Johann Wolfgang von (1749–1832) 26, 32, 39f., 77, 122ff.
Gogh, Vincent van (1853–1890) 150
Goldberger, Leo (*1930) 205f., 218
Golizyn, Nikolai Borissowitsch → Galitzin, Nikolaus Fürst
Grillparzer, Franz (1791–1872) 270
Großhennig, Hermann 73ff., 78, 194
Guevara jun., Alfredo (gen. Che Guevara) 9–15, 170ff., 177ff., 182, 184–190, 192ff., 206f., 209, 211f., 214, 231, 235f., 240f., 250, 254f., 263, 283, 285f., 288
Guevara sen., Alfredo 171, 177
Guevara, Ernesto (gen. Che Guevara; 1928–1967) 170
Guevara, Renée (geb. Baffert) 177
Guicciardi, Giulietta Gräfin (verh. Gräfin Gallenberg; 1784–1856) 70, 125

Hähnel, Ernst Julius (1811–1891) 48

295

Hansen, Margrethe 130
Hartmann, Franz von (1808–1875) 269
Hathaway, Henry (1898–1985) 279
Haydn, Joseph (1732–1809) 22f., 27, 118, 145
Hedtoft, Hans (1903–1955) 94
Heine, Heinrich (1797–1856) 37
Henriques, C. B. (Carl Bertel H.; 1870–1957) 94
Herman, Steffen 281
Hildesheimer, Isaac → Hiller, Justus
Hillaire, Marcel → Hiller, Erwin
Hiller, Antolka (geb. Hogé; 1820–1896) 43f., 55, 63, 75, 77, 84f., 210
Hiller, Edgar (E. Ferdinand H.; 1906–1959) 75, 84, 87f., 93, 113, 210f., 223ff., 227f., 243ff., 259, 261, 275f., 278, 280
Hiller, Erwin (E. Ottmar H.; Pseud. Harry Fürster, Marcel Hillaire; 1908–1988) 75, 84, 87f., 93, 210f., 224f., 228f., 242ff., 258f., 261, 275ff., 278ff., 286
Hiller, Felix (F. Ferdinand H.; 1882–1963) 75, 84, 88, 93, 210, 224, 227, 244
Hiller, Ferdinand von (1811–1885) 10, 12, 24f., 28–39, 41ff., 49–64, 73–79, 82, 85, 88, 113, 151f., 192, 208, 210, 226f., 229, 232, 243ff., 258, 267, 274f., 286ff.
Hiller, Johanna (geb. Fuchs) 227
Hiller, Justus (eigtl. Isaac Hildesheimer) 31f., 34, 210
Hiller, M. T. Teodra (*1915) 261
Hiller, Paul (1853–1934) 10f., 55, 63ff., 74–79, 82ff., 87ff., 93, 150ff., 192, 210f., 222–229, 232, 243ff., 258f., 274f., 279, 288

Hiller, Regine (geb. Sichel; 1786–1839) 31f., 34, 39, 210
Hiller, Selma (†1942) 224, 227
Hiller, Sophie (geb. Lion; †1942) 75, 84, 87ff., 93, 210f., 224, 243, 259, 275, 277
Hiller, Tony (eigtl. Antonie H.; verh. Kwast; 1850–1931) 55, 75, 210, 226, 244
Himmler, Heinrich (1900–1945) 90, 137
Hindenburg, Paul von (1847–1934) 86f.
Hitler, Adolf (1889–1945) 79, 86f., 90f., 95, 141, 275
Höfel, Blasius (1792–1863) 193
Hogé, Antolka → Hiller, Antolka
Holz, Karl (1799–1858) 197, 201, 267
Hotschevar, Jacob (um 1780–1842) 46
Hugo, Victor (1802–1885) 37
Hummel, Elisabeth (geb. Röckl; 1793–1883) 27f., 32, 267
Hummel, Johann Nepomuk (1778–1837) 24–33, 55, 151f., 267, 270
Hüttenbrenner, Anselm (1794–1868) 267ff.

Iwanowska, Carolyne → Sayn-Wittgenstein, Carolyne Fürstin von

Jacobsen, Tage 97
Jacobsen, Thune 90f.
James, Burnett (1919–1987) 273
Jensen, Juhl 101
Jensen, Kjeldgaard 101, 104, 106, 108, 115
Jensen, L. C. 115
Jeskalian, Barbara (*1936) 174
Jesserer, Hans (†1999) 252, 257

Jørgensen, Aage 108, 219
Jørgensen, Julius (*1926) 219ff., 259, 281
Joseph II., Kaiser (1741–1790) 22
Juhl, Hans 99, 102, 108f.

Karl Alexander, Großherzog von Sachsen-Weimar-Eisenach (1818–1901) 50
Keats, John (1795–1821) 214
Kerich, Helene von → Breuning, Helene von
Kerman, Joseph (*1924) 183
Kersting-Meulemann, Ann 244f.
Keverich, Maria Magdalena → Beethoven, Maria Magdalena van
Kinderman, William 183
Klein, Franz (1777– nach 1836) 81
Kleven, Arne 101, 104ff., 108ff., 112, 114
Klimt, Gustav (1862–1918) 80
Klinger, Max (1857–1920) 80f.
Konigsberg, Allen Stewart → Allen, Woody
Kont, Birte 204f.
Korol, Oxana 224
Koster, Henry (eigtl. Hermann Kosterlitz; 1905–1988) 279
Krasnik Fischermann, Birgit 220
Kubba, Adam 256f.
Küthen, Hans-Werner (*1938) 183, 210
Kwast, Antonie → Hiller, Tony

Larkin, Edward (*1937) 238f., 256
Larsen, Carsten Wassard (*1965) 145, 147ff.
Larsen, Michele Wassard (eigtl. Michele Fremming; geb. Michèle de Rybel; *1939) 131ff., 142ff., 147–154, 190f., 219ff., 223, 260ff., 281ff., 286

Larsen, Ole Wassard (1938–1976) 147f.
Larsen, Thomas Wassard (*1969) 145, 147ff., 151f., 190ff., 206, 219f., 262, 281f., 286
Lassen, Gilbert 97, 101, 115
Lehmann, Anne 150
Leonardo da Vinci (1452–1519) 273
Leopold II., Kaiser (1747–1792) 22
Letronne, Louis (1790–1842) 193
Levi, Hermann (1839–1900) 53
Levin, Henry (1909–1980) 279
Levy, Ida → Skjær, Ida
Leym, Johann (1733–1765) 18
Leym, Maria Magdalena → Beethoven, Maria Magdalena van
Lichnowsky, Karl Fürst von (1761–1814) 121, 159
Lindaas, Stan 225, 228
Lion, Sophie → Hiller, Sophie
Liszt, Franz (1811–1886) 38ff., 45, 47–52, 54, 56, 77, 79
Lobkowitz, Josef Franz Maximilian Fürst von (1772–1816) 159
Lockwood, Lewis (*1930) 183
Ludwig II., König von Bayern (1845–1886) 58
Lundbak, Henrik 218

Macnutt, Richard 153, 173, 176, 184ff.
Mahler, Gustav (1860–1911) 81
Maizel, Irma → Brilliant, Irma
Malfatti, Giovanni (1775–1859) 126, 216
Malfatti, Therese (1792–1851) 126
Manskopf, Friedrich Nikolaus (1869–1928) 245
Manson, Charles (*1934) 235
Maximilian Franz, Kurfürst von Köln und Fürstbischof von Münster (1756–1801) 23

Maximilian Friedrich, Kurfürst von Köln (1761–1784) 18, 23
McCrone, Walter (*1916) 248f., 253, 255
Melchior, Marcus (1897–1969) 94, 97, 218
Mendelssohn, Moses (1729–1786) 62
Mendelssohn Bartholdy, Felix (1809–1847) 32, 39ff., 49, 53f., 56, 62, 77, 243
Meredith, William (*1954) 181f., 184, 231, 262, 284ff.
Michelangelo (eigtl. M. Buonarroti; 1475–1564) 273
Minnelli, Vincente (1902–1986) 279
Moscheles, Ignaz (1794–1870) 31f.
Mozart, Wolfgang Amadeus (1756–1791) 20f., 23, 31f., 118, 232, 267

Napoleon I., Kaiser der Franzosen (1769–1821) 13, 34, 118, 120f., 159, 248
Naske, Caroline → Beethoven, Caroline van
Neefe, Christian Gottlob (1748–1798) 19f., 22
Noe, Jens 218

Ockham, Wilhelm von (um 1285–1349) 256
Odegaard, Nancy 10, 12, 194
Okerlund, Arlene (*1938) 174f.
Olsen, Oluf 100f.

Palferman, Thomas 238ff., 255ff.
Pasqualati, Johann Baptist Freiherr (1777–1830) 266
Peters, Karl (1782–1849) 158
Petersen, Christian 101
Petersen, Peter 114f.

Pfeiffer, Carl (1908–1988) 234
Platen, Louise Gräfin von (1742–1808) 77
Poletti, Janine 181
Poletti, Paul 181
Popper, Sir Karl R. (1902–1994) 212

Rabinowitz, Paul → Sandfort, Paul
Rasmussen, E. K. 115
Rasmussen, Marta Maria → Fremming, Marta
Rasumowsky, Andreas Fürst (eigtl. Andrei Kirillowitsch Rasumowski; 1752–1836) 159
Reinecke, Carl (1824–1910) 63
Reiß, Johanna → Beethoven, Johanna van
Rembrandt (eigtl. R. Harmensz. van Rijn; 1606–1669) 150
Renoir, Auguste (1841–1919) 150
Riemann, Hugo (1849–1919) 83
Ries, Ferdinand (1784–1838) 47, 118
Rochlitz, Johann Friedrich (1769–1842) 46
Röckl, Elisabeth → Hummel, Elisabeth
Rodin, Auguste (1840–1917) 81
Roe, Stephen 151, 190
Rosenthal, Albi (eigtl. Albrecht R.; *1914) 173, 284
Rossini, Gioachino (1792–1868) 160
Rudolf, Erzherzog von Österreich, Kardinal-Erzbischof von Olmütz (1788–1831) 158, 161, 164
Rybel, Marianne de 131f., 143
Rybel, Michèle de → Larsen, Michele Wassard
Rybel, Rolande de 143, 281
Rybel, Théophile de 131f.

Saint-Saëns, Camille (1835–1921) 76
Sand, George (eigtl. Aurore Dupin; 1804–1876) 37
Sandén, Tina 260
Sandfort, Paul (eigtl. P. Rabinowitz; Pseud. auch Paul Aron; *1928) 138f., 260
Sayn-Wittgenstein, Carolyne Fürstin von (geb. Iwanowska; 1819–1887) 54
Schiller, Friedrich von (1759–1805) 123, 162, 164
Schindler, Anton (1798–1864) 30, 46f., 197, 267f.
Schmidt, Johann (1759–1809) 126
Schmidt, Mogens 101f., 222
Schmitt, Aloys (1788–1866) 31
Schneider, Hans (*1921) 173
Schubert, Franz (1797–1828) 80, 269
Schumann, Clara (geb. Wieck; 1819–1896) 44f.
Schumann, Robert (1810–1856) 44f., 54, 56, 77
Schuppanzigh, Ignaz (1776–1830) 164
Schweisheimer, Waldemar (*1889) 237f.
Sebald, Amalie (1787–1846) 127
Senner, Wayne 178
Shakespeare, William (1564–1616) 45, 273
Shapiro, David 174
Sichel, Regine → Hiller, Regine
Silverman, Anna → Brilliant, Anna
Skjær, Henry (1899–1991) 101, 106, 111ff., 221ff., 260
Skjær, Ida (geb. Levy; *1899) 222
Smithson, Harriet (verh. Berlioz; 1800–1854) 36
Solomon, Maynard (*1930) 183
Sonnleithner, Josef (1766–1835) 121

Speer, Albert (1905–1981) 277
Spohr, Louis (eigtl. Ludwig Spohr; 1784–1859) 31f.
Sporschil, Johann (1800–1863) 33
Stackelberg, Josephine Freifrau von → Brunsvik, Josephine Gräfin
Stevens, Amy 195, 230
Stræde, Therkel 220, 259
Stroh, Patricia 182, 262, 284

Taylor, Esther (*1950) 228f., 242ff., 258f., 276, 279, 286
Thayer, Alexander Wheelock (1817–1897) 47, 83
Thorsen, Niels 101
Todt, Fritz (1891–1942) 277
Tolstoi, Lew Nikolajewitsch Graf (1828–1910) 80
Tortzen, Christian 206, 218, 222f., 259
Trauttmannsdorff, Ferdinand Fürst von (1749–1827) 167

Umlauff, Michael (1781–1842) 164
Unger, Karoline (1803–1877) 165

Verdi, Giuseppe (1813–1901) 76, 139
Vidal, Gore (eigtl. Eugene Luther V.; *1925) 240
Vilstrup, Hjalmar 115, 134
Vollweiler, Georg Jacob (1770–1847) 31
Vulpius, Christiane → Goethe, Christiane von

Wagner, Johannes 29
Wagner, Richard (1813–1883) 44f., 51ff., 58, 141, 276
Waldstein, Ferdinand Graf von (1762–1823) 21ff.
Walsh, William (*1936) 209, 215, 230–236, 241f., 247ff., 254f., 257, 285f.

Wankel von Seeberg, Anna Freiin von → Brunsvik, Anna Gräfin
Wassard Larsen → Larsen
Wawruch, Andreas (1772–1842) 29, 216, 265f., 268
Wedell-Wedellsborg, Hanne Baronesse (*1958) 150
Wegeler, Franz (F. Gerhard W.; 1765–1848) 46ff., 66, 68f., 122, 126, 264, 273
Weil, George 280
Weiss, Philip 240f.
Wellington, Arthur Wellesley, Herzog von (1769–1852) 158
Wendel, Thomas (*1936) 176, 181, 184, 284

Wieck, Clara → Schumann, Clara
Wilder, Billy (eigtl. Samuel W.; *1906) 279
Willmann, Magdalena (verh. Galvani; 1771–1802) 70
Wüllner, Franz (1832–1902) 64

Yahil, Leni 217
Yalow, Rosalyn (*1921) 213
Young, Madeleine 256f.

Zelter, Carl Friedrich (1758–1832) 124
Zmeskall, Nikolaus (1759–1833) 164

Bildnachweis

Ludwig van Beethoven: Archiv für Kunst und Geschichte, Berlin
Beethovens Geburtshaus: Beethovenhaus, Bonn
Ferdinand Ernst Graf Waldstein: Nationalbibliothek, Wien
Ferdinand (von) Hiller: Ullstein Bilderdienst, Berlin
Johann Nepomuk Hummel: Archiv für Kunst und Geschichte, Berlin
Beethovens Locke: Photo Russell Martin
Beethovens Notenhandschrift: Stiftung Preußischer Kulturbesitz, Berlin
Taschenpartitur: Edition Peters, Leipzig (Edition Peters 610)

PIPER

Klaus Eidam
Das wahre Leben des Johann Sebastian Bach

430 Seiten mit vier Farbtafeln und 48 Abbildungen im Text. Geb.

Klaus Eidam tut für Johann Sebastian Bach, was Volkmar Braunbehrens für Mozart geleistet hat: Er besichtigt das Denkmal kritisch, korrigiert die Fehlurteile und Legenden. Wer war Johann Sebastian Bach wirklich? Der geniale Komponist der Matthäuspassion, zugleich der jähzornige Mann, der sich mit Fürsten, Ratsherren, Rektoren und anderen Vorgesetzten ständig anlegte? Dies ist eine von vielen Facetten des liebgewordenen Bach-Bildes. Vieles daran muß dringend korrigiert werden. Rechtzeitig vor Beginn des Bach-Jahres 2000 leistet dies Klaus Eidam in seiner großen Lebensbeschreibung. Er zeigt dabei wenig Respekt vor den berühmten Biographen, seien es Philipp Spitta oder Albert Schweitzer, und verläßt sich auf seine gründliche Auswertung von Dokumenten, besonders der Leipziger Ratsakten. Bach ist häufig sehr übel mitgespielt worden, ob in Arnstadt, Weimar, Köthen oder Leipzig. Klaus Eidam, der mit großer Lust und ganz ohne Fachjargon von Bachs Leben erzählt, zeichnet mit vielen Fakten und Details, die bisher nicht beachtet wurden, ein ganz neues Bach-Bild.

PIPER

Hans Heinrich Eggebrecht
Die Musik und das Schöne

183 Seiten mit zahlreichen Notenbeispielen. Klappenbroschur

Das Nachdenken über Musik bringt immer Gewinn – und besonders dann, wenn man es mit Hans Heinrich Eggebrecht tun kann, dem großen alten Mann der deutschen Musikwissenschaft. Was ist Musik? Wie wirkt sie und wie ist sie zu verstehen? Worin gründet ihre Macht, und wo liegen ihre Grenzen? Warum ist Musik immer schön, auch wenn sie Trauer, Tod, Leid und Klage, das Häßliche und Schreckliche zum Ausdruck bringt? Und was ist dieses Schöne? In 20 Kapiteln, die thematisch ausgespannt sind vom Nachdenken über Spiel und Zeit, Beifall-Klatschen und schlechte Musik, Weinen und Tod bis hin zur Musik über Auschwitz, versucht Eggebrecht Antworten zu geben. Das Schöne ist nicht nur etwa eine schöne Melodie oder Klangfolge. Musik wird gespielt, das Schöne ist, daß sie selbst ein Spiel ist, ein Spiel mit Sinnesreizen in Form eines Spiels mit der Zeit. Und wir sind Mitspieler und können dabei die Wirklichkeit vergessen. Das ist die Macht der Musik in unserem Leben.